新时代党建思想
研究丛书

政治腐败及其治理

ZHENGZHI FUBAI JIQI ZHILI

吴辉 著

SPM
南方出版传媒
广东人民出版社
·广州·

图书在版编目（CIP）数据

政治腐败及其治理 / 吴辉 著. —广州：广东人民出版社，2018.11
（新时代党建思想研究丛书）
ISBN 978-7-218-13318-8

Ⅰ. ① 政… Ⅱ. ① 吴… Ⅲ. ① 中国共产党—廉政建设—研究 Ⅳ. ① D262.6

中国版本图书馆 CIP 数据核字（2018）第292594号

ZHENGZHI FUBAI JIQI ZHILI
政治腐败及其治理
吴 辉 著

出 版 人：肖风华

责任编辑：廖智聪
装帧设计：李桢涛
责任技编：周杰 周星奎

出版发行：广东人民出版社
地 址：广州市大沙头四马路10号（邮政编码：510102）
电 话：(020)83798714（总编室）
传 真：(020)83780199
网 址：http://www.gdpph.com

开 本：787mm × 1092mm 1/16
印 张：16.5 插页：1 字数：230千字
版 次：2018年11月第1版 2018年11月第1次印刷
定 价：42.00元

售书热线：(020)83795240 83781467

总　序

张志明

党的十八大以来，随着全面从严治党战略部署的展开，全党不仅走出了一条依规治党的新路，并且提出和初步形成了中国化马克思主义党建理论体系，实现了执政党建设的理论创新、实践创新和制度创新，对党的长期执政和国家长治久安，意义深远。应该说，十八大以来党建理论和实践最鲜明的主题就是全面从严治党，而全面从严治党不断推进的过程，也是中国化马克思主义党建理论体系不断发展和完善的过程。特别是党的十九大宣布，中国特色社会主义伟大事业进入了新时代，这也意味着执政党建设新的伟大工程也进入了新时代。新时代要有新气象，更要有新作为。由中共中央党校党建部和广东人民出版社合作出版的《新时代党建思想研究丛书》，就是对全面从严治党与中国化马克思主义党建理论体系这一重大课题进行研究的阶段性成果。作为丛书的引子，结合十九大精神的学习，我在这里谈一谈自己对新时代中国化马克思主义党建理论体系的初步思考和体会。

“构建中国化马克思主义党建理论体系”这一重大命题，是在2016年3月习近平总书记为全国党建研究会换届大会所作的批示中提出来的。这一重大命题是与全面从严治党的战略部署，特别是与十八大以来逐步形成的习近平党建思想密切相关的。

这里简要谈谈三个方面的认识心得：关于新时代中国化马克思主义党建理论体系的创新界标问题；关于新时代中国化马克思主义党建理论体系的创新内涵问题；关于新时代中国化马克思主义党建理论体系的创新价值和意义问题。

先谈谈关于新时代中国化马克思主义党建理论体系的创新界标问题。具体有三句话：一是为什么说新时代中国化马克思主义党建理论体系是党的思想理论创新？二是新时代中国化马克思主义党建理论体系创新的基本特点是什么？三是如何把握新时代中国化马克思主义党建理论体系在全球治理环境下的党建定位？

我们讲执政党的重大理论创新，与学者个体或一般学术团队的所谓创新是有很大区别的。中国共产党的思想理论创新至少要具备三个方面的基本条件：一是中国革命、建设和改革发展确实遇到了新的重大问题，老的理念、思路、办法再也无法回答和解决这些问题；二是党的领袖或领袖集团为解决这些新问题，确实在集中全党智慧基础上提出了新的理论体系，并以此做出了新的战略布局和制度安排；三是一旦新的理论体系指导实践，这些问题的解决有非常明显的成效，中国革命、建设和改革发展的面貌由此就焕然一新了。这是中国共产党近百年奋斗历程中的历史事实，也是党理论创新的历史经验和基本特点，从毛泽东思想到中国特色社会主义理论体系，都显示了这些创新特点。因此，可以继续以此考量中国化马克思主义党建理论体系的创新价值。

首先，新时代中国化马克思主义党建理论体系的形成，是在中国特色社会主义事业发展新时代，中国经济进入新常态发展的新时期，中国发展进入“五位一体”总体布局发展新阶段，党治国理政进入“四个全面”战略布局新形势以后，着力回答和解决，当代中国要推进好“五位一体”总体布局新发展，总揽协调好“四个全面”新战略布局，“究竟需要一个什么样的执政党、怎样才能建成这样一个党”这一关键性的时代课题。应该说，过去党的建设的理念、思路、办法，越来越无法适应新的要求，党的建设和党的领导积累存在的严重的宽松软问题，就是这种不适应的症状。其次，为了解决这些党的建设和党的领导方面存在的严重问题，以习近平同志为核心的党中央，提出了习近平新时代中国特色社会主义思想，并作出了相应的战略布局和制度安排，在党建方面，提出并大力推进了全面从严治党的战略部署，并在指导和推进全面从严治党的进程中，形成了习近平党建思想体系，构成了中国化马克思主义党建理论体系的核心内容。再次，一旦这种新的党建理论成果用于指导党建实践，党的建设和党的领导的面貌就焕然一新了。这是十八大以来全党同志和全国人民感同身受的巨大变化。因此，新时代中国化马克思主义党建理论体系的创新，是具备党思想理论创新的必要条件和充分条件的。

那么新时代中国化马克思主义党建理论体系有什么基本特点呢？一是坚持了紧紧围绕党的政治路线和党的中心工作加强党的建设的基本遵循和历史经验。不是就党建说党建，不是自说自话自娱自乐，而是始终坚持执政党建设新的伟大工程与中国特色社会主义伟大事业的良性互动，并且把党的命运与伟大事业的命运融为一体。习近平总书记提出的“党的领导是中国特色社会主义事业最本质特征”的重要思想，强调党的建设必须紧紧围绕怎么领导好中国特色社会主义伟大事业、怎么统帅好国家治理体系和治理能力现代化来展开，就是这种良性互动和命运一体的集中体现，而且比过去任何时候都讲得更加具有理论和实践的彻底性和通透性。二是进一步明确了新时代坚持和加强党的建设的目标。这个目标就是解决建设一个什么样的党的问题。这与明确“党的领导是中国特色社会主义事业最本质特征”重要思想形成呼应，更指明了“把党建设成为始终走在时代前列、人民衷心拥护、勇于自我革命、经得起各种风浪考验、朝气蓬勃的马克思主义执政党”的党建目标，只有做到这样，才能确保党成为中国特色社会主义事业的领导核心。那么，如何才能确保党的领导核心地位呢？如何才能成功实现党对中国特色社会主义事业的领导权呢？是依靠党的纯洁性、先进性、领导水平和执政能力，是依靠厚植党领导和执政的政治基础。这也是党宝贵的建设和领导经验。正像毛泽东同志所说，“所谓领导权，不是要一天到晚当作口号去高喊，也不是盛气凌人地要人家服从我们，而是以党的正确政策和自己的模范工作，说服和教育党外人士，使他们愿意接受我们的建议。”习近平总书记也反复强调，坚持党要管党、从严治党，永葆党的先进性和纯洁性，是摆在我们面前的重大课题。强调全面从严治党必须首先从讲政治说起，从严治党要从党内政治生活严起，党要管党要从党内政治生活管起。三是确立了新时代党的建设的主线，布局解决怎样建成这样一个党的问题。为达到目标，新时代党的建设总要求提出了一条正确的主线，“以加强党的长期执政能力建设、先进性和纯洁性建设为主线”。与原来比较，把“执政能力建设”改为“长期执政能力建设”，更聚焦党的长期执政和国家长治久安，体现登高望远的历史担当。党的领导核心地位不是一劳永逸的，必须通过不断加强党的建设和党的领导才能得以持续实现，必须通过全面从严治党加以保障。正如习近平总书记指出的，全面从严治党，核心是加强党的领导，基础在全面、关键在严、要害在治。“全面”就是管全党、治全党，覆盖党的建设各个领域、各个方面、各个部门；

“严”就是真管真严、敢管敢严、长管长严；“治”就是从党中央到省市县党委，从中央部委党组（党委）到基层党支部，都要肩负起主体责任，扎实推进全面从严治党各项工作。党的建设总要求还提出了新时代党的建设的科学布局。只有围绕主线进行党的建设布局，才能推进党的建设向目标接近。总要求指出，“全面推进党的政治建设、思想建设、组织建设、作风建设、纪律建设，把制度建设贯穿其中，深入推进反腐败斗争”。强调把政治建设放在首位，把纪律建设写进新五大建设，把制度建设贯穿新五大建设，以反腐败斗争取代反腐倡廉建设。体现全面从严治党新理念新战略和新实践新要求，理论上更自洽圆满，实践上更切实可行。四是进一步指明了党的建设的根本价值取向和检验标准，即“人民中心论”。党的建设的一切努力，检验党的建设好坏成败的根本标准，是看中国人民是不是过上了更加美好的生活，是看人民群众高兴不高兴、答应不答应、满意不满意，是中国人民心中的那本民心账，是习近平总书记说的“民心是最大的政治”，当然民心也是最大的党建。

随着中国在全球治理体系中的影响力越来越大，对中国共产党的研究，正越来越成为国内外的显学。除了国内党校系统在加强党建学科的研究外，很多高校和人文社科研究机构也加大党建研究的力度，特别是国外很多政府研究机构和学界，也纷纷把研究的视角延伸到中国共产党的历史和建设。在这种情势下更应该明确新时代中国共产党中国化马克思主义党建理论体系的定位，我认为这也是习近平总书记提出这一重大命题的内在要求。那么，在这种全新的全球治理环境下，应该如何清醒把握好新时代中国共产党的党建定位呢？

一方面要强调，新时代中国化马克思主义党建理论体系首先是马克思主义的。新时代中国化马克思主义党建理论体系是马克思主义政党学说体系的最新成果，不是西方政党理论体系序列。要鉴别好两种情况，一是在国内研究党建的热潮中，要避免把新时代中国化马克思主义党建理论体系，解释成西方政治学的逻辑体系、理论体系和话语体系。习近平总书记提出，党建创新要善于把总结自身经验和借鉴世界其他政党经验结合起来。这就为我们党建研究打开了宽阔的国际视野，但在这种国际视野下更应该有马克思主义政党学说理论的守正与坚持。二是在国外研究机构的热评与关注中，更要保持头脑的清醒，对他们以西方政治学理论诠释中国共产党历史和建设的情况，要善于冷静分析，即便对方是善意的恭维的观点，也不要过分当真，要有自己的判断，要有马克思主义政党理论的彻悟和境界。

另一方面更要强调，新时代中国化马克思主义党建理论体系是中国的。新时代中国化马克思主义党建理论体系是当代中国的党建理论体系，是马克思主义党建学说在中国发展的最新成果，不是别的国家的政党理论，更不能解读成穿着中国外衣的西方政党理论。曾几何时，在言必称希腊的学术氛围下，用西方政治学的立场、观点和方法解读中国共产党，似乎成了一些地方和领域验证党史、党建研究学术水平的不成文约定，越离开问题导向做想当然的西方学理诠释，越是显得高人一等，最后云里雾里不知所云，也导致很多年轻学者人云亦云。实践证明，这样做不仅对养成严谨的党建学风不利，也探索不到中国共产党党建的特殊规律，更对党的建设实践产生不良影响。提出构建新时代中国化马克思主义党建理论体系，就要求全体党建学人自觉承载起中国共产党党建研究的担当，在大胆借鉴世界其他政党治国理政精要，包括借鉴有益的理论和方法的同时，聚精会神把中国共产党自己的党建研究好。

这是本人对新时代中国化马克思主义党建理论体系的理论创新界标问题的一些粗浅看法。下面谈谈新时代中国化马克思主义党建理论创新的内容体系问题。

新时代中国化马克思主义党建理论体系，在党的建设各个方面都提出了新的系统的思想、办法和制度安排，构成了全面系统的理论内容体系。以下八个方面的核心内容，构成了新时代中国化马克思主义党建理论体系的完整形态。一是把党的政治建设摆在首位。这是党的政治建设的全新思想表述。强调党的政治建设是党的根本性建设，决定党的建设方向和效果。保证全党服从中央，坚持党中央权威和集中统一领导，是党的政治建设的首要任务。强调要尊崇党章，严格执行新形势下党内政治生活若干准则，增强党内政治生活的政治性、时代性、原则性、战斗性，自觉抵制商品交换原则对党内生活的侵蚀，营造风清气正的良好政治生态，强调完善和落实民主集中制的各项制度。二是用新时代中国特色社会主义思想武装全党。这是党的思想理论建设的新表述。要把坚定理想信念作为党的思想建设的首要任务。三是建设高素质专业化干部队伍。这是党的组织建设中关于干部队伍建设的新要求。要坚持党管干部原则，把好干部标准落到实处。要坚持党管人才原则，聚天下英才而用之，加快建设人才强国。四是加强基层组织建设。这是党的组织建设中关于基层组织建设的最新要求，特别强调了基层党组织在服务群众中一定要注意强化自身的政治功能。强调要以提升组织力为重点，突出政治功能，把基层党组织建设成为宣传党的主张、贯彻党的决定、领导基层治理、团结动员群众、推动改革发展的坚强战斗堡垒。五是持之以恒正风肃纪。这是关于党的作风建设和纪律建设的新提法新表述。强调不断厚植党执政的群众基础。重点强化政治纪律和组织纪律，带动廉洁纪律、群众纪律、工作纪律、生活纪律严起来。强调运用监督执纪“四种形态”，抓早抓小、防微杜渐。加强纪律教育，强化纪律执行，让党员、干部知敬畏、存戒惧、守底线。六是夺取反腐败斗争压倒性胜利。这是反腐败斗争的新表述。强调要坚持无禁区、全覆盖、零容忍，坚持重遏制、强高压、长震慑，坚持受贿行贿一起查，坚决防止党内形成利益集团。提出在市县党委建立巡察制度。强调推进反腐败国家立法。强化不敢腐的震慑，扎牢不能腐的笼子，增强不想腐的自觉，通过不懈努力换来海晏河清、朗朗乾坤。七是健全党和国家监督体系。这是把习近平总书记关于“把权力关进制度笼子”的著名论断和全面从严治党中的实践成果写进政治报告的展开表述。强调要加强对权力运行的制约和监督，让人民监督权力，让权力在阳光下运行，把权力关进制度的笼子。强调深化政治巡视。深化国家监察体制改革，组建国家、省、市、县监察委员会，实现对所有行使公权力的公职人员监察全覆盖。制定国家监察法，用留置取代“两规”措施。改革审计管理体制，完善统计体制。构建党统一指挥、全面覆盖、权威高效的监督体系。八是全面增强执政本领。这是首次就提高党长期执政能力水平所做的新论述。强调要增强学习本领，建设马克思主义学习型政党，推动建设学习大国。增强政治领导本领，坚持战略思维、创新思维、辩证思维、法治思维、底线思维，把党总揽全局、协调各方落到实处。增强改革创新本领。增强科学发展本领。增强依法执政本领。增强群众工作本领。增强狠抓落实本领。增强驾驭风险本领。

这八个方面具体要求是把新时代党的建设的总要求落地生根，变成全党可以贯彻执行的党建部署。其中最鲜明的特点和创新是，特别强调了马克思主义执政党必须讲政治，必须提高马克思主义执政党政治意识的高度自觉，必须把党的政治建设放在新时代党的建设的首要位置，必须把党的政治能力建设放在党的长期执政能力建设中的首要位置，必须把党的政治文化建设放在党内文化建设的首要位置，必须把党的政治生态建设放在党内生态建设的首要位置。这是我们党在中国特色社会主义建设进程中走向政治成熟的根本标志，是我们党走向高度自觉的集中体现，对于进一步增强全党在新时代的政治定力，影响深远。

最后一部分，谈谈对新时代中国化马克思主义党建理论体系创新的价值和意义的看法。新时代中国化马克思主义党建理论体系的建立，无论对于党的自身建设，还是对于党更好地治党治军治国理政，乃至对于我们党在全球治理体系中牢牢把握话语权，都有极其重大的意义。我认为至少集中体现在以下四个方面：

一是新时代中国化马克思主义党建理论体系恢复发展了党的最大政治优势。这是中国共产党安身立命并保障党和国家长治久安的看家本领和修行内功。习近平总书记强调，讲政治关乎党的前途命运；强调讲政治的目的在于统一全党意志、凝聚全党力量，为实现党的纲领和目标而共同奋斗；强调民心是最大的政治；强调讲政治不是纸上谈兵、空喊口号，而是要落实到党的领导、党的建设、党和国家各项工作中去。中国共产党把讲政治与党内政治生活融为一体，创造性地培育了党的优秀政治传统和政治文化，创造了中国共产党独特的活动方式和领导方式，逐步成为了我们党强身健骨、固本培元、始终保持战斗力的看家法宝。从古田会议毛泽东首次提出党内生活政治化、科学化，到延安整风时期建立党内政治生活的制度基础，到改革开放之初制定《关于党内政治生活的若干准则》，再到十八届六中全会颁布《关于新形势下党内政治生活的若干准则》，一代又一代共产党人在党内政治生活这个大熔炉中，讲政治、炼党性、砺品格，凝聚成了中国共产党最大的政治优势。正因为如此，习近平总书记反复强调，全面从严治党首先要从讲政治说起。只要我们党通过《关于新形势下党内政治生活的若干准则》的贯彻实施，重新焕发出党内政治生活的勃勃生机和活力，我们党就一定会继续以高扬的理想信念和卓越的能力水平，持续赢得人民群众的拥护和支持，为党长期执政持续提供坚实的法理支撑。

二是新时代中国化马克思主义党建理论体系破解了一党长期执政条件下权力监督制约的党建难题。党的十八届六中全会提出了构建中国特色社会主义权力监督制约体制的重大课题，强调中国权力监督制约不能搞成资产阶级政党之间的勾心斗角和互相掣肘，应该坚定走党内监督与党外监督相结合的道路。还提出，中国特色社会主义权力监督制约机制，要着力形成对权力全程监督的新机制，目前已经形成了党内监督与党外监督相结合，在党的统一领导下实现对权力运行的全程监督，党委主责、纪委专责检查、巡视全覆盖的监督检查机制，并与领导干部问责和激励机制结合了起来。而《中国共产党党内监督条例》就是要“进一步扎紧制度的笼子”。随着依规治党的稳步推进，随着依法治国的不断进步，一定会在中国共产党领导下，走出成功破解权力监督制约这一重大课题的中国新路、中国方案和中国范例。

三是新时代中国化马克思主义党建理论体系成功走出了依规治党的制度治党新路。习近平总书记突出强调了思想建党与制度治党的紧密结合，指出从严治党靠教育，也靠制度，二者一柔一刚，要同向发力、同时发力。克服长期以来存在的一谈思想建设就陷入假大空道德说教，而一谈制度建设就忽视核心价值的倾向，切实把思想建党的优势和传统建基稳固于制度建设之中。习近平总书记指出，理想信念是“总开关”，要补足共产党人精神之“钙”。思想教育要突出重点，加强党性和道德教育。在教育方式上，习近平总书记提出思想教育要结合落实制度规定来进行，抓住主要矛盾，不搞空对空。要使加强制度治党的过程成为加强思想建党的过程，也要使加强思想建党的过程成为加强制度治党的过程。制度治党的意义在于以制度化、程序化、具体化方式治理党内政治生活，保证党的先进性与纯洁性。特别是这一种制度安排的重要价值，是着力于把制度规范形成优秀的党内政治文化，从而营造风清气正的党内政治生态，使管党治党达到知行合一的境界水平，以依规治党引领依法治国，以党的长期执政保障国家长治久安。

四是为全面从严治党永远在路上提供理论支撑。习近平总书记在十九大报告中指出，全面从严治党成效卓著。全面加强党的领导和党的建设，坚决改变管党治党宽松软状况。推动全党尊崇党章，增强政治意识、大局意识、核心意识、看齐意识，坚决维护党中央权威和集中统一领导，严明党的政治纪律和政治规矩，层层落实管党治党政治责任。坚持照镜子、正衣冠、洗洗澡、治治病的要求，开展党的群众路线教育实践活动和“三严三实”专题教育，推进“两学一做”学习教育常态化制度化，全党理想信念更加坚定、党性更加坚强。贯彻新时期好干部标准，选人用人状况和风气明显好转。党的建设制度改革深入推进，党内法规制度体系不断完善。把纪律挺在前面，着力解决人民群众反映最强烈、对党的执政基础威胁最大的突出问题。出台中央八项规定，严厉整治形式主义、官僚主义、享乐主义和奢靡之风，坚决反对特权。巡视利剑作用彰显，实现中央和省级党委巡视全覆盖。坚持反腐败无禁区、全覆盖、零容忍，坚定不移“打虎”“拍蝇”“猎狐”，不敢腐的目标初步实现，不能腐的笼子越扎越牢，不想腐的堤坝正在构筑，反腐败斗争压倒性态势已经形成并巩固发展。习近平总书记在2017年7月26日省部级主要领导干部“学习习近平总书记重要讲话精神，迎接党的十九大”专题研讨班开班式上发表重要讲话更强调，对党的十八大以来全面从严治党取得的成果，人民群众给予了很高评价，成绩值得充分肯定，经验值得深入总结。但是，我们决不能因此而沾沾自喜、盲目乐观。全面从严治党依然任重道远。全党要坚持问题导向，保持战略定力，推动全面从严治党向纵深发展，把全面从严治党的思路举措搞得更加科学、更加严密、更加有效，确保党始终同人民想在一起、干在一起，引领承载着中国人民伟大梦想的航船破浪前进，胜利驶向光辉的彼岸。因此，需要特别强调的是，全面从严治党永远在路上，全面从严治党依然任重道远。

新时代中国化马克思主义党建理论体系将为我们党顺利完成全面从严治党的治党大业，提供有力的理论支持。但新时代中国化马克思主义党建理论体系的构建和完善也依然任重道远，还有很多重大课题需要深入研究。在新时代，党的建设承载大道，全体党建学人需要继续共同努力，皓首穷经，焚膏继晷，贡献应有的学术成就。我们这套丛书愿意做这种努力和贡献的引玉之砖。

2017年10月26日

（作者系中共中央党校党的建设教研部主任，教授，博士生导师）

目　录 / CONTENTS

前 言

中国反腐败进入新时代

党的十九大报告指出："中国特色社会主义进入了新时代，这是我国发展新的历史方位。"报告得出这一判断的重要依据之一，是中国共产党"全面从严治党成效卓著""党在革命性锻造中更加坚强，焕发出新的强大生机活力，为党和国家事业发展提供了坚强政治保证。"党的十八大以来的五年，党以顽强意志品质正风肃纪、反腐惩恶，消除了党和国家内部存在的严重隐患，党内政治生活气象更新，党内政治生态明显好转，为开创新时代中国特色社会主义新局面奠定了良好基础。

全面从严治党成效卓著，主要表现在：一是维护以习近平同志为核心的党中央权威和集中统一领导，严明政治纪律和政治规矩。果断查处周永康、薄熙来、郭伯雄、徐才厚、孙政才、令计划严重违纪违法问题，铲除政治腐败和经济腐败相互交织的利益集团。二是"打虎""拍蝇""猎狐"，形成震慑。截至2017年12月，440多名省军级以上干部和其他中管干部、8900多名厅局级干部、6.3万多名县处级干部、27.8万名基层党员干部严重违纪违法受到惩处。[①] 反腐败力度史无前例、成效世界瞩目，压倒性态势已经形成并巩固发展。三是整治"四风"，净化党内政治生态。解决了多年来看似不可能解决的顽瘴痼疾，实现了党内正气上升、社会风气上扬。四是实践监督执纪"四种形态"，纯洁了党员队伍。五是防止利益冲突，营造公平高效社会环境。倡导建立亲清政商关系，切断不正当利益输送渠道。六是坚持加强国际反腐败合作，提升国际形象。

---

① 《准确把握新时代反腐败斗争形势》，《中国纪检监察报》2017年12月22日，第4版。

党的十八大以来的反腐败实践和党的十九大关于推进反腐败斗争的新要求新部署，标志着中国的反腐败进程进入新时代。

第一，反对既得利益集团的政治腐败。

与以往反腐败局限于反对经济腐败不同，新时代反腐败的一个重要方面是反对既得利益集团的政治腐败。政治腐败是一种深层次腐败，对执政党的威胁最大。从党的十八届四中全会开始，习近平总书记就反复强调要警惕“七个有之”。“七个有之”本质上是政治腐败，概括起来是两个方面：一个是政治问题和经济问题交织形成利益集团，妄图攫取党和国家权力；一个是山头主义和宗派主义作祟，大搞非组织活动，破坏党的集中统一。十九大报告强调，把党的政治建设摆在首位，坚决防止党内形成利益集团。突出反对既得利益集团的政治腐败，是总结中国共产党反腐败历史经验教训得出的重要结论。它表明，在今后的反腐败斗争中，必须坚决铲除政治问题和经济问题相互交织形成的利益集团，防止其攫取政治权力、改变党的性质；必须严肃党内政治生活，破除山头主义和宗派主义，消弭政治隐患。

第二，着力铲除滋生腐败的土壤。

腐败同公共权力的非公共运用相关。任何腐败的滋生都不是孤立的，都有其发生发展的土壤和条件。因此，反对腐败，不仅要反对腐败的结果，还要铲除腐败滋生的土壤。党的十九大释放出明确信号，就是要通过铲除滋生腐败的土壤，从根本上解决党内腐败问题。

中国现行的腐败行为主要集中于三大领域：一是在经济领域，插手微观经济活动；二是在政治领域，干预选人用人；三是在生活领域，以公权力搞特权。第一个是经济腐败，第二个是政治腐败，第三个是生活腐败。三者相互为用，互相促进。以政治腐败而言，一些干部长期在一个地方或系统任职，逐渐形成了自己的政治小圈子，亲朋好友相互提拔，导致该地区或系统出现不健康的政治生态。一旦圈子中的某个干部被调查，其他干部就会自发地组成攻守同盟，把保护调查对象作为自己的“政治职责”。这种政治生态不改变，就很难形成风清气正的良好政治氛围。而一些人之所以能够在上述领域插手成功，很重要的一点，是他们所代表的机构或部门权力过大，而且不受制约。因此，推进反腐败斗争，既要推进简政放权，发挥市场在资源配置中的决定性作用，又要强化对权力的制约和监督，把权力关进制度的笼子里。同时，要发挥道德和法治在反腐败中的基础和保障作用。

第三，创新反腐败体制机制。

反对腐败，过去主要是以治标方式为治本赢得时间，党的十八届六中全会后，中央加强反腐败顶层设计，加大反腐败体制机制创新，不断把反腐败斗争引向深入。

以是否合法来区分，腐败的形式主要有两种：一种是非法腐败，一种是合法腐败。非法腐败是违反国家法律和党的纪律的腐败，合法腐败是表面上合法合规的腐败。合法腐败，有腐败的事实，但法律上允许存在，质言之，它是一种制度性腐败。当前，随着反腐败斗争的展开，明目张胆的非法腐败行为明显减少，大量存在的是合法合规的腐败。造成这种情况的原因在于，社会主义建设是一个渐进的过程，在探索社会主义的过程中，不可避免地在体制机制上存在这样或那样的不足，一些既得利益集团利用政治体制中存在的不足和执政党内部出现的漏洞，逐渐形成利益同盟。他们在人事任免方面享有绝对的权力，所以在政治腐败方面如鱼得水。因此，要根治腐败，特别是根治合法腐败，必须在体制机制上做文章，推进政治体制改革。

中国的国情决定了中国的反腐败体制必须坚持党的领导，同时改革国家监察体制。首先，坚持中国共产党的领导。中国共产党的领导是中国特色社会主义最本质的特征，是中国特色社会主义制度的最大优势。推进反腐败斗争，必须坚持党的全面领导。这是由于，中国共产党是中国唯一的执政党，党在反腐败问题上具有绝对的发言权和决策权。党内如果出现严重政治腐败，党只能靠自己来解决。从这一意义上说，中国共产党的反腐败是自我反腐败，是“自我革命”。这与西方政党体制下多党之间相互反腐败不同。自我反腐败的政治体制，要求党必须具有高度的自律性，敢于对自身肌体上的“毒瘤”痛下杀手，另一方面，要求党在反腐败过程中必须时刻接受人民监督，不把反腐败搞成党内政治斗争或者形式主义走过场。坚持党对反腐败的领导，有利于从政治高度保持党的本色，从体制高度解决长期执政存在的深层次问题，从法律层面解决党如何领导人民实现现代化这一根本性政治问题。

其次，改革国家监察体制。反腐败不是中国共产党自娱自乐，唱“独角戏”。它客观上要求把所有国家权力机关和掌握公权力的公职人员纳入反腐败机关监督之下，唯有如此，反腐败才能取得实质性成效。按照十九大的部署，国家正式组建国家、省、市、县监察委员会，同党的纪律检查机关合署办公，实现对所有行使公权力的公职人员监察全覆盖。这就使反腐败从过去主要反对党内腐败扩展到了所有公权力部门和公职人员。这对杜绝党内腐败同党外腐败的勾结，消除腐败的灰色地带，彻底根治腐败将起到积极作用。

反腐败进入新时代，要求我们对反对政治腐败作出科学回答。基于这一考虑，本书结合学习习近平新时代中国特色社会主义思想，联系新时代反腐败斗争实践和十九大关于反腐败斗争的部署，着重探讨政治腐败及其治理这样一个课题。全书分为理论分析、治理之道、域外镜鉴三个板块。理论部分，论述政治腐败的概念、危害、表现形式和特征，以及其生成机理，指出权力、动机、机会是政治腐败产生的三个条件。治理部分，着重探讨如何推进政治腐败治理体系现代化，围绕限制政治腐败产生的三个条件，分析如何构建不敢腐、不能腐、不必腐、不想腐的反腐败机制。域外部分，选取了苏共（苏联共产党）和新加坡在政治腐败治理方面的经验教训，作为中国的参考借鉴。苏共精英“利益集团化”和新加坡的政治清廉为中国治理政治腐败提供了正反两方面的经验参照。

全书总结认为，中国的政治腐败治理应当把握五个方面的基本遵循，即：“民心是最大的政治”、坚持党的集中统一领导、把权力关进制度的笼子里、让人民监督权力、“打铁必须自身硬”。

政治腐败是古老而常新的话题。在不同时代、不同文化、不同政治体制下，人们对政治腐败的理解往往存在很大差异。在中国，“政治腐败”还是一个新词，并且带有当下中国政治的印迹。从这样的角度看，本书的研究明显带有探索性。相信随着中国反腐败斗争的深入推进，这一领域的研究将不断深化。

上篇　理论分析

本篇从政治腐败的概念、实质和危害，政治腐败的表现和特征，以及政治腐败的生成机理三个方面，对政治腐败进行探讨和界定。认为政治腐败是相对政治廉洁而言的，是掌握公权力的机关及其公职人员违反政党纪律和国家法律，违反公职人员行为准则，利用党和国家权力，以损害党、国家和他人利益为代价，谋取个人或小集团政治私利的行为。书中对中国现阶段政治腐败的表现，即“七个有之”作了分析。并重点探讨了政治腐败产生的三个条件，即：客观条件（公共权力）、主观条件（腐败动机）和机会条件（腐败机会）。这些分析和探讨为治理之道奠定了理论基础和分析框架。

第一章　政治腐败是最大的腐败

进入新时代，中国共产党把反腐败的重点转移到治理政治腐败上来，致力于建设廉洁政治。政治腐败是最大的腐败。[①] 对此，我们应当深刻理解和把握。这是有效治理政治腐败的前提。

一、政治腐败的概念

腐败一词的本义，是指事物处于腐烂、败坏和变质的状态。由此引申，政治腐败是指政治生活中的败坏。在现代社会，人们对政治腐败的现象已经不陌生了，但要确切地定义它却非常困难。在学术界，至今没有一个普遍适用的政治腐败定义。究其原因，在于政治腐败是一种非常具有地域性的现象。在有些国家被认为是政治腐败的行为，在另一些国家则会被认为是正常的，反之亦然。各国不同的政治制度安排、迥异的文化习俗和心理特质都会左右人们对政治腐败的定义。

（一）三种定义方法

对于政治腐败的界定，由于对象范围的不同，历来有相互联系的三种定义方法，即政治价值意义上的政治腐败、政治治理意义上的政治腐

① 王岐山：《开启新时代 踏上新征程》，《人民日报》2017年11月7日，第2版。

败和行为规范意义上的政治腐败。[①] 三种方法分别对应于广义、中义和狭义的政治腐败。

政治价值意义上的政治腐败，亦即政体腐败，是指由于政治权力体系形成和运行的基础不具有政治上的合法性而导致的政治制度的败坏。通常，人们把那些以不正当手段建立、为个人或极少数人的利益而剥夺和压榨绝大多数人利益的政权称为腐败政权。这种政治腐败是政体的腐败，即政治体系整体性的腐败，常常表现为国家力量只是统治者手中谋取私利的工具，这时政权的价值目标与社会多数成员的利益相冲突。古代的君主专制政体是腐败的政体，用孟德斯鸠的话说，其总的目的是“君主的欢乐”[②]。从历史进程来看，腐败的政体必然走向腐朽。由于其基础本身所固有的问题，它的纠正只能靠革命的方式，通过阶级斗争来进行根本制度的更替。

政治治理意义上的政治腐败，亦即政权腐败，是指由于掌握政治权力的整个统治阶层对国家和公共利益置之度外而导致的政治治理的全面败坏。这里，不一定有人直接得到利益或好处，但整个社会的利益受到损害。例如，高层政治人物可能很清廉，但对民众没有感情，对国家利益漠不关心，草率决策，致使国家利益遭受重大损失。这些人或许没有从错误决策中获取不法利益，但他们的思想和行为背离了政治人物的性质，因为他们考虑的不是国家利益和公共利益，而是某个集团或个人的利益。这时，他们的行为就属于政治腐败。再如，高层政治人物对国家没有信心，将子女、家人送到国外，将家庭财产转移到国外，使自己变成“裸官”。这些人或许没有不法行为，有的甚至很清廉，很有道德感召力，但其行为仍然构成政治腐败。

行为规范意义上的政治腐败，亦即具体权力行为的腐败，是指具体权力行为与特定行为规则相冲突。通常是指公职人员故意抛弃或违反法

---

① 刘春:《权力的陷阱与制约：西方国家政治腐败透视》，中共中央党校出版社，1998年版，第5页；何增科:《反腐新路：转型期中国腐败问题研究》，中央编译出版社，2002年版，第2页。

② 张铭，张桂琳:《孟德斯鸠评传》，法律出版社，1999年版，第220页。

律和道德上的义务，运用权力追求和获取私人利益。如有学者指出，政治腐败是指政治系统中政治阶层的部分成员所奉行的价值和行为，背离了系统的功能目标，或无助于系统功能目标的实现。① 如果说政治价值意义上的政治腐败是指政体腐败，政治治理意义上的政治腐败是指政权腐败，那么行为规范意义上的政治腐败则主要是指官员个人或部分人员具体权力行为的腐败。

总结三种定义方法，可以发现它们存在以下区别：一是对象范围不同。三者分别指涉政体腐败、政权腐败、具体权力行为腐败。二是判断标准不同。衡量三种政治腐败的标准，分别是政体合法性、政权有效性以及法律和道德。三是腐败后果不同。政治价值意义上的政治腐败最终将导致政治制度的更替，政治治理意义上的政治腐败会引起政权的不稳定，行为规范意义上的政治腐败易带来权力的失序。

从现象上看，三种意义的政治腐败相互联系。一方面，政治制度整体和根本性的腐败，政权的腐败，会诱发具体权力行为腐败的普遍滋生和泛滥；另一方面，官员个人违反公职规范行为的大量发生，会助长政权腐败，甚至导致政体腐败。这启示我们，思考政治腐败，应当树立全面、联系和发展的观点，把握其多维特性。

在日常生活中，人们所指的政治腐败主要是行为规范意义上的政治腐败。大量的政治腐败研究也都是从行为规范的角度进行，以特定的法律规定和道德准则来评判具体权力行为的正当性和合理性。这一点，与政治腐败的现实表现是吻合的。

（二）西方学者的定义

对于什么是政治腐败，西方学者在不同历史时段下过不同的定义，这对我们分析和理解政治腐败具有参考作用。

前现代社会，西方思想家们重点探讨了政治价值意义上的政治腐败，

① 陆益龙：《政治腐败的社会“并发症”效应》，《探索与争鸣》2002年第1期。

认为政治腐败是政体的蜕化形态。柏拉图在《理想国》中认为那些为部门利益所把持的政府都是一种腐败，因此他设计了理想国，在理想国中没有腐败。亚里士多德在柏拉图的基础上将政体与腐败紧密联系起来论述。他在《政治学》中，从政体与腐败的关系入手，分析了不同的政权构成和实现形式滋生不同腐败行为的机理。他把政体分为君主政体、贵族政体、富豪政体三类，并分析了每一类政体的蜕化形态，特别分析了政体腐败的典型形式，指出随着政体的改变，君主制变成暴君制，坏的君主成为暴君。由于主宰者的罪恶，贵族政体蜕化为寡头政体，他们违背各得其所值的原则来分配城邦事务，把全部或大部分好的东西归自己，又长期居于主宰地位，把财富看得高于一切。单独一人统驭着全邦所有与之同等或比他良好的人民，施政专以私利为尚，对于人民的利益无所珍惜，而且没有任何人或机构可以限制他个人的权力。从亚里士多德的分析不难看出，权力构成和实现形式的过度专制化，是一种社会政治的腐败行为。[①] 亚里士多德把富有资财的人组成的政体称为富豪政体，并认为这是最坏的政体。他最推崇的政体是君主政体，这是他的阶级偏见的必然结果。亚里士多德最早注意到权力没有限制与腐败的因果关系，最早看到腐败是私利与人民利益的对立，这是有价值的发现。

在柏拉图和亚里士多德之后，马基雅维利从个体的视角来看待和理解政治腐败，认为腐败是一种不断削弱和最终破坏个人品德的过程。因为，大部分人都是脆弱且缺乏好品质的人。因此，应对腐败的最好办法就是寻求英雄式的人物并委以领导重任，以带领民众远离腐败。孟德斯鸠则以罗马为例说明腐败可以使一个良好政体变为一个坏政体，甚至走向毁灭。卢梭则认为，并非腐败之人破坏了政治体制，相反，是政治体制遭受腐败侵蚀后影响了个体。这反映出卢梭深刻认识到腐败的根源是与权力相连的，政治腐败不可避免的是权力斗争的产物。[②]

---

① 亚里士多德：《政治学》，转引自刘家琛主编：《中国反腐倡廉通览》，人民法院出版社，1997年版，第6页。

② 李莉：《如何定义腐败：政治学的解释进路》，《探求》2011年第5期。

总结前现代社会的政治腐败研究，可以发现有两个共同点。一是都认为政治腐败是一种“恶”，这一方面反映为个人道德失范，另一方面反映为政治体制败坏。二是政治腐败不是个人生活层面的事，而是关乎政治过程和政治体制的事。

西方国家进入现代社会后，随着市场经济和民主政治体制的巩固，政治腐败概念的含义逐渐从广义向狭义转变。大多数学者避开道德和政体层面，开始从狭义的政治腐败角度来使用这一概念，认为政治腐败是具体的个人的具体行动，即公职人员假公济私，利用手中的职权或资源来获取私利的行为。其中，最常被学界引用的定义有三种：公共责任的、公共利益的和市场的。[①] 不过，每一种定义都有其优点和缺陷。

一是以公共责任为中心的定义。有三位学者，戴维·贝里、冈纳·迈德尔和约瑟夫·奈，很好地阐述了与公共角色的正式责任有关的政治腐败定义。其中最著名的和最经常被引用的是奈的定义，即腐败是“因考虑（家庭、私人团体）金钱或地位上的好处而偏离公共角色规范职责的行为；或者违背某些规则而以权谋私的行为。这些行为包括贿赂（运用报酬改变处于委托职位上的人的判断）、裙带关系（以亲疏关系而非功绩用人）和不正当的占有（非法占有公共资源以供私用）”[②]。该定义强调“公共角色”“私人利益”“偏离和违背”三个要素，具有一定的操作意义，被视为经典定义。对这一定义，学者们存有争议的是：什么是公共职责？什么是规范？公职规范，是指现行的法律规定和职业道德准则。而由于各个社会和各个时代的公职规范内容存在差异，因而在评价政治腐败行为时要考察当时当地的公职规范的内容。规范不同，可能同样的行为在这个社会是腐败行为，而在另一个社会则是正当行为；在同一社会的这个时期是正当行为，而在另一时期可能成为腐败行为。所以，对于这一定义来说，公职规范是判断政治腐败与否的基准，离开具体的规范会导致

---

① 周琪，袁征：《美国的政治腐败与反腐败》，中国社会科学出版社，2009年版，第4页。

② Joseph S. Nye，Jr.，“Corruption and Political Development: A Cost-Benefit Analysis”，*American Political Science Review*，Vol. 61，No. 2，1967，p.149.

对政治腐败行为认定的泛化。

二是以公共利益为中心的定义。这一定义相对简单，它把政治腐败看作是对公共利益的损害。弗里德里希提出，“不论何时，作为负责某项工作或负有某种责任的职员或官员的掌权者，受非法提供的金钱或其他报酬引诱，做出有利于提供报酬的人从而损害公众和公众利益的行为，腐败就可以说存在了。”① 如果说奈的定义涵盖较窄的话，那么弗里德里希的这个定义显然要宽泛很多。批评者认为，这一定义虽然具有吸引力，但是政治腐败并不一定损害公共利益，因为很难限定“公共利益”。公共利益充其量不过是不断变化的、相互冲突的私人利益，被拥有不同技术和不同数量资源的人所追求。政治腐败行为损害或有助于公众的某一部分，但是公共利益不是定义政治腐败的充分标准。另外，用公共利益来定义政治腐败还可能被用来为政治腐败辩护，因为腐败者们可以辩解说，他们的行为是为公共利益服务的。“水门事件”的一些辩护者就是这样说的。再者，有人认为，政治是为公共利益服务的事业的看法会阻止人们认识政治腐败的制度原因，而把他们的注意力引向“坏人”或政治结构的缺陷。

三是以市场为中心的定义。这种定义超越了公共利益和公共道德的范围，而从市场的视角来分析和理解腐败。以市场为中心的理论家所关注的是早期西方国家和当代的非西方国家，在这些国家中，有关公共官员责任的规则尚没有明确地建立起来，或者根本就不存在。克拉弗伦认为：“一位腐败的文官视其公共职位如一种经营，他将寻求最大限度地扩大这个职位的收益。因而职位表成了一个‘最大化的单位’。他收益的多寡有赖于市场状况以及他在公共需求曲线上发现最大盈利点的能力。”② 以市场为中心的视角把腐败问题从政治权力的滥用转移到个体的行为动机上，有助于揭示出更多具有普遍意义的定义来。但这种定义依然存在

---

① 王沪宁编：《腐败与反腐败——当代国外腐败问题研究》，上海人民出版社，1990年版，第17–18页。

② 王沪宁编：《腐败与反腐败——当代国外腐败问题研究》，上海人民出版社，1990年版，第18页。

不少争议。首先，它不能概括与资源分配无关的领域的相关现象。其次，它把注意力集中在有理性的个人的选择上，忽略了经济因素之外的腐败动机，从而限制了其自身的解释力。最后，它更多地关注了腐败的原因，而不是腐败行为本身，是“对腐败的一种分析框架而非一种定义”[①]。

从上述三种定义的梳理可以看出，现代学派对政治腐败的定义是基于行为描述之上的，他们具体讨论了腐败行为的表现形式、参与要素、本质、动机及后果等。现代学派的政治腐败概念强调对公共利益和私人利益的区分。基于自由主义政治哲学之上的公共领域与私人领域的划分也表明，政治腐败是公权力对私人权利的侵犯和损害。在西方，公私二元的划分对于定义政治腐败具有重要作用。

（三）中国语境下的政治腐败概念

在中国的历史—社会—文化条件下，公众对政治腐败往往持广义和狭义的两种概念，或兼而有之。政治腐败既指个人运用公权力来达到个人目的，也可指个人的各种不符合社会道德规范和习俗的行为和活动，哪怕这些行为并不在公共生活领域内。这是中国文化的特殊性，家国一体，伦理政治，修身齐家治国平天下，将个人生活与公共生活融为一体，没有明确的划分。在这种文化背景下，个人在公共领域和私人领域的违背社会道德、法律和传统规范的行为，都会被认为是政治腐败。西方文化对公共领域和私人领域有较为明确的划分，私人领域是经济生活的领域，其主导原则是自由；公共领域，或者说国家、政府，是政治领域，其主导原则是强制。而以国家（政府）为代表的公共利益和以市民社会为代表的私人利益是相互独立的。只有公共领域中发生的以权谋私的行为才构成政治腐败，而私人领域的败坏则不属于政治腐败范畴。这是以集体主义为核心的文化和以个人主义为核心的文化认识权力运作以及负责运作

---

① Robert Williams, New Concepts for Old? *Third World Quarterly*, Vol. 20, No. 3, 1999, pp. 503–513.

权力的人们的差别。[①] 在中国的文化氛围下，政治腐败一词的覆盖面大，政府官员在任何领域中的利己、放纵行为都会被视为政治腐败。

这里，参考西方学者的定义，结合中国政治的实际，对中国语境下的政治腐败概念作如下界定：所谓政治腐败，是相对政治廉洁而言的，是掌握公权力的机关及其公职人员违反政党纪律和国家法律，违反公职人员行为准则，利用党和国家权力，以损害党、国家和他人利益为代价，谋取个人或小集团政治私利的行为。

显然，这一定义采用了狭义和行为规范意义上的定义方法，且与以公共职位和公共利益为中心的政治腐败定义有相似之处。其基本要素有四：

一是政治腐败的主体。自古至今，政治腐败始终是掌权者的“专利”。离开了权力，就谈不上政治腐败。这一点，中西方皆然。在上述定义中，我们把掌握公权力的机关及其公职人员作为政治腐败的主体。具体来说，是指党委、人大、政府、政协、监察、人民法院、检察机关，以及所有参照公务员法管理的手中掌握公权力的事业单位及其公职人员，但不包含企业、非参照公务员法管理的事业单位及其职工。他们手中掌握着各种公权力，最有条件利用手中的权力来谋取私利，包括谋取政治私利。需要指出的是，由于中国共产党是中国唯一的执政党，各级国家机关的公职人员绝大多数是中国共产党党员，因此中国的反腐败很大程度上是中国共产党的自我反腐败。这与西方政党基本上只是选举机器的情况有明显不同。政治腐败的主体既可以是个体的，也可以是团体的。当然，这里说掌握公权力的机关和公职人员是政治腐败的主体，仅仅表明它们/他们具备滥用公权力来谋取政治私利的必要条件，而并非指所有权力机关及其公职人员都实际从事政治腐败行为。

二是政治腐败的目的。政治腐败的目的，是为掌权者个人或小团体谋取不正当政治利益，而不是为社会全体成员或国家谋取共同利益。政治利益是对政治需要的满足，表现为政治行为主体在社会政治生活中追

---

① 王沪宁：《论中国产生政治腐败现象的特殊条件》，《上海社会科学院学术季刊》1989年第3期。

求的权力、权利、地位、荣誉、财富、声望等。[①] 其中，权力和权利是政治行为主体追求的直接目标，是最基本的政治利益。从理论上说，掌权者个人或团体可以追求政治利益，但有一个前提，就是他们的追求不能同国家的宪法和法律相抵触，同执政党的纪律相违背。否则，他们追求的政治利益就不具有正当性，他们的行为就是政治腐败。

三是政治腐败的手段。即腐败者滥用公权力。公权力是指在公共管理过程中，由党和国家公职人员及相关部门掌握并行使的，用以处理公共事务、维护公共秩序和增进公共利益的权力。从本源上讲，公权力来自于人民，是为了维护社会公共秩序、增进社会公共利益而产生的。公权力的行使者应当向权力的来源即人民负责，受人民监督，为人民服务。现实中，公权力的运行和监督制约机制还存在不完善之处，为腐败者留下了滥用权力，进而为自己或小集团谋取不正当政治利益的空间。这里，所谓权力滥用，是指权力行使者不遵守党的纪律和规矩、不遵守国家法律，主观随意地行使权力。

四是政治腐败的后果。认定某种行为是否为政治腐败，不仅要看其动机，还要看其产生的结果。只有那些违纪违法，给党和国家政治生活秩序造成明显破坏，对党和国家政治安全，特别是党的执政安全构成严重威胁的行为，才是政治腐败。作这样的界定，是为了防止把政治腐败概念泛化，防止把一般的违纪违法问题放大为政治腐败问题。把握政治腐败与一般违纪违法的界限，关键在于行为的政治性。这里所说的政治，包括政治方向、政治立场、政治观点、政治纪律等多方面。

完整理解政治腐败的概念，还需厘清政治腐败与经济腐败的关系。如果说政治腐败主要是冲着权力去的话，那么经济腐败主要是冲着金钱去的，表现为公职人员利用职权之便，搞权钱交易，谋取经济上的好处。现实中，经济腐败与政治腐败往往相互交织。经济腐败为政治腐败提供财力上的支持，政治腐败为经济腐败提供政治上的保证。二者相互为用，

---

① 李静:《政治利益、政治冲突与政治发展关系研究》,《哈尔滨工业大学学报》(社会科学版)2017年第2期。

互相促进。同经济腐败主要危害经济秩序相比，政治腐败危害政治秩序和政治安全，是最大的腐败。

二、政治腐败的实质

政治腐败实质是一个比政治腐败概念更深层次的问题。弄清这一问题，对于我们思考政治腐败现象背后起作用的因素以及其治理具有重要意义。鉴于政治腐败是一种综合性的社会现象，因此理解政治腐败的实质，应当有多个角度。[①]

（一）政治实质

在政治学上，政治腐败的实质是公权力异化。所谓公权力异化，是指公权力的运行背离了公共利益的目的，换言之，就是指公权力主体不是为公共利益服务，而是用公权力谋私人利益。[②] 公权力来自于人民权利的让渡或委托，是人民意志的体现，故具有公共性这一特性，而这一特性也决定了公权力具有为社会公众谋求福利的本质。在公共管理过程中，如果权力的配置和运行失当，公权力就有异化的危险。这主要体现在：其一，权力来源异化。权力是影响、支配、控制他人的能力，权力来源于权利。权力的取得只有两种形式，要么是授予，要么是攫取，授予的权力是合法的权力，攫取的权力是非法的权力。党和国家公职人员手中的公权力是人民赋予的。然而，在现实生活中，不仅存在“权力来源于上级”的错位的权力观，而且在不少地方盛行用权力、金钱、美色或其他利益来换取权力的现象。这将导致政治生活领域形式主义、官僚主义、贪污腐败等不正常现象愈演愈烈。其二，权力主体异化。人民是权力的主体，

---

① 王世谊：《论权力腐败的多维本质、显著特征及其成因》，《中共浙江省委党校学报》2014年第6期。

② 赵永行：《论公共权力异化及其对策》，《四川师范学院学报》1999第4期。

赋予特定的国家机关和特定职位的公职人员以权力，这些特定的国家机关和特定职位的公职人员应是权力的执行者。然而，在实际的权力运行中，执掌公权力的国家机关及其工作人员往往忽视了自己执行者的身份，而将自己视为权力的主人，从而造成权力的“主仆倒置”。其三，权力功能异化。当掌权者把公权力当作私人资本和个人权利来行使时，就出现了权力功能异化的情况，也就是权力私有化，或称权力权利化。以权谋私是权力权利化的非典型的或道德化的表述。权力主要是公法领域的概念，是国家政治社会的中心概念。权力的本质奠定于主体的社会性公益之上，是公益性的概念。权力权利化就是把权力的公益性变性为自利性，权力之大小不意味着所负责任的大小，而只意味着所取个人利益的大小。权力权利化的形式包括化公为私、以公权换取私利和权力不作为等。[①] 因此，防范政治腐败，必须加强对权力的制约和监督，加强权力主体的自身建设。

（二）伦理实质

从伦理上讲，政治腐败是一种不道德的行为，是丧失政治道德的表现。公权力的行使只有以保障公民安全、维护社会秩序、促进社会发展为道德目标，以尊重公共利益、谋取公民福利为道德限度，它的存在才具有道德合理性，其应然的社会工具性价值才得以体现和实现。中国共产党的性质和宗旨决定了它必须正确对待手中的权力。共产党和剥削阶级政党的区别，就在于共产党公开声明自己是为工人阶级乃至广大人民群众的利益而夺权、掌权，共产党掌权的目的完全是为了人民的利益，是全心全意为人民服务。立党为公，执政为民，这是中国公职人员行使权力的出发点、归宿点和思想道德要求。中国共产党初创时期，它的主要组织者和参加者是一批坚定信仰马列主义的知识分子。在随后的革命斗争中，走上革命道路的各级领导干部，追求的都不是个人利益，而是“拯

① 张维新：《公共权力异化及其治理》，《行政论坛》2011年第2期。

救斯民于水火，切扶大厦之将倾”。那时的共产党员，从总体上说都是富有献身精神的民族精英。中华人民共和国成立后，大部分共产党人仍然保持着高尚的思想道德境界和优良作风。改革开放以来，在发展社会主义市场经济和对外开放条件下，腐朽没落的思想观念、市场等价交换原则向党内侵蚀。党和国家一些公职人员把同志间、部门间的关系当作单纯的利害关系，金钱至上、利益至上，拿原则做交易，严重污染政治生态。当党和人民赋予的权力被当作工具为个人谋求私利，权力就被扭曲，政治就发生变味，全心全意为人民服务就成为一句空话。大量案例表明，政治腐败现象之所以滋生蔓延，深层次的原因之一，就是一部分公职人员理想信念丧失，思想道德发生滑坡，为人民服务的权力观出现弱化。因此，政治腐败在伦理上是一种道德堕落，是对共产党性质宗旨的一种背叛。

（三）经济实质

从经济学角度而言，政治腐败的实质是权力的市场化。马克思主义认为，物质利益是驱动人们行为的原初动机。每一种社会行动的背后，总有其经济上的动因。因此，探寻政治腐败的实质，有必要考察政治腐败与经济的联系，以期认清其经济实质。私有制是产生政治腐败现象的总根源。私有制首先强调的是个人利益，它促进了个人贪欲的膨胀和唯利是图思想的滋生。这是政治腐败产生的温床。在经济学视野中，政治腐败的实质是权力的市场化。权力市场化是掌权者利用公权力控制的经济和政治资源，对社会资源进行分配，为自己和少数人谋利的高级表现形式。众所周知，中国经济体制改革的核心问题是处理好政府和市场的关系，使市场在资源配置中起决定性作用和更好发挥政府作用。然而，政府在公权力实施过程中，一些权力行使者利用手中掌握的权力，通过权钱交易、权权交易等权力商品化形式，把人民的利益、国家的利益、集体的利益部分转化成个人、行业、小团体的利益，为自己、家人、关系网、小团体谋取私利，从这一角度讲，政治腐败实质上是权力的商品化、资本化和市场化。当前，权力市场化已成为一种重要的腐败现象，遏制权力市场化仍是反腐败斗争的当务之急。

（四）法律实质

法律是由国家制定或认可的体现统治阶级的意志，以国家强制力保证实施的行为规则。法律神圣不可侵犯，任何人都不能超越法律之上，人人都要遵守法律。搞政治腐败的人，他们在政治和社会生活中信奉官场流行的潜规则，重人治、轻法治。在许多方面有法不依，出现以权代法、以权压法，甚至执法犯法。政治腐败的实质实际上是个人意志支配权力，出现超越宪法和法律的权力。中国共产党是中国特色社会主义事业的领导核心，她以全心全意为人民服务为自己的唯一宗旨。党除了最广大人民的利益，没有自己特殊的利益。党和国家公职人员搞权权交易、享受特权等政治腐败时，既不可能体现全心全意为人民服务这个宗旨，也不可能体现为最大多数人谋利益这个目的和效果。因此，从本质而言，政治腐败从根本上违背了中国共产党所代表的统治阶级的意志，也违反了法律的规定。毫无疑问，党和国家公职人员在行使职权时必须守法，而没有法律规范的权力则容易被滥用，导致党的宗旨不能被忠实履行。要有效制约和监督权力，必须以法治权，通过法律建立起制度导向与程序优先的权力运行体制。“必须使民主制度化、法律化，使这种制度和法律不因领导人的改变而改变，不因领导人的看法和注意力的改变而改变”[①]，不断建立和完善整个社会主义法治体系，而且使之贯穿于立法、执法、监察、司法、法制教育等整个活动过程，实现静态与动态的法律统一。

（五）文化实质

从源头上考察，政治腐败也是一种文化现象。任何腐败现象都有其政治文化背景和根源。中国现阶段的政治腐败也渗透着某些政治文化因素的影响和作用，“官本位”意识和权力崇拜观念，以情代法、情大于法

---

① 《邓小平文选》（第二卷），人民出版社，1994年版，第146页。

的权力运行逻辑，道德自律的德治主义传统，公民权利意识和公共意识的缺乏，政治信仰危机和政治价值迷失等落后政治文化的存在，都在一定程度上促发了政治腐败现象的产生。利用政治文化的方法可以透视政治腐败现象背后的文化根源。① 可以说，政治腐败本身就是一种落后的文化。以封建家长制为核心的政治文化在权力阶层的滋长蔓延是政治腐败的文化实质。它的产生首先来自传统文化中的消极因素。比如，"官本位"这一历史遗留下来的陈腐社会意识，其价值追求和判断标准就在于做官和官之大小；"权力拜物教"成为社会上占统治地位的意识形态的主要内容，官员所掌握的政治权力由此获得巨大的能量；宗法血缘观念轻视公德，注重私人关系，诱发拉帮结派、结党营私；中庸的思维方式使人奉行"好人主义"，明哲保身，纵容腐败。其次，来自中西文化碰撞引起的文化变异。改革开放后，西方追求个性解放、张扬个人利益的文化理念进入中国，并同中国传统小农的狭隘自私意识相混合，变异出当代版的极端个人主义。在其影响下，党和国家一些公职人员私欲膨胀，最终走上政治腐败之途。可见，腐朽政治文化危害巨大。

政治腐败的多维实质启示我们，政治腐败本身具有复杂性，不能用单一的视角去看待。治理政治腐败，要善于透过现象看本质，从不同角度采取针对性措施，综合施治，不能搞成"单打一"。

三、政治腐败的危害

政治腐败，通俗来说，就是公器私用。最大的公器是什么？最大的公器是政权。进而言之，政治腐败就是公权私用。如果说经济腐败主要体现为贪财，政治腐败则主要体现为贪权。搞政治腐败的人通常也贪财，但也可能很"廉洁"，甚至不爱财。有的人可能很清廉，但就是渴望权力，

---

① 陈洪华：《权力腐败的政治文化透视》，《辽宁行政学院学报》2010年第4期。

企图公权私用。在他们眼里，权力高于一切。有了权力，就等于有了一切。《庄子·胠箧》有云："窃钩者诛，窃国者为诸侯。"用今天的视角来看，"窃钩"至多算是经济腐败，其后果是造成局部的经济损失，而"窃国"则是政治腐败，是用不正义的手段窃取国家权力，江山私占，其后果是全局性的，是政权更迭。显然，政治腐败具有比经济腐败等更严重的后果。政治腐败至少有以下一些危害。

（一）破坏党的集中统一

保持和维护党的集中统一，对于一个政党来说，是具有凝聚力、战斗力的重要保证。党的团结是党的生命，党的集中统一是党的团结的必然要求。只有自觉维护党的集中统一，增强党的团结，才能确保党的领导地位和党的执政目标的实现。一个松散无纪的党是毫无凝聚力、战斗力可言的。

中国共产党是在一个国情、党情和世情都非常复杂的形势下执掌政权的政党。其不同于西方国家政党的成长发展逻辑，从深层次上决定了它在执政过程中必须牢固树立整体思维，毫不动摇地坚持看齐意识，带领全体党员自觉维护党的团结统一。这正是习近平总书记多次强调"党面临的形势越复杂、肩负的任务越艰巨，就越要加强纪律建设，越要维护党的团结统一，确保全党统一意志、统一行动、步调一致前进"[①]的重要原因所在。在现代政治生活中，政党的规模越来越大，内部复杂程度越来越明显。如果不能以整体思维来应对党内外的挑战，不能时刻保持看齐意识，就会在错综复杂的形势面前丧失队伍、丢失阵地，甚至亡党亡国。中国共产党建党90多年的历程充分证明，加强党的纪律建设、维护党的集中统一，是党的一大政治优势，是党的事业不断从胜利走向新的胜利的可靠保证。

政治腐败危害党的集中统一。搞政治腐败的人心中唯有自己和小集团

---

① 习近平:《严明政治纪律，自觉维护党的团结统一》（2013年1月22日），《十八大以来重要文献选编》（上），中央文献出版社2014年版，第131页。

的政治私利，没有党和人民的整体利益，动辄将自己和小集团的利益和意志凌驾于党中央精神和人民的利益意志之上。在执行中央的大政方针上，打折扣、做选择、搞变通，合意的就执行、不合意的就不执行。更有甚者，自立旗帜、搞独立王国，欺上瞒下、消极应付中央，对地方政治生态造成恶劣影响。在选人用人问题上，以人划线、以地域划线，搞亲亲疏疏、团团伙伙。所有这些，致使中央的大政方针在其主政的地方或部门得不到有效贯彻落实，干部队伍人心涣散，丧失向心力和凝聚力。

（二）阻碍经济发展

政治腐败和经济腐败具有共生性，二者互相为用。一方面，经济腐败为政治腐败提供动机和基础。政治腐败，直接追求的是政治私利，间接追求的是政治权力带来的经济利益或其他好处，因而经济腐败是诱发政治腐败的动因。同时，政治腐败以经济腐败为基础。没有经济腐败作支撑，政治腐败往往很难实现。在国外，由于允许政治献金存在，一些政治人物的政治腐败得以合法化。在中国，没有政治献金一说，一些人为谋求更高职位，往往会花钱购买选票，即贿选，而贿选的支出通常又来自受贿所得。另一方面，政治腐败为经济腐败提供掩护和保障。搞政治腐败的人取得政治权力后，必定会借助权力把付出的经济成本加倍地捞回来，以实现权力的变现和增值。在成熟规范的市场经济条件下，政治权力要跨越政府、企业、社会的权责边界而从企业、社会捞取“油水”面临很大困难。但在转型中的中国，由于市场经济体制还不成熟，政府权力过大且得不到有效制约的情况依然存在，这为一些掌权者从企业、社会捞取好处提供了便利。

政治腐败对经济发展具有严重危害。首先，政治腐败导致资源配置错位。政治腐败在资源配置中的表现就是“乱配”，造成资源浪费和重复建设现象十分普遍，引发某些行业之间的恶性竞争，并最终导致经济发展环境恶化。其次，政治腐败导致市场秩序混乱。权钱交易、权力进入市场以及贪污腐败等对市场的直接危害是正常的市场秩序变得混乱和失序，极大地破坏市场经济发展应有的平等与竞争秩序。再次，政治腐败导致国有资产严重流失。从中国石油、煤炭领域暴露的腐败案件看，一些领导干部与不法私营企业主相互勾结，贱卖石油、煤炭资源，致使一些国有企业成为“空壳”。最后，政治腐败导致两极分化，民众不满，社会不稳，最终对经济发展尤其是社会的和谐和稳定造成威胁。

在这方面，菲律宾和印尼的政治腐败为我们提供了例证。20世纪50年代，菲律宾人均国民生产总值在东南亚名列第二，仅次于日本。但由于在马科斯及其家族统治下的腐败盛行，社会贫富差距日益扩大，社会动荡，投资环境恶化，最终导致国民经济发展停滞不前甚至倒退。最终，马科斯政权被民众推翻。印尼在苏哈托担任总统后期，包括苏哈托本人在内的一些政坛人物因腐败丑闻而下台，给印尼背上了一个很坏的国际名声。异常猖獗的腐败现象令投资者止步，极大地妨碍了印尼投资和经济的发展。印尼法律专家认为，国家对公务员和议员监督不力是造成腐败现象蔓延的重要原因。

（三）损害民主政治秩序

现代政治是民主政治，民主政治有一套规则、制度、程序和行为规范等。17至18世纪的欧洲启蒙运动，有力地促进了西方资产阶级民主政治的产生和发展，孕育了包含自由、平等、正义、法治等思想、制度和行为在内的政治文明。民主政治的制度安排，是政治文明最核心的内容。①从这个意义上说，政治腐败就是违背民主政治的理念和程序，为获取公共权力所实施的贿选、瓜分或垄断政治资源的行为，其内容涉及公共资源获取的制度、程序、原则及手段等诸方面，其结果不利于自由、平等、正义、法治秩序的形成和发展。如果说经济腐败、行政腐败损害的是经济秩序和行政秩序，那么政治腐败损害的则是民主政治秩序，即对自由、平等、正义和法治秩序的破坏，制约民主的前进，造成民主贫穷。

---

① 胡伟：《关于政治文明建设若干问题的思考》，《上海交通大学学报》（哲学社会科学版），2003年第2期。

（四）败坏社会风气

社会风气是指整体或局部社会在一个阶段内所呈现的习尚、风貌。为一定社会中的风俗习惯、文化传统、行为模式、道德观念以及时尚等要素的总和。社会风气是推动或阻碍社会前进的巨大力量，它直接关系到人民群众的身心健康、社会安危、国家存亡与民族兴衰。形成良好的社会风气，对于振奋民族精神，培养积极乐观、勤劳朴实、道德高尚的现代市民和社会安定具有重要意义。

社会风气受多种因素的影响。在中国，对社会风气起决定性作用的因素是党风。这是因为中国共产党是中国社会的领导核心，作为领导核心，党自身做得怎么样，是好是坏，将直接影响着社会风气的状况。党风正则社会风气就好，反之，党风不正社会风气就不正，道德就会滑坡，社会就会动乱。党风是党的性质和世界观在党的工作和活动中的表现，是全党包括党的各级组织和党员个人在政治、思想、组织、工作、生活等方面体现党性原则的一贯的态度和行为。

政治腐败严重败坏社会风气，对公众在社会各领域中的行为倾向选择产生严重的误导，诱发全社会的不正之风，从而破坏公众对基本的社会道德与价值准则的信心，使社会的凝聚力水平不断下降。孔子曰："君子之德风，小人之德草。草上之风，必偃。"[①] 意思是说，君子的道德就像风一样，人民的道德就像草一样，风往哪个方向吹，草就往哪个方向倒。所以，草往哪个方向倒，责任不在草，而在于风。一个国家、一个社会的道德水准怎么样，道德风气如何，责任不在最底层的民众，而在于统治阶层。用现在的话说，在于各级领导干部，即各级掌握公权力的公职人员。中国古训也讲，"上梁不正下梁歪"，确实反映了道德准则的建立与遵守须依循榜样的示范力量。中国人自古以来有以吏为师的传统。国家对公职人员也有比普通人更高的道德要求。如今，一些公职人员在台上宣讲道德头头是道，但私底下腐化堕落、以权谋私，有的甚至连基

① 《论语·颜渊第十二》。

本的法律法规都不遵守，这样的事情多了，自然会引起公众对公职人员道德水准的失望，并引起公众的仿效，由此大大败坏社会的道德准则。公职人员的政治腐败行为解构了社会生活中人与人之间健康的、互助友爱、互相信任的关系，使人际关系日趋功利化、私欲化，强化了人们自私自利的行为动机，造成了人们玩世不恭，甚至社会伦理道德堕落的社会风气。

（五）瓦解政权合法性

政权的合法性来源于政权对本身拥有权力的合法行使。但是在社会转型过程中，少数国家公职人员利用手中掌握的权力，去追逐和扩充私利，使权力资本化，滋生了政治腐败行为。政治腐败是生长在政权肌体上的毒瘤，不仅败坏党和政府的声誉和形象，而且损害了党和政府同人民群众的关系，削弱了政权的合法性基础。正如美国政治学者约瑟夫·纳伊在分析发展中国家的腐败时指出的那样："腐败浪费了一个新国家拥有的最重要的资源，即政府的合法性。"[①] 从较为一般的角度讲，政治腐败活动的明显结果就是导致人们丧失对政治体系的信心，失去对政治权力的认同，从而引起秩序性和制度性的不稳定，甚至招致严重的危机。国际共产主义运动风雨动荡的历史就证明了这一点。例如，苏联共产党自赫鲁晓夫开始，背离列宁的建党原则，由此在党和社会上逐渐形成一个既得利益的特权阶层。特别是经过勃列日涅夫和戈尔巴乔夫时期，使这个既得利益的官僚特权阶层控制了党政各级领导机关，把这些机构从为人民服务的职能变成谋取私利和压迫人民的工具。这个官僚特权阶层不但享受种种堂而皇之的特权待遇，而且还在改革的名义下大量侵吞国有资产，大肆腐败。最后失去了人民群众的信任和支持，出现了严重的政治、经济和社会危机，最终导致苏联共产党的倒台和国家的解体。其教训是极为惨痛的。正是由于这样的原因，现代政治体系都会主动或被动地向

① [美]约瑟夫·纳伊:《腐败与政治发展：成本—效益分析》，王宁译，上海人民出版社1990年版，第351页。

政治腐败活动开战。

中国的政治腐败虽然只限于个体腐败和群体腐败的范畴，但由于这些机构和公职人员都是政治权力的实际执行者，他们滥用权力，搞权钱交易、权权交易，必然会产生同公共权力目标相偏离的严重后果，从而削弱政府能力。美国政治学者戴维·伊斯顿研究发现，政权合法性与政府能力密切相关。一旦政府不能有效“输出”政策，人民所“回馈”的将是减少支持，就会导致权威合法性的基础薄弱。在政治体系中，政治权威的合法性十分重要。如果大多数公民确信权威的合法性，法律和政策就能比较容易实施，权威人物就具有很强的感召力和凝聚力，即使在困难处境中也能比较妥善地处理经济和社会问题。如果政治腐败盛行，政治权威的合法性就会受到怀疑，法律和政策也就难以贯彻，社会动乱就会发生。近些年来一些发展中国家因政治腐败造成政局动荡的事例时有发生，就是很好的例证。对此，应保持清醒头脑和高度警惕。

以上概要地论述了政治腐败的定义、实质及危害，指出了政治腐败是最大的腐败。这为后面的分析和研究提供了有益的基础。

第二章　政治腐败的类型、表现和特征

政治腐败是一种复杂的社会政治现象。要准确地理解和整治政治腐败，有一点是极为重要的，这就是准确揭示其类型、表现形式和特征。只有这样，才能增强政治腐败治理的针对性和有效性。长期以来，人们在这方面做了大量努力，为深入研究政治腐败创造了条件。

一、政治腐败的类型

对政治腐败进行分类，有利于分清政治腐败的性质和根源，从而更有针对性地打击政治腐败行为。按照不同的标准，政治腐败可以被区分为多种类型。

（一）按行为主体分个体政治腐败和集体政治腐败

任何政治腐败行为的主体，不外乎个体和集体两种。因而，从行为主体数量的角度看，可以将政治腐败区分为个体政治腐败和集体政治腐败两种。所谓个体政治腐败，是指公职人员个人非法运用手中的职权谋取政治私利的行为。所谓集体政治腐败，是指公共权力机关利用法定的权力为所属成员谋取政治私利的行为。政治私利，一般是非物质性的利益，如权力、地位、荣誉、声望等，但也可能是物质性的，如金钱、实物等。

人们通常所说的政治腐败一般指个体政治腐败，即公职人员个人非法运用手中的职权谋取政治私利的行为。个人政治私利的直接受益者通常是公职人员自己，但也可能是其身边人和亲朋好友。个体政治腐败行为形形色色，无所不有，大体来说，有以下几种：

权权交易的腐败行为。这是旧官场上“官官相护”在当今时代的一种新的演绎。是指一个部门领导利用在本部门提拔另一部门领导的亲属为代价换取另一部门领导在其部门中提拔自己亲属的权力交易行为，该行为发展的极致是一个绝对强势的领导在自己的势力范围内直接安插自己的亲属（包括符合公职人员任职回避规定的安插与违反该规定的安插两种情形）。权权交易的特点是，以权力为中心，以既得利益为联盟，形成权力垄断，导致社会阶层流动困难，造成社会板结化。权权交易具有极大的隐蔽性和社会危害性。干部选拔中的权权交易并不直接损害公私财产，也不损害社会上一般的伦理道德，但是它败坏社会风气，导致政府的无能以至腐朽。政府无能则不能有效地承担起公共服务、公共管理职能，在突发事件到来时就会无力应对，社会的稳定也无从保障。而社会动荡对除了投机分子之外的任何人来说，都是灾难。

权钱交易的腐败行为。权钱交易，自古有之。在今天，“权钱交易”一词更多地与“贪官污吏”联系在一起。权钱交易的一方通常是掌握着一定权力的人，另一方则是想通过对方手中的权力为自己谋取利益的人；行贿方为了得到更大的利益愿意送钱给权力拥有者，而受贿方为了钱则愿意出售手中的权力。受贿方接受贿赂，起初可能出于被动，但久而久之，也有人萌生出索贿的念头，借各种名目捞取钱财。表面上看，权钱交易的双方是双赢的局面，但事实上，行贿的一方不可能长期做亏本的买卖，花出去的钱必定会想方设法地加倍捞回来，因此权钱交易最终损害的将是国家、集体或人民群众的利益。

权情交易的腐败行为。在熟人社会，权情交易是一种极其普遍的现象。掌握权力的人，倾向于利用手中职权为亲朋好友和身边人谋取额外私人利益，如在组织人事问题上，以合法程序和手段作掩护，将自己的亲属或身边工作人员安插到特定工作岗位，“所喜所好者，败官而不去；所怒所恶者，有功而不录”；在政府扶持资金的分配上，以虚构合同、虚造申报资料等方式将政府资金转移到亲友头上；纵容或包庇亲友侵吞由公职人员自己经手的公共财产等。作为交换，获得利益的亲属或身边人对有权者表达感激或以各种方式予以回报。在权情交易中，公职人员虽然并未直接获取个人私利，但亲友和身边人的利益实则是其个人利益的一种延伸，因而非法获取这种私利仍属政治腐败的范畴。

权权、权钱、权情交易在资本主义政权体系下是完全合理合法的。资本主义国家的政党分赃制度使得这种政治腐败合法化了。但在社会主义中国，这种政治腐败必须加以铲除。

集体政治腐败实际上是公共权力机关自身的一种堕落，是政治制度的败坏。从古今中外的实例看，集体政治腐败主要有出卖官职、集体贿赂、集体利己主义、官员特权等。①

出卖官职在近现代基本上已经不复存在，但在历史上几乎所有帝国都曾盛行过。中国从秦汉时期就开始出现了官职的买卖，到明清时期出卖官职正式作为所谓的“捐官”制度而确定下来，成为常规。买卖官职在中世纪的欧洲也曾盛极一时。出卖官职虽然在现代社会中已基本消失，但其遗留的痕迹依然存在。例如，有的地方把政治待遇作为招商引资的优惠政策，规定投资达到多少额度时可以相应享受何种政治待遇；有的人为担任某一政治角色而大肆进行政治贿赂等。这些案例虽属个案，但性质恶劣。

集体贿赂包括集体受贿、索贿和行贿。集体受贿、索贿，是指公共权力机构依靠手中的职权收受、索要委托人的金钱或其他物质性利益，这些物质性利益又不为当事的个别公职人员单独享用，而是为该公共权力机构全体成员共同享用。集体行贿，是某一公共权力机构出于自身私利的原因以集体的名义贿赂上级当权者。集体利己主义作为一种政治腐败现象，在此特指公共权力机构利用职权为本机构的成员谋取额外的私利。

官员特权也是一种集体政治腐败。一旦承认特权，就意味着它是合法的，由特权导致的腐败是不被追究责任的，特权是一种制度性的腐败。

---

① 俞可平:《权利政治与公益政治》，社会科学文献出版社，2003年版，第176页。

例如，官员在薪金、交通、住房、办公、医疗、退休方面的过分福利，单位集体公款支付的礼券礼品，数额巨大的“三公”消费，干部转任国企高管后的巨额收入等，都属于特权现象。官员特权疏远干部和群众的关系，损害党的形象，是影响党和政府公信力的一个重要原因。

（二）按行为领域分政党腐败、立法腐败、行政腐败和司法腐败

政党是公民与公共权力之间的桥梁和纽带，是公民控制公共权力之手的延伸。政党与公共权力之间的密切联系，衍生了政党活动领域特有的政治腐败现象。政党腐败充斥于世界各国，以至于在以色列，政党被评估为最腐败的单位。政党腐败不仅损害政党的公信力，还威胁到民主政治的生存和发展。政党腐败往往发生在政党活动最为活跃的领域，即选举、议会和对公共资源的分配中。①

在竞争性政党体制下，政党获取公共权力的唯一途径是竞选。在筹措巨额竞选费用的过程中，政党的腐败行为就出现了。例如，政党或其候选人接受非法捐款，并以日后的政策倾斜或利益输送作为回报；政党向候选人和本党议员提出捐款要求，向企业勒索捐款；政党候选人以购买选票的方式进行贿选等。

议会是政党活动的主要场所，也是政党腐败频繁发生的地方。在代议制政治体制中，身为民意代表的政治家的主要职责是代表选民的政治意愿，为其谋求经济利益。然而，如果他们不能抵制行贿者的巨大利益诱惑，而利用手中的投票权或否决权，通过对行贿者有利的法案，或否决对其不利的法案，这时腐败就发生了。

滥用对公共资源的控制和分配权来满足党员和支持者的私利，是另一种形式的政党腐败。在这方面，苏共无疑具有典型性。在党政机关和外贸部门工作的苏共许多干部通过在流通领域倒卖生产资料和消费品，

---

① 王瑜：《政党腐败及其治理》，《中国党政干部论坛》2008年第3期。

甚至走私战略物资，大发横财。同时，苏共党政干部还把收受贿赂作为分配紧缺商品和服务的条件，使市场经济下的合法交易变成了非法贿赂。

立法腐败，是指立法者利用手中制定法律、政策或规则的权力，在制定法律、政策或规则（以上统称立法）的过程中，将单纯或主要有利于自己利益的条款定入其中，从而使腐败制度化、合法化、公开化，名正言顺地为自己攫取不当利益的行为。[①] 这类腐败者身份具有特定性，只有掌握了制定法律或规则权力的人（即立法者）才会有腐败的机会。其他不掌握立法权的人，通常没有机会腐败。当然，不掌握立法权的人仍可通过对立法者施加某种不正当的影响，以获得对自己有利的规则与制度。只要将有利于自己的规则塞入其中，那么，就可以为自己将来源源不断地获利奠定“坚实”基础。这种腐败行为具有隐秘性，可以逃脱人们的监督与指责，不声不响地捞取各种好处。

行政腐败是指政府部门及公共行政人员尤其是官员运用公共权力谋取私利的行为。与政党腐败和立法腐败相比，行政腐败有自身的特点。首先，行政腐败的主体具有广泛性。在现代社会的各种职业人群中，规模最大的集团之一就是行政系统，不仅部门多，而且人员数量大。在各行各业的人们眼里，政府就是国家，行政权力就是公共权威，相形之下，这些作用是任何政党以及立法机构所无法相比的。由于行政权力是真正的社会事务管理权，针对的是各种具体社会活动事项，影响范围广，因此，一旦腐败在人数众多的政府系统蔓延，其后果往往更为严重。其次，行政腐败更具有直接的不法交易性。行政官员握有资源的直接分配权和法律的执行权，其面对的都是具体的对象。因而在具体事项上的不法交易在行政腐败中表现得最为直接。最后，行政腐败往往和政党、议会及企业的违法乱纪行为相牵连。行政权力扮演着典型的公共权力的角色，行政权力的运作过程汇合了从立法者、政党、公共事业组织到市场经营主体的各种利益要求，承载了各种势力的影响。无疑，在这个过程中行政

① 彭俊良:《反腐别忽视“立法腐败”》,《环球时报》2013年7月15日，第14版。

腐败现象必然地和这些势力发生各种各样的联系。

司法腐败是司法官员滥用司法权力以谋取私人利益的行为。与其他领域的腐败相比，司法腐败所造成的负面影响尤其严重。司法腐败“杜绝了人民的权力与自由受侵犯时的最终救济手段，冤无处伸，理无处讲，社会完全丧失对国家、政府、对党的信任感与凝聚力，人心背离，社会动荡”[①]。如培根所言，“一次不公的司法判决比多次不平的举动为祸尤烈。因为这些不平的举动不过弄脏了水流，而不公的判决则把水源败坏了。”[②]故一国遏制司法腐败的强度及效果，直接反映了该国司法系统有序运行的可能及限度，是司法文明的重要风向标。

（三）按价值评价分白色腐败、灰色腐败、紫色腐败和黑色腐败

白色腐败，也叫阳光腐败。是指腐败分子把他们的腐败行为拿到阳光下，使之合法化。白色腐败的典型特征是违章而不违法，无论是政府当局还是社会普通成员，都不积极支持对其惩罚的腐败行为，如裙带关系。

灰色腐败，亦可称为吏治腐败。是指国家法律、法令并不明确规定为违法犯罪的腐败。它虽不及白色腐败那样普遍，但也大量存在。灰色腐败的主要特征是违法而不犯罪。人们通常把它当作所谓“不正之风”，或“特权”“特殊化”，而并不当作是犯罪行为。而当权者或有关人员从中所获得的经济利益，有时并不亚于贪污、受贿、挪用公款等明显的腐败行为。灰色腐败实际是基础性的腐败。许多黑色腐败分子的形成，就是从灰色腐败开始的。

紫色腐败，亦可称为决策腐败。是指位高权重者并不是完全为了满足私欲去进行决策，而是失职失责的决策，给党的事业、给国家和人民造成重大损失的行为。由于紫色腐败的责任人在主观上并不一定是为了

---

① 郭道晖：《实行司法独立与遏制司法腐败》，《法律科学》1999年第1期。

② ［英］弗·培根：《培根论说文集》，水天同译，商务印书馆，1983年版，第193页。

捞取个人好处，因而它不被视为犯罪。但紫色腐败的后果却很严重，大者将影响国家发展和国计民生；小者也将在一定区域或范围内造成灾难性影响。这类腐败从表面上看是“谋公”中出现的损失或失误，但它却是一种间接谋私行为或具有谋取某种功利的强烈隐蔽性，表现为为个人利益（或局部利益）牺牲全局利益，违背了“为人民服务，向人民负责”的宗旨和原则。由于紫色腐败是否属于“越轨”行为通常很难界定，所以具有预期成本低的特点，故其发生率较高。

黑色腐败，又称权力腐败。表现为拥有一定权力者为了满足一己之私而故意乱用或滥用职权，达到违法犯罪的行为。黑色腐败者在主观上有故意性和功利性的特点。他们把权力变成了为自己谋取种种实惠和好处的魔杖。这类腐败具有不可告人的目的，它们在黑暗中进行，在背地里交易，一旦曝光就足以定罪量刑。在四种颜色的腐败中，黑色腐败的程度最为严重。

（四）按行为后果分轻微腐败、一般腐败和腐败犯罪[①]

轻微腐败是指公职人员出于人情关系的考虑或收受小额贿赂后，在不违反法律法规的范围内利用职权为他人谋取不正当利益的行为。这种腐败在中国又常常被称作合理合法的腐败，它没有明显地违反有关的法律规定而是在法律授权范围内灵活运用自由裁量权的行为，它所谋取的利益具有一定的合理性、正当性。这种腐败行为往往是在打法律的擦边球。

一般腐败指公职人员个人或集体利用职权谋取私利违法违纪但又构不成犯罪档次的行为。一般腐败的特征是参与者众多或以集体的名义进行，违法违纪的情节和危害尚够不上刑罚的档次。

腐败犯罪是指那些违法和危害程度已经触犯刑律、够上犯罪档次的腐败行为。腐败犯罪又可分为普通腐败犯罪和重大腐败犯罪，后者是指高级领导干部的腐败犯罪或者涉及案值大、危害严重的腐败犯罪。

---

① 何增科：《反腐新路：转型期中国腐败问题研究》，中央编译出版社，2002年版，第44页。

（五）按历史形态分传统腐败和现代腐败

传统腐败主要是指由传统的政治制度和政府自身造成的，其方式和手段都比较简单；整个腐败过程周期短，中间环节少；在相当大的程度上具有“合法性”，大量的腐败行为不仅为政府所认可，而且也为一般民众所容忍，这是由传统的政治文化决定的。

现代腐败主要是指商品经济中权力与金钱相交换的产物，在现代社会，腐败是复杂且“高明”的，常以集体腐败的形式出现，这种群体腐败常常导致政治制度性质的改变。与传统腐败不同，现代腐败总是为法律所不容许的，即直接表现为违法犯罪行为。这也是现代社会要以法律为主要手段的根本原因。①

最后必须说明的是，对政治腐败进行分类，不论是作质的分析，还是作量的考察，所依据的主要标准都是社会的道德和法规。社会的道德规范和法律规范不是永恒不变的，因而区分政治腐败的标准不可能是绝对的、唯一的，而是相对的。这就要求我们在对政治腐败进行分类时，必须具体地分析其特定的社会历史背景。

二、中国现行政治腐败的表现形式

现实中，政治腐败的表现形式多种多样。习近平总书记在总结无数案例的基础上，将中国现行的政治腐败现象集中概括为“七个有之”，即：“一些人无视党的政治纪律和政治规矩，为了自己的所谓仕途，为了自己的所谓影响力，搞任人唯亲、排斥异己的有之，搞团团伙伙、拉帮结派的有之，搞匿名诬告、制造谣言的有之，搞收买人心、拉动选票的有之，搞封官许愿、弹冠相庆的有之，搞自行其是、阳奉阴违的有之，搞尾大

---

① 李建华，周小毛：《腐败论：权力之癌的“病理”解刨》，中南工业大学出版社，1997年版，第24页。

不掉、妄议中央的也有之，如此等等”[①]。

党的十八大以来查处的党员领导干部，几乎都有政治腐败的情节。有的妄议中央大政方针，肆意散布破坏党内团结的政治谣言，造成恶劣政治影响；有的热衷于搞小圈子，拜码头搭天线；有的“七个有之”集于一身，当面一套、背后一套。对政治上蜕变的“两面人”，必须从党内及时辨别出来、清除出去。

（一）搞任人唯亲、排斥异己

党的干部路线是为党的政治路线服务的。五湖四海、任人唯贤，是中国共产党的干部路线，是中国共产党选人用人的基本经验和优良传统，体现了党的性质和宗旨对干部工作的必然要求。坚持任人唯贤，反对任人唯亲的干部路线是1938年10月毛泽东在党的六届六中全会上提出来的。毛泽东针对张国焘在干部问题上任人唯亲、拉帮结伙、排斥异己的错误，指出：“在这个使用干部的问题上，我们民族历史中从来就有两个对立的路线：一个是‘任人唯贤’的路线，一个是‘任人唯亲’的路线。前者是正派的路线，后者是不正派的路线。共产党的干部政策，应是以能否坚决地执行党的路线，服从党的纪律，和群众有密切的联系，有独立的工作能力，积极肯干，不谋私利为标准，这就是‘任人唯贤’的路线。过去张国焘的干部政策与此相反，实行‘任人唯亲’，拉拢私党，组织小派别，结果叛党而去，这是一个大教训。”[②] 今天，坚持五湖四海、任人唯贤，反对任人唯亲，就是要以党的事业为重，唯贤是举，不以个人好恶、亲疏、恩怨和地域、行业等划线，以宽阔的视野、高尚的境界、宏大的气魄，广开进贤之路，广纳天下英才，把各方面优秀人才及时发现出来、合理使用起来，让所有人才都能为党和人民贡献力量。

在长期的革命、建设和改革实践中，中国共产党始终坚持五湖四海、

---

① 中共中央纪律检查委员会，中共中央文献研究室编：《习近平关于党风廉政建设和反腐败斗争论述摘编》，中央文献出版社，中国方正出版社，2015年，第52页。

② 《毛泽东选集》（第二卷），人民出版社，1991年版，第527页。

任人唯贤，为一切忠于人民、扎根人民、奉献人民的优秀干部提供了施展才华的广阔舞台。但是，也必须看到，现实中确有一些人从任人唯亲出发选拔干部，仅把着眼点放在老同事、老部下和至亲好友身上，搞狭隘的小圈子；或者从个人好恶出发，只选用那些放弃党的原则，对自己唯唯诺诺的人；更有甚者，从小集团的私利出发，培植自己的势力。而对那些与自己意见不合或不属于自己集团派系的人，则处处加以排挤和清除。中共天津市委原代理书记、原市长黄兴国作为当时的一把手，违背五湖四海、任人唯贤的原则，任人唯亲，对自己人设计路线，着意栽培使用，使拜码头、拉山头等歪风邪气蔓延，败坏了政治风气，带坏了一批干部。

（二）搞团团伙伙、拉帮结派

团团伙伙，是指在利益集团内部，掌权者为了个人私利而抱团合伙。团团伙伙是封建人身依附关系和江湖帮派文化的产物，实质是不相信党而相信个别人，是不顾党的团结统一而自行其是，是无视全党同志形成的“大家庭”而搞狭隘的“小圈子”，破坏党的集中统一，属于政治上的山头主义、宗派主义，是对政治纪律、政治规矩的严重违背。搞团团伙伙，目的就是结党营私，势必导致政治利益和经济利益相互勾连等腐败问题。

“君子之交淡如水，为政之道清似茶。”几千年的中国传统文化一直提倡和而不同、群而不党的君子之交，中国共产党也向来主张同心同德、清清爽爽的同志情谊，而鲜明地反对团团伙伙。1929年，毛泽东起草的古田会议决议的一部分《关于纠正党内的错误思想》一文中指出，小团体主义“只注意自己小团体的利益，不注意整体的利益，表面上不是为个人，实际上包含了极狭隘的个人主义，同样地具有很大的销蚀作用和离心作用”[①]。1944年，毛泽东在《为人民服务》一文中写道：“我们都是来自五湖四海，为了一个共同的革命目标，走到一起来了。”[②] 这表明，中国共产党人聚集到一起，是为了革命，为了解放全中国，而不是为了个人

① 《毛泽东选集》（第一卷），人民出版社，1991年版，第92页。
② 《毛泽东选集》（第三卷），人民出版社，1991年版，第1005页。

私利、小团伙利益和山头利益。20世纪80年代，邓小平特别指出："党内无论如何不能形成小派、小圈子"，他自认："我不是完人，也犯过很多错误，不是不犯错误的人，但是我问心无愧，其中一点就是从来不搞小圈子。过去我调任这样那样的工作，就是一个人，连勤务员都不带。小圈子那个东西害死人呐！很多失误就从这里出来，错误就从这里犯起。"[①] 事实证明，无论是对于一个国家、一个政党，还是一个单位，讲团结，不搞团团伙伙，政治就会清明，人心就会凝聚，事业就会发达。反之，团团伙伙盛行，各行其是，党同伐异，就会政治黑暗，人心离散，矛盾重重，事业发展就会遭受挫折甚至失败。

十八大以来，中央屡次提出"党内决不容忍搞团团伙伙、结党营私、拉帮结派"。现实中，一些人却乐此不疲。他们把权力当私产，大搞选边站队、亲疏远近；谋人不谋事，整天琢磨拉关系、套近乎、抱大腿。更有甚者，对内笼络身边人、组建"个人王国"，对外网罗亲朋故友、同学同乡形成"关系圈"，打造"一荣俱荣，一损俱损"的利益共同体。一些人之所以热衷于此，就在于信奉"朝里有人好做官""进了圈子才算进了班子"，或则寻求圈子庇护的安全感，或则寻求团体谋私的超能力，为此不惜突破政治规矩、纪律，失底线、踩红线。周永康、薄熙来、郭伯雄、徐才厚、令计划、苏荣……，每一只大老虎背后都刮着团伙、山头、圈子的不正之风。

（三）搞匿名诬告、制造谣言

诬告是一种不按组织程序、不对组织负责、捏造事实、陷害他人的行为，与作为党员干部积极行使民主权利、履行监督义务完全背道而驰。诬告盛行，将极大地败坏党风、官风、民风，污染政治生态，损害党的建设和社会主义建设事业，削弱党治国理政的基础。诬告之风不除，清清爽爽的同志关系、规规矩矩的上下级关系就难以形成，和谐纯洁的党

---

① 《邓小平文选》（第三卷），人民出版社，1993年版，第300–301页。

内关系、健康向上的政治生态就会受到破坏。

捏造事实、伪造证据、陷害他人的诬告之风古已有之。故自秦汉以降，历朝历代的法律中都有严惩诬告、罪处刑罚的规定，一些朝代甚至将诬告和谋反相提并论，严重者实行“反坐”至斩决。时至今日，诬告之风仍时有发生，尤其是在换届选举、人事提拔的敏感时机，或者涉及到荣誉表彰、利益分配的关键时刻，花样百出的诬告频发。因此，习近平总书记指出的“七个有之”的其中之一，就是“搞匿名诬告、制造谣言的有之”。

诬告的形式五花八门，归根结底是诬告者为了自身利益，运用卑劣的手段，干不可告人的勾当。归纳起来，主要有以下几种：一是捕风捉影，生拉硬扯。将道听途说、捕风捉影来的消息添油加醋、改造修饰，然后使用匿名手段，生拉硬扯到与自己有私人恩怨或者竞争关系的对手身上。二是张冠李戴，移花接木。把许多社会上发生过的事情搜集起来，通过改头换面，移花接木，硬栽到竞争对手身上，希望以此搞垮对手。三是伪造证据，捏造事实。诬告者往往抓住一点，然后添枝加叶，杜撰一些证据，捏造一些事实，使诬告内容看似“真实”，让受害者有口难辩。四是设置圈套，倒打一耙。诬告者通常团团伙伙，策划于密室，设置圈套，挖下陷阱，引诱受害者上钩。一旦被其戳穿，便凶相毕露，倒打一耙，散布谣言，搬弄是非。

诬告不得人心。在“打虎拍蝇”、营造风清气正的政治生态的同时，要遏制诬告之风，为敢抓敢管敢担当的干部在遭受诬告时提供保护，同时，要让诬告者受到应有的法律惩罚。

（四）搞收买人心、拉动选票

以各种手段收买人心、拉动选票是政治腐败的另一种表现形式。四川南充贿选案、湖南衡阳破坏选举案和辽宁拉票贿选案在这一方面具有典型性。2011年10月19日，四川省南充市委五届一次全会前，时任仪陇县委书记杨建华用公款80万元，自己出面或安排下属，向部分可能成为市委委员的人员送钱拉票，通过拉票贿选当选市委常委。经查，此次党代会之前在南充市有关干部民主推荐中存在送钱拉票问题，共涉及人员473人，涉案金额1671.9万元。[①] 2012年12月28日至2013年1月3日，湖南省衡阳市召开第十四届人民代表大会第一次会议，共有527名市人大代表出席会议。在差额选举湖南省人大代表的过程中，发生严重贿选案件。共有56名当选的省人大代表存在送钱拉票行为，涉案金额人民币1.1亿余元，有518名衡阳市人大代表和68名大会工作人员收受钱物。[②] 辽宁拉票贿选案是指在2011年辽宁省委常委换届选举和2013年辽宁省两会换届辽宁省全国人大代表选举、第十二届辽宁省人大常委会副主任选举搞拉票贿选等非组织活动涉嫌破坏选举犯罪等系列案件。共有45名当选的全国人大代表拉票贿选，有523名辽宁省人大代表涉及此案。[③] 这三起贿选案是严重违反党纪国法、严重违反党的政治纪律和政治规矩、严重违反组织人事纪律的重大案件，是对社会主义民主政治的挑战，是对国家法律和党的纪律的挑战，触碰了中国特色社会主义制度底线和中国共产党执政底线。

拉票贿选不仅存在于地方层面，也存在于党和国家高层。新华社发布的《领航新时代坚强领导集体：党的新一届中央领导机构产生纪实》一文披露，周永康、孙政才、令计划等，曾利用会议推荐搞拉票贿选等非组织活动。文章称，在党和国家高层领导人选产生方面，我们党有着优良传统，不断进行积极探索，有经验也有教训。党的十七大、十八大探索采取了会议推荐的方式，但由于过度强调票的分量，带来了一些弊端：有的同志在会议推荐过程中简单“画票打勾”，导致投票随意、民意失真，甚至投关系票、人情票。中央已经查处的周永康、孙政才、令计划等就曾利用会议推荐搞拉票贿选等非组织活动。基于这些教训，中央对十九届中央领导机构人选的产生方式进行创新和改进，通过谈话调研、听取

---

① 《四川省严肃查处南充拉票贿选案》。参见 http://www.xinhuanet.com//politics/2015-09/15/c_1116567194.htm

② 《湖南省检察机关成功查办衡阳破坏选举案》，《湖南日报》2015年12月4日，第18版。

③ 《辽宁省第十二届人民代表大会第七次会议筹备组公告》，《辽宁日报》2016年9月18日，第1版。

意见、反复酝酿、会议决定等程序逐步酝酿产生中央领导机构人选。[①] 这一创新，对于增强干部选任的科学性和公信力具有深远意义。

以送钱送物、宴请、委托等手段收买人心，进而达到拉动选票目的的行为，本质上都是政治腐败的表现，既败坏了党风政纪，损害了干部选任机制的公信力，也容易滋生出“腐败同盟”结构和恶性循环的为恶特征，为拉帮结派、违规用人甚至任人唯亲、使贿选者转变为被贿选者等埋下了伏笔。

（五）搞封官许愿、弹冠相庆

封官许愿原意指封官赏职、许诺报酬，现多指以名利地位引诱别人来帮助自己达到不正当目的。2008年中央纪律检查委员会（简称“中纪委”或“中央纪委”）、中央组织部联合印发的《关于深入整治用人上不正之风进一步提高选人用人公信度的意见》中指出，“对封官许愿或者为跑官要官的人说情、打招呼的，要严肃批评教育；造成严重不良后果的，依据党纪政纪和有关法律规定追究责任。”这里所讲的在干部选拔任用工作中封官许愿，是指领导干部在选拔任用干部上不走群众路线，不按民主集中制的原则办事，未经组织研究，个人私自向他人许愿承诺提拔调整有关职务和职位，并进行相关活动，甚至以个人代替组织决定干部选拔任用的行为。

选拔任用干部是一项严肃而神圣的工作，需要对党的事业和干部本人负责。如果“封官许愿”现象蔓延，将造成严重危害。一是滋生经济腐败。封官许愿者之所以愿意向他人封官许愿，其动机之一是取得对方的回报，包括物质利益的回报。这势必营造一种滋生腐败的温床。二是歪曲用人导向。封官许愿者一旦私欲得逞、尝到“甜头”，必然会变本加厉期望更大“收获”，必将歪曲公平公正的选人用人导向，败坏选人用人环境。三是腐蚀干部队伍。封官许愿者混迹于党的干部队伍中，将消磨广大干部干事创业的责任心和积极性，影响、带坏和腐蚀整个干部队伍。

① 《领航新时代的坚强领导集体：党的新一届中央领导机构产生纪实》，《人民日报》2017年10月27日。

四是损害组织形象。封官许愿者卖官鬻爵，随意用人，将降低广大群众对干部工作的满意度，损害党的形象、干部的形象。

弹冠相庆，语出东汉班固《汉书·王吉传》："吉与贡禹为友，世称'王阳在位，贡公弹冠'，言其取舍也。"清代赵翼《瓯北诗话·吴梅村诗》："以视夫身仕兴朝，弹冠相庆者，固不同。"比喻一个人做了官，其他人互相庆贺，将有官可做。"弹冠相庆"是"圈子文化"的表现之一，对官场生态有极大的破坏性。受"圈子文化"的影响，一些新当选或升职的领导干部，往往被其老同学、老部下和亲戚、朋友、老乡等"熟人"视为越来越能"遮阴"的"大树"。"熟人"们为其欢欣鼓舞，对其倍加接近。面对此等"弹冠相庆"的现象，"进阶"干部要坚定理想信念，头脑清醒，顶住扰惑，走好官途。

（六）搞自行其是、阳奉阴违

对党员干部来说，旗帜鲜明讲政治是第一位的要求，必须坚定马克思主义信仰，与党中央同心同德，坚决贯彻党中央的大政方针和决策部署，对党忠诚老实、光明磊落。但现实中，一些党员领导干部人前大谈马列主义，表面拥护中央，背后却与党离心离德，自行其是，甚至搞阴谋诡计。如十八届中央政治局原委员、重庆市委原书记孙政才，台上信仰马列主义，私下里却极力诋毁轻渎，称"不疯不傻，谁现在还读这个"；完全背离理想信念宗旨，丧失政治立场，对党毫无信心；请"大师"算运程、看风水，到五台山拜五爷庙；口头上坚定"四个意识"，但私下以"中国最年轻的政治人物"自居，个人野心极度膨胀，权欲熏心到了不能自控的程度；对党中央阳奉阴违、另搞一套，把个人主张凌驾于党中央精神之上，严重破坏党的集中统一领导。曾主政重庆的薄熙来，完全无视党中央权威，在重庆自立旗帜，搞独立王国，结党营私、拉帮结派，搞尔虞我诈、不择手段的"政客政治"和政治阴谋，搞破坏分裂党的政治勾当。二人严重违反党的政治纪律和政治规矩，成为重庆政治生态的"污染源"，其所作所为表明他们是假马克思主义者。甘肃省委原书记王三运对中央指示阳奉阴违，不作为不落实，对祁连山的生态环境破坏负有重大责任。这类"两面人”的行为，严重危害党中央权威和集中统一领导，影响群众对党的信心、信任和信赖，在干部中造成很坏影响。这类教训必须认真记取。

“自行其是”和“团团伙伙”紧密联系。长期以来，一些地方、一定层次的干部，搞上有政策、下有对策、有令不行、有禁不止，但他们本身并不是“独立大队”，更不是“单干户”。他们要听命于其“团伙”和“帮派”中的“老大”。因此，“自行其是”不是简单的自由主义，而是和“团团伙伙”联系在一起的。

党内决不允许自行其是、阳奉阴违，是党的最大规矩，是由党的性质决定的。党作为工人阶级的先锋队和中华民族的先锋队，代表最广大人民的根本利益和长远利益，要把统一性作为党的根本规则，要求“下级服从上级，全党服从中央”。如果党员干部把自己主政的领域当成“私人领地”，随心所欲、自行其是、阳奉阴违，必将威胁党的统一。对此，必须保持高度警惕。

（七）搞尾大不掉、妄议中央

“尾大不掉、妄议中央”，意思是下属机构太过庞大冗杂，以至于出现难于收拾的局面，存在下属机构和部门随意议论中央政府的情况。

“尾大不掉”，语出《左传·昭公十一年》：“末大必折，尾大不掉，君所知也。”意思是兽类尾巴太长，摇摆起来困难。比喻下强上弱难以控制调动。妄议中央，特指党员干部和党的下级组织不按照法定程序和渠道，对党的方针政策妄加议论和批评，是“当面不说、背后乱说”“会上不说、会后乱说”“台上不说、台下乱说”。按照十九大新修订的《中国共产党章程》第四条、第十六条的规定，党员和党的下级组织可以对已经形成的决定提出意见，但提意见要选择正确的方式和场合。党内有表达不同意见的多重渠道，比如通过党内民主生活会批评、建言，实名越级写信反映情况，都是正当的。这样的渠道既保证集思广益，也有利于维护全党和全社会的团结，保持国家的凝聚力。通过正当渠道发表的议论，不属于“妄议”。但是，党章明确规定，不得公开发表不同意见。因此，如果违反党章规定，通过公开渠道发表不同意见，就属于“妄议”。

《中国共产党纪律处分条例》第四十六条规定，通过信息网络、广播、电视、报刊、书籍、讲座、论坛、报告会、座谈会等方式，妄议中央大政方针，破坏党的集中统一的，予以纪律处分，直至开除党籍。该条例在“妄议”前面做出渠道的限制，与党章的规定是一致的。因此，这样的“妄议”是党的纪律所禁止的。

新疆日报社原党委书记、总编辑、副社长赵新尉是新修订的《中国共产党纪律处分条例》正式发布后，因“妄议中央大政方针，破坏党的团结统一”而被处分的第一人。省部级干部中，涉及“妄议中央”而被查的有第十八届中央候补委员、北京市委原副书记吕锡文，辽宁省委原书记王珉，天津市委原代理书记黄兴国，全国政协原常委孙怀山，甘肃省委原书记王三运。

“尾大不掉、妄议中央”，不仅扰乱人们的思想，还破坏党的集中统一，妨碍中央方针政策的贯彻落实，将造成严重后果。

从党的十八届四中全会开始，习近平总书记就反复强调警惕“七个有之”。“七个有之”本质上是政治腐败，概括起来是两个方面：一是政治问题和经济问题交织形成利益集团，妄图攫取党和国家权力；二是山头主义和宗派主义作祟，大搞非组织活动，破坏党的集中统一。对政治上的这种隐患必须采取断然措施予以防范和遏制，消除隐患、后患。

三、政治腐败的特征

政治腐败有别于经济腐败、行政腐败、生活腐败和精神腐败等，有五个方面的鲜明特征。[①]

第一，政治性。政治腐败发生于政治领域，是与政治活动相关的腐败。它不以获得物质利益而以获得政治权力为目的，涉及国家公职人员是否

---

① 蒋德海：《将深层次反腐纳入我国反腐战略》，《学习论坛》2014年第2期。

能利用公职为社会服务，以及自由平等的民主政治秩序是否可能。在现代民主政治下，政治腐败往往与政党活动相关。20世纪90年代，西方政党活动中的金钱政治就是典型的政治腐败。政治腐败可能给国家和社会带来直接或间接的物质利益损失，但这只是其副产品。政治腐败最大也是最根本的危害对象是政治权力。质言之，政治腐败是对社会公众利益的侵害，是对国家政治经济命脉的劫持，是一种改变国家权力性质的腐败形式。政治腐败的后果是任何其他腐败形式所不能比拟的。

第二，根源性。政治腐败是最大的腐败，影响和决定其他公共权力的滥用，是其他腐败的源头。政治作为上层建筑，由经济基础决定，但反过来政治促进和制约着经济基础的发展。政治腐败会通过其他各种形式，如立法的、行政的和司法的形式表现出来，并进一步引发其他领域的腐败，如立法腐败、行政腐败、司法腐败等。政治腐败中拉票贿选的存在，使当选者在获得公共权力后，具有利用公权、以权谋私的机会，而且贿选的目的就是为了谋私，因此，只要存在贿选现象，就必然有其他领域的腐败。在没有建立有效的权力制约监督机制的社会，政治腐败的影响遍及各种公共权力。因此，治理政治腐败，具有根本的反腐败意义。

第三，交织性。政治腐败往往与经济腐败相互交织，互相为用。一方面，经济腐败为政治腐败服务。一些腐败分子为了捞取更大的政治权力，有时需要投入大量的经济利益。另一方面，政治腐败为经济腐败提供保护。中国北洋政府时期的曹锟就是通过贿选当选的。十八大后被查处的“五假干部”卢恩光坚持用金钱开路，实现了仕途上的跑步前进，短短六年即从副科爬到了正局，并在2015年出任司法部党组成员，政治部主任，官至副部级。即使在现代发达国家，也还存在大量的黑金政治。合法化的政治捐款就是一种变相的腐败。政治腐败虽然表面上不像经济腐败那样具有直接的经济性，它大都与政治安排或决定有关，但这些政治安排和决定以后会对经济、文化等各方面产生决定性影响。从这一意义上说，政治腐败与经济腐败相互交织，其产生的经济后果将是直接的经济腐败的倍数，而且具有连续不断的特点。19世纪中后期，美国严重的政治腐败就曾给美国社会造成深重灾难。

第四，制度性。政治腐败往往与不合理的制度有关或容易形成制度性腐败。所谓制度性腐败，是指由于政治腐败不受重视而引发的具有制度、体制、机制等特点的腐败，它不完全是个人品质缺点引起的，而是制度、体制、机制造成的。制度的特点使政治腐败成为一种常态，而清廉反而成为稀罕物。在这种情况下，腐败成为一种人们想不腐败都不可能，或者好人也不得不腐败的腐败形态。以选人用人为例，任人唯亲是选人用人的大忌，但在西方，政治分赃则是公开的秘密。除了总统和议员外，西方掌握权力的政府高官并非通过规范选拔程序而是政治任命产生的。其制度设计就是总统或总理拥有组阁权。被选用的高官不需要层层历练便可一步到位，不需要深孚众望便可委以重任，也不需要能力超群便可平步青云。高官任免要么被当作给亲信幕僚的回报，要么被当作政治结盟的工具，反正占据高位的大多是当权者的“自己人”。这与卖官鬻爵无异，是典型的以公器谋私利。再比如，在美式民主的基本制度设计下，选举所需的巨额资金，只有富人和利益集团才出得起，政客与利益集团在金钱面前完成利益交换，造成了美国制度性的政治腐败。不改变这样的制度设计，政治腐败就不可能从根本上根除。

第五，规模性。政治腐败往往是系统的、整体的，它不是一个人的腐败，而是一批人、一个系统或整个系统的前赴后继的腐败。党的十八大以来查处的山西窝案、中石油窝案、国家发改委窝案等重大腐败案件，既涉及中央、地方政府，也包含垄断国企，共同特征都是“倒下一个牵出一串”，表面是一把手“领衔”买官卖官，深层次是官商同盟圈、官场利益共同体代替了正常的基层政治生态圈。这类腐败由于牵涉人员众多，造成腐败者的罪恶感消失，甚至出现有人堂而皇之地为腐败正名的现象，腐败现象不但变得合理，甚至变得正当化、人道化。

政治腐败的上述特点，使其造成的后果极为严重。其中最主要的，就是瓦解政权的合法性，使人民丧失对政权的认同感和信任。对此，本书第一章已有过论述。

第三章　政治腐败的生成机理

政治腐败是与权力相伴生的一种社会历史现象，是权力非公共运作的必然结果。政治腐败的产生，有其特定的经济、政治、文化、社会及历史根源。权力主体的自利性、权力本身的可获利性及权力运作的不受制约性，是政治腐败产生的三个重要条件。研究政治腐败的生成机理，对于防范和根除政治腐败具有特殊重要的意义。

一、政治腐败与权力相关

政治腐败是国家公职人员利用手中的权力非法谋取政治私利的行为。权力与政治腐败相伴随。权力导致腐败，绝对权力导致绝对腐败，这是政治学的一条公理。没有权力，便无所谓政治腐败。

（一）权力的概念、来源和性质

权力，又称公共权力、政治权力，是政治科学和社会学的一个核心概念。关于什么是权力，人们有多种解释。英国历史学家阿克顿认为："权力，不管它是宗教还是世俗的，都是一种堕落的、无耻的和腐败的力量"[①]，"权力导致腐败，绝对权力导致绝对腐败"[②]。德国学者马克斯·韦

① ［美］格特鲁德·希梅尔法伯:《阿克顿：生平与学说》，［英］约翰·埃默里克·爱德华·达尔伯格－阿克顿:《自由与权力》，侯建、范亚峰译，译林出版社，2011年版，序言。

② ［英］约翰·埃默里克·爱德华·达尔伯格－阿克顿:《自由与权力》，侯建、范亚峰译，译林出版社，2011年版，第294页。

伯认为："权力意味着在一种社会关系里哪怕是遇到反对也能贯彻自己意志的任何机会。"[①] 詹姆斯·麦格雷戈·伯恩斯认为："权力的两个必要条件是动机和资源。缺少任何一个，权力就会崩溃。"[②] 法国学者迪韦尔热和美国学者艾萨克认为，权力是一种不平等的关系，体现的是命令与服从的关系，是强权者和受命者之间统治和被统治的关系。美国国际政治学家汉斯·J.摩根索认为，权力，不是指人驾驭自然的力量，也不是自我控制的力量，而"是指人支配他人的意志和行动的力量"[③]。与此类似的定义还有，莫伊塞斯·纳伊姆认为，"权力是指挥或组织其他团体和个人当前或未来行动的能力。"[④] 罗斯金等认为："权力是人与人之间的一种关系，是一个人让另一个人按其吩咐做事的能力。"[⑤] 安德鲁·海伍德认为，权力通常被视为一种关系，即一个人通过并非出自他人选择的方式影响他人行为的能力。[⑥]

可见，权力的定义非常广泛。本书同意，所谓权力，是指在特定的力量对比关系中，权力主体凭借某种资源，对权力客体实行价值制约，改变其行为，以实现权力主体意志、目标或利益的一种社会力量或特殊影响力。权力在本质上是特定的力量制约关系，在形式上表现为公共权力。

在阶级社会中，权力表现为政治权力，是经济上占统治地位的阶级为了实现自身的利益和意志，凭借国家这种物质的强制力，对其他阶级或个人进行控制和制约的力量。权力是统治阶级进行阶级统治，维护其根本利益、巩固政权活动的核心，它对社会全面而有效的运行具有支配

---

① ［德］马克斯·韦伯：《经济与社会》（上卷），林荣远译，商务印书馆，1997年版，第81页。

② ［美］詹姆斯·麦格雷戈·伯恩斯：《领袖论》，刘李胜等译，中国社会科学出版社，1996年版，第12页。

③ ［美］汉斯·J.摩根索：《国家间政治：寻求权力与和平的斗争》，徐昕等译，中国人民公安大学出版社，1990年版，第37页。

④ ［美］莫伊塞斯·纳伊姆：《权力的终结》，王吉美等译，中信出版社，2013年版，第19页。

⑤ ［美］迈克尔·G·罗斯金等：《政治科学》（第十二版），林震等译，中国人民大学出版社，2014年版，第14页。

⑥ ［英］安德鲁·海伍德：《政治学核心概念》，吴勇译，天津人民出版社，2008年版，第42页。

影响和决策的作用，是统治管理社会的重要工具。

权力来源于人与人的社会关系。人不是孤立存在的，人具有社会性。在远古，个人的能力无法改造自然，为了生存和获得生活资料，必须把人组成共同的整体，用共同体把个人的利益统一起来。用共同体统一每个人利益的人或组织，就获得了指挥权。这说明，集体或两个人以上就开始构成了权力关系，即支配和被支配的关系。

社会关系之外没有权力。不仅如此，在阶级社会，权力代表着产品的分配，因而是一种阶级关系、利益关系。人来支配权力，显然，权力开始人格化，显示人和阶级的属性。权力的人格化，就是将行使权力的人的性格、品德、特点、能力和创造性融入权力运行过程中；权力的阶级属性，就是代表经济上强大、政治上占统治地位的阶级的利益。

权力具有公共性、政治性、专属性、强制性、有限性等基本属性。[①]公共性指公共权力是与私权相对应的权力，它的行使空间是社会的公共事务领域，不能任意干涉和侵犯私权；政治性在于公共权力本质上是一种政治权力，服务于政治目的和政治发展的要求，即使它可以延伸到经济和社会生活，也主要发挥制度安排和规则制定等作用；专属性指公共权力是人民赋予政府部门专门行使的权力，其他经济和社会组织一般不承担公共权力；强制性指在公共权力合法的行使范围内，它所管辖的对象都应服从、遵守，具有权威性；有限性则指公共权力不能是无限制、无边界的绝对权力，它的行使必须得到法律的授予并严格限制在合法的范畴之内。

在揭示权力的来源和性质时，还应看到权力的反面，即权力的腐蚀性。从人类社会发展来看，人类创造的全部公共资源均由国家公共权力来管理和分配。公共资源是一种稀缺资源，谁取得国家公共资源的管理权和分配权，谁就具有把公权化为私权的机会和可能。因此，权力内在地隐含了腐败的可能，如何防止公权私用，一直是思想家们研究的对象。

---

① 刘杰:《理性认识公共权力的合理边界》,《文汇报》2007年5月28日，第10版。

（二）权力的交换与权力的蜕变

权力具有可交换性。[①] 权力是一种外在于其行为主体的力量。权力行使者手中的权力是建立在一定的职位的基础上的，一旦他与这一职位分离，便不能再拥有这类权力的行使权。这就是说，权力与人的其他方面的能力不同，它不是其行为主体本身所固有的。这种权力的外在性，一方面可能使它的行使者产生有权不用过期作废的心理，从而滥用权力。另一方面，权力也可能从主体那里分离出来，作为一种平衡各种利益关系的手段，充当可以自由买卖或交换的商品进入流通领域。权力作为一种稀缺的社会资源，一旦进入商品交换场所便会给交易双方带来高额利润。

权力的商品化是权力蜕变的典型表现形态。现实中，可以与权力进行交换的东西很多，人情、货币、物、权力、职称、职位、职务、荣誉、性等，都能成为与权力交换的对象。权力行使者只是权力的形式主体，权力所有者才是权力的实质主体。权力行使者拿权力去换取各种利益，其个人并没有付出成本，付出成本的是权力的实质主体。所以，权力的可交换性，以及权力的形式主体与实质主体的分离，为政治腐败创造了条件。提高政治腐败的风险，增大权力交换的成本，成为抑制腐败的有效措施之一。

（三）政治腐败是权力非公共运作的结果

王沪宁对腐败曾有一个简洁的定义：腐败就是“公共权力的非公共运用”[②]。具体而言，腐败是指公共权力主体（国家公职人员），为了个人目的，违背社会政治规范，利用手中职权，通过各种途径和手段谋取私利（包括个人、小集团）的行为。由此，可以判断：政治腐败的产生主要和公共权力的运作方式相联系，是公共权力非公共运作的必然结果。正是使用和操作权力的固有特点为权力的滥用提供了潜在的机会。具体来说，

---

① 中共中央纪律检查委员会，中共中央党校组织编：《新时期领导干部反腐倡廉教程》，中共中央党校出版社，2007年版，第2页。

② 王沪宁：《反腐败：中国的实验》，三环出版社，1990年版，第10页。

它表现在以下方面：[①]

首先，政治腐败是对公共权力的践踏。政治腐败总是权力的腐败，在一切社会中，政治腐败总是同公共权力结合在一起。没有权力，便无所谓政治腐败。政治腐败现象离不开权力的运作，公共权力的非公共运作，是政治腐败行为的本质性规定。公共权力的存在是政治腐败存在的前提，但公共权力与政治腐败并不具有内在的必然联系。这即是说，并不是有了公共权力，就一定有政治腐败。政治腐败不在于公共权力本身，而在于公共权力的归属和运用背离了公共的性质，是公共权力运作失范的产物。

其次，政治腐败违反或背弃了公共权力规范和规则。公共权力的实质主体是社会、国家或群体，行使主体是受实质主体委托，代为行使公共权力，并对实质主体负责的主权者中的一部分人。要保证权力的行使主体真正向权力的实质主体负责，要求前者切实遵守有关的公共权力规范和规则。历史上，公共权力规范和规则如同公共权力一样古老。自从有了公共权力之后，也就有了公共权力规范和规则。二者性质和周密程度有所不同，具体包括制度、法律、纪律和政治道德等。正是这些得到社会或一定集团的人们认同或遵从的规范和规则，确定、调整了社会的公共权力关系，协调了各种公共权力活动，维持着公共权力的运行。从公共权力运行的过程看，有公共权力委托、公共权力实施、公共权力监督和公共权力制约等多个环节，每个环节均有各自的规范。古今中外的政治腐败现象无一例外地都违反和背弃了这些规范和规则。

再次，政治腐败是谋取不正当政治私利。利益是人类一切政治活动的原点，它引发人的活动力量，规定人的行为方向。一切政治活动归根到底都是为了利益，权力的产生过程和实现权力的具体状态，都充分证明：公共权力主体不过是用来实现利益的手段，权力的实质就在于实现或维护一定阶级或社会的根本利益，而利益关系的基本矛盾是个人利益同

---

① 陈濯，晏一茗：《腐败根源的深层理论探究》，《中国青年政治学院学报》2004年第4期。

社会整体利益的矛盾，权力的运作说到底是为了利益而展开的。是以权为公还是以权谋私，这是区分公共权力运作好坏的根本标准。政治腐败就是一种以公共权力为手段谋取政治私利的行为，以权谋私之所以是政治腐败，一方面，是因为政治腐败行为损害了社会公共利益，损害了人民的利益，而权力是人民赋予的，公共权力的产生是为了实现社会利益的公正合理分配，结果成了个人利益的捕捞器；另一方面，是由于社会资源有限，无法绝对满足每个人的需求，掌权者凭借权力捞取政治上的好处就是对他人利益的巧取豪夺。

最后，政治腐败是权力的非责任化和权力的权利化。责任从一般意义而言，指特定主体在将其意志强加于他物，使之服从时所产生的负担，它包括权力施行的界限及其越界后果的承担。权力的运作必须以相应的责任为基本保证。责任为权力设立了一种合理的界限，使权力的运作成为主体所施行的一种具有负责精神的行为过程，可以在这种界限突破之后，成为一种义务追加的依据。没有责任的权力是一种滥用的权力，也就是权力腐败。腐败又表现为权力的权利化，即掌权者把公共权力当成私人资本和个人权利来行使，权力的公益性变为自利性，在这种情况下，权力之大小并不意味着责任的大小，而是意味着个人取得利益之大小。

二、政治腐败的根源

政治腐败是复杂的社会历史现象，其产生的根源是多方面的，是经济、政治、文化、社会、历史及外部原因等多个领域中的社会问题的综合产物。

（一）经济根源：政府频繁干预市场

经济是滋生政治腐败的主要根源。经济学家詹姆斯·布坎南等人认为，国家对微观经济活动的广泛干预会限制市场竞争并造成人为垄断和稀缺，由此产生的“租金”就成为工商界的追逐对象。经济学家安妮·克鲁格在国际贸易领域中证实了寻租现象的广泛存在并建立了寻租理论模型。按照寻租理论，“租金”是指由于缺乏供给弹性产生的差价收入。寻租活动使用较低的贿赂成本获取较高的收益或者超额利润。人们为了追逐政府干预经济产生的价差，不惜投巨资，冒一定的风险，贿赂和收买政府官员，最终用较少的投入获取巨额利润。在寻租活动中，不仅行贿者和寻租者得到好处，被行贿人也得到好处，为此，从寻租活动中获得利益的官员，反过来会极力维护和巩固这种产生权力腐败的经济制度。

按照唯物史观，没有离开政治的经济活动。市场经济也离不开政治权力。市场主体完全依靠纯粹的市场行为从事经济的活动是根本不存在的。结合对现实生活的考察，可以发现，大多数的寻租活动，其背后都有权力做靠山。例如，某些房地产商都通过贿赂政府或银行官员，获得低价土地或大量贷款，把土地再抵押给银行，用贷款再贿赂权力者继续购买低价土地，继续抵押银行、继续贷款、继续购买低价土地……，循环往复。不依靠某种权力（即所谓“稀缺资源”），寻租活动是开展不起来的，而且在多数情况下，都是权力与资本之间的交易。这就是说，寻租活动的实质问题是权力在起决定性作用，或者说权力在寻租，所以，真正的寻租是“权力寻租”。很显然，权力寻租就是权力腐败，即政治腐败的一种特殊形式。

由于权力的自利性彰显，权力成为新的历史条件下人们崇拜的偶像。一少部分公共权力无止境地追逐利益导致了公权偏好，寻租情结较严重，进而导致部分公权缺位、权力的拜物教和权力的制度性贫困现象。

中国经济体制改革的目标，是使市场在资源配置中起决定性作用和更好发挥政府作用。在这一过程中，如何处理好市场和政府的关系，避免权力寻租，是克服政治腐败的关键环节。从实际情况看，中国现代化处于轰轰烈烈的阶段，经济中高速发展，权力相对集中，政府对市场的干预仍保持强大惯性，避免其中的官商勾结、权钱交易，有较大难度。具体来说，市场存在失灵，市场失灵需要政府权力的干预和介入，但政府权力干预不适时或过度，就会对市场产生消极作用，并由此导致腐败行为。首先，在资源配置过程中，权力排斥或限制市场机制的作用。如果某项资源的分配完全由政府按计划进行调拨，资源的成本含义就被抹杀了。由于没有成本约束，对资源的需求就会大大膨胀起来，结果是资源供应高度紧张，供求差额迅速扩大。这样，在资源按计划分配中就产生了争夺战，地方和企业为了挣得更多的资源份额，而竟相向上级机关进贡行贿，这样无疑会逐步腐蚀政府资源分配部门及其官员，使他们以资源分配权谋取私利。

可见，政府与市场的边界不清，政府不适当地干预微观经济领域活动，是造成权力腐败这一特殊政治腐败形式的重要经济根源。

（二）政治根源：权力缺乏制约

没有制约的权力必将导致腐败。这是一条被历史证明的政治规律。一般来讲，在后发外生型现代化国家迅速推进现代化的初期，由于复杂的内外因素，建立的大多是权力过分集中的政体，其特点是国家权力和决策均集中于个别人或少数人手中，权力运行缺乏有效的监督和制约，社会的民主化、法治化程度不高，从而在国家体制方面为政治腐败提供了条件。

中国在社会主义现代化建设进程中，由于受苏联社会主义模式的影响，曾建立了权力高度集中的政治体制，权力行使集中有余而民主不足。中国社会主义政治体制朝着民主方向进行改革需要一个过程。经济的现代化与政治现代化在实践中长期的不平衡发展是导致政治腐败蔓延的重要原因。如温家宝指出的，“造成腐败的原因是多方面的，其中最为重要的一点，就是权力过于集中，而又得不到有效的制约和监督。政府部门掌握了大量的行政资源和审批权力，容易滋生钱权交易、以权谋私、官商勾结的腐败现象。”[①] 可见，权力过分集中且不受制约，是政治腐败滋生的政治根源。分析起来，表现在以下方面：

首先，在少数高级领导干部和基层干部产生过程中，缺少人民的有效

① 《温家宝总理答中外记者问——在十届全国人大五次会议记者招待会上》，《人民日报》2007年3月17日，第1版。

监督和制约。因为在权力高度集中的政体下，选举权虽归属人民，但也由于体制方面的缺陷而难以使公民履行自己的权力。领导干部产生的过程形式上是自下而上的，而事实上由于体制的缺陷，领导干部的选拔大多又是自上而下的，与民主的选举关系有很大差距，选举出来的官员是否清正廉洁，是否对人民负责，更多的是取决于他本人的自我道德约束能力。

其次，由于没有有效地贯彻权力监督和制约原则，导致在现实政治生活中，难以用权力制约权力，防止国家领导干部出于私人目的而滥用公共权力行为的发生。在权力高度集中的政体下，即使是国家最高权力机关的立法机构，也由于权力高度集中的弊端而不享有法律至上的地位，也无法从法治的角度对权力运行进行有效的约束和牵制。

再次，在权力高度集中的政体下不可能建立现代意义上的法治社会，只能是“人治”的社会，政治权力运行并非完全依赖法律的规则和程序，而是凭借少数领导干部的意志和利益。社会虽有法律、法令和规章制度，但对少数领导干部的约束力却很弱，它们主要是用来约束普通民众。由于没有一套切实可行的监督管理制度，一些领导干部放任自流，高高在上，一手遮天，不以身作则，坏了自己，也带坏了一个地区或部门的风气，引发许多腐败问题。

最后，在权力高度集中的政体下，现代文明的公务员制度难以建立，而传统的任人唯亲的人事制度恰恰是构成官员腐败的重要原因。

（三）文化根源：官本位思想

官本位思想是政治腐败产生的源头之一。对权力的向往导致了官本位思想的形成，官本位思想的存在必然导致政治腐败的产生。

官本位是一种以官为本、以官为贵、以官为尊为主要内容的价值观。官本位的实质是权力本位，它是中国传统官本主义的一种流毒。在中国传统官本主义体制下，权力是衡量人的社会价值的基本标准，也是影响人的社会地位和社会属性的决定性因素。权力支配着包括物质资源和文化资源在内的所有社会资源的配置，“有权就有一切”成为社会的流行信条。只要拥有权力，就意味着拥有社会资源。在官本位主义条件下，拥有金钱和财产，可能不一定拥有权力；反之，拥有权力，则必定会拥有各种政治、经济、社会和文化特权，从物质财富和生活特权，到社会荣誉和文化特权，等等。

社会主义民主政治的建立，从根本上摧毁了中国传统的官本位主义体制。社会主义民主政治的实质是人民当家作主，其核心是人民的主体地位和公民的权利本位，这与传统官本位主义条件下的君主主体地位和官员权力本位是格格不入的。然而，数千年的官本位主义传统，加上现存制度的某些缺陷，使得官本位主义的流毒在社会上，特别是在一些国家公职人员身上依然深重存在。

官本位思想包含三大基本理念：一是权力至上的理念。认为权力可以支配一切，谁拥有了权力就可以号令天下。这种理念容易导致权力滥用，或者把权力作为营私工具。基于这种理解，权力被看成是一种可以与其他价值（金钱或名誉）进行交换的价值，从而促使一些人把追求官位看作是获得社会资源分配和享有特权的基本途径。二是官员至上的理念。认为“官贵民轻”“官尊民卑”，官员在社会中就理应高人一等。官员自视为社会利益的代表、是“父母官”，要求“子民”对其感恩戴德。三是唯上是从的理念。官员只对上级负责，迎合上级的偏好，遵从上级的命令，而不对下级和民众负责。[①]

官本位思想的存在必然导致政治腐败现象的产生。现实中，一些国家公职人员仍然信奉“有权就有一切”的封建政治逻辑，把当官和当大官本身视为人生的最高追求。为了获取权力和维护权力，往往不择手段。有的搞圈子文化、码头文化和政治攀附，有的裙带关系、血缘关系浓厚，有的买官卖官、拉帮结派、欺上瞒下、阿谀奉承、坑蒙拐骗、违法乱纪，坏事做尽。正所谓，“一人得道，鸡犬升天”；一朝有权，便十分“任性”。

① 林卡：《中国官本位深层肌理解析》，《人民论坛》2013年第10期。

（四）社会根源：弱社会和不良社会风气

政治腐败作为一种社会现象，与人类社会紧密相关。在特定的历史时期，政治腐败现象与特定的社会背景存在联系，这是符合客观实际的。从发生学的角度看，许多政治腐败现象的出现，既有腐败分子个体的原因，也有人们交互作用的社会原因。社会的弱小和不成熟往往像催化剂，辅助政治腐败的发生。

首先，强国家弱社会的非均衡导致政治腐败。迈克尔·约翰斯顿认为，国家和市民社会无论哪一方力量过于强大而造成彼此力量的非均衡，都可能导致政治腐败。国家能力过强，公民和团体面对官员的勒索或权力侵害而无力抵制；市民社会能力过强，私人参与者易于通过不正当或非法途径影响政治决策。解决这一问题的方法是在积极推动市民社会发展的同时，在公民、团体与政府之间建立更广泛的互动关系和理解信任关系，在政治与经济机会之间找到一种均衡点，避免市民社会或国家的单方面畸形发展。在中国，民间社会发育不充分，舆论监督微弱，人民群众对国家公职人员难以发挥应有的约束作用。尽管现在在干部的选拔任用上要求听取群众意见，重视民意，但在群众意见与领导意见相左时，经常是按领导的意见办理。“群众选票千万张，不如领导嘴一张”，反映了一些地方的群众意见在干部选拔任用中作用弱小的现象。由此，可以说中国当前仍处于强国家弱社会的时期，社会力量不足以阻遏政治腐败。

其次，不良社会风气助长政治腐败。社会风气影响人的思维习惯和行为模式，对每个人的影响都很大。社会风气好比一只“看不见的手”，深刻地支配着每一个人。任何公职人员，无论其地位多高、身份多特殊，都在一定程度上受社会风气的影响和制约。因此，社会关系往往是个人政治腐败的重要根源，社会风气是公职人员政治腐败的温床。当社会风气败坏、人们的是非观念淡漠时，公职人员所受到的来自社会的强大压力，是推动其走向腐败的重要动力之一。

中国不良的社会风气，概言之，主要表现为：首先，注重关系。人们无论办什么事情，首先想到的不是依法依规办事，而是通过关系借助人情办事。人情社会的核心是权力，人情投资的对象是当权者。人情泛滥，必然催生政治腐败。其次，漠视公平。市场经济讲究公平竞争，反对特权和特权现象。但在重利轻义的环境下，许多人只讲利益，不讲公平与正义。要求他人廉洁，自己却向往和羡慕腐败。再次，缺乏诚信。诚信是社会得以健康有序运行的基础。不讲诚信，社会就会陷入混乱。中国目前无论在经济、政治和社会生活中，都存在许多不守信用的现象。最后，拉帮结派。人以类聚，亦以利集。有的人为了生存和发展、为了个人的所谓“仕途”，自觉融入复杂的社会关系网中。通过投靠、依附和出卖，得到某种势力的庇护，使自己成为小团体的成员、关系网的结点。在小团体内，唯某人马首是瞻，唯某人之命是从；对外则排斥或打击异己。

总之，社会力量的弱小和不良的社会风气，为政治腐败现象的滋长蔓延提供了社会环境。

（五）历史和外部因素：封建主义和资产阶级思想的影响

封建主义残余的影响是造成中国公职人员政治腐败的历史因素。中国几千年漫长的封建专制社会中，做官和发财是不可分割的统一整体；长期的君主专制官僚政治体制，给予拥有政治权力的人即做官者以种种物质利益，并赋予他们利用政治权力谋取私人经济利益的特权。这些糟粕是中国政治腐败得以产生的历史渊源。此外，受儒家文化的影响，中国社会盛行家长制观念、亲情伦理文化、裙带观念，这些因素导致正式的国家法律与非正式的政治文化边界模糊，公德与私德模糊，容易出现任人唯亲与利益输送，对公职人员依法行政造成不良影响。他们在行使公权的过程中，有可能放弃原则，偏离公平公正，为自己和他人谋取私利。

资产阶级腐朽思想的影响是造成公职人员政治腐败的外部因素。随着对外开放的扩大，中国与国际社会的接触日益广泛。国外资产阶级的拜金主义、享乐主义和极端个人主义等腐朽思想也不可避免地影响到一些公职人员，成为诱发政治腐败的一个因素。

上述各种根源和原因是相互影响、相互作用的。每一个具体人物的政治腐败行为固然有其不同的特殊原因，但也有许多共同的原因，总体上离不开上述中国的经济、政治、文化、社会、历史和外部方面的种种问题。只有对政治腐败的根源进行深层次、全方位的揭示，才可能找到解决和克服中国政治腐败现象的根本途径和方法。

三、政治腐败产生的条件

理论上，政治腐败行为的产生，除了潜在起作用的根源性因素外，还依赖于三个必要条件，即公共权力、腐败动机和腐败机会。它们分别构成政治腐败行为的客观条件、主观条件和机会条件。其中，公共权力及其派生的对稀缺资源的控制和分配权，是公职人员政治腐败行为的原始动力。

当公职人员掌握一定的公共权力，并通过个人利益计算，认定滥用这些权力确实有利可图而且利大于弊之后，他们往往就会产生强烈的腐败动机，从而使政治腐败行为具备了主观条件。

在腐败动机产生之后，政治腐败行为的前两个条件已经满足，公职人员就进入了以权谋私的实际准备阶段。这时候，腐败动机能否最终转化成为实际的政治腐败行为，主要取决于腐败机会的多寡。所谓腐败机会，是指连接腐败行为主观条件与客观条件，使得腐败从潜在可能变为现实的机会与条件。政治腐败行为具有违法违规性质，一旦暴露，会给其行为主体带来政治、经济和法律等方面的损失。政治腐败行为的高风险，使得公职人员在以权谋私时必须慎之又慎，力争把行为暴露的风险降低到最低限度。而要做到这一点，就必须借助或制造各种腐败机会。腐败机会构成政治腐败行为的机会条件。

只有当公共权力、腐败动机和腐败机会三个条件同时具备时，政治腐败行为才能得逞。用公式表示的话，政治腐败行为 = 公共权力（客观条件）+ 腐败动机（主观条件）+ 腐败机会（机会条件）。[①]

（一）客观条件：公共权力

如前所述，政治腐败与权力相关。权力，主要指各级公职人员掌握的公共权力，它既包括由各级党政领导掌握的决策权，也包括由各级管理者掌握的日常管理权力等。公共权力是公职人员能够以权谋私的基本前提，构成政治腐败行为的客观条件。公共权力之所以能促成政治腐败，除了权力本身所具有的公共性等基本属性外，很重要的一点，在于公共权力具有可获利性。公共权力的这一特性，主要表现为公共权力的价值性、工具性和可交换性等。[②]

其一，公共权力的价值性。由于社会生活的复杂性，现代社会中公共权力的功能是多方面的，概括来说，有两个方面：一是为社会公共生活提供必须的公共物品和公共服务，如国防、安全、秩序、环境保护、公用设施的投资建设等；二是国家还掌握着类似颁发进出口许可证、营业执照、分配资源额度等社会稀缺资源的配置权。公共权力功能的广泛性，特别是对社会稀缺资源配置权的存在，客观上使公共权力成为一种可以产生利益的资源。谁占有了权力，谁就具有对社会资源的分配权、对社会的管理权和对重大问题的决定权。公共权力主体作为公共权力的拥有者和行使者，可以从对权力客体——社会资源和价值的支配与控制中获取利益。从这种意义上说，公共权力是实现利益的必要凭借，它为公共权力主体利用公共权力实现个人利益提供了可乘之机。

其二，公共权力的工具性。一定公共权力的运转和实现要以一定的主体及其相关意志的存在为前提。权力与利益紧密相连，但权力的运行是受其行为主体的控制和支配的，完全体现其行为主体的意志和要求。当公共权力的行使者把纯粹的个人利益要求作为权力运行的目标时，公

① 马勇霞：《以改革的办法坚决铲除滋生腐败的土壤》，《求是》2014年第12期；程文浩：《预防腐败》，清华大学出版社，2011年版，第4–5页。

② 毕于慧：《腐败根源的政治权力分析》，《理论探讨》2001年第2期。

共权力就成为其谋求个人利益的工具，并在权力的运行中把他的意志变为现实。这就是说，公共权力的工具性，使公共权力的行使者有可能把自己的意志和利益强加于社会公共权力，利用公共权力为个人谋取利益。

第三，公共权力的可交换性。这一点，前文已有述及。公共权力的行使者通过“出卖”对于某一种社会资源的处置权或分配权，将获得高额的“贿赂”或“租金”，而不需要付出任何成本。收买权力的组织或个人从交易中获得的是有利于自己的资源配置或某种社会稀有资源，可以获得高于“成本”几倍甚至几十倍、上百倍的利润。公共权力的可交换性，不仅使公共权力的行使者可以利用公共权力为自己换取金钱、财富等物质利益，也使权力与权力之间的交易成为可能。总之，权力一经成为可交换之物，它便必然走向腐败。

（二）主观条件：腐败动机

毫无疑问，人的行为受人的主观动机支配。一个国家公职人员，如果利欲熏心，成天谋划着升官发财，那么他就极易滑向政治腐败的深渊。反之，如果所有公职人员都具有崇高的理想和坚定的信念，能够坚守廉洁自律底线，那么他们掌握再大的公共权力也不会腐败。

首先，政治腐败的动机源自公共权力主体的自利性。马克思主义认为，人的本质并不是单个人所固有的抽象物，在其现实性上，它是一切社会关系的总和。马克思主义者不像资产阶级辩护士那样，把人性归结为自私自利、唯利是图，甚至“人对人像狼一样”，但却不是无条件地否认人的自利性，相反把利益的实现作为人们结成一切社会关系的基础。“把人和社会连结起来的唯一纽带是天然必然性，是需要和私人利益。”[①] 公共权力主体作为公共权力的行使者，他首先是作为社会生活中的一个个体而存在。他参与社会生活，担任公共职务，是为了满足自身对物质生活和精神生活的需求，包括对衣、食、住、财富和荣誉、地位、自我实现等

① 《马克思恩格斯全集》（第一卷），人民出版社，1972年版，第439页。

的需求。不断增长的利益需求，客观上会促使人们努力寻找并利用一切可能利用的途径实现自我利益最大化。公共权力主体自利性的存在以及在合理范围内通过合法途径实现个人利益最大化并不构成腐败，但是在不断膨胀的自我利益需求的驱使下，一些人可能为实现个人利益不择手段，把包括公共权力在内的一切力量作为实现个人利益的工具。从这一意义上讲，人的自利性具有顽固性且很难克服，是政治腐败现象滋生的人性根源。

其次，政治腐败动机与公共权力主体丧失理想信念有关。公共权力主体不是普通的社会成员，他们掌握着公共权力，应当比普通社会成员有更高的精神追求。否则，就容易沦为权力的俘虏。习近平总书记强调："理想信念是共产党人精神上的'钙'，没有理想信念，或理想信念不坚定，精神上就会'缺钙'，就会得'软骨病'。"[①]《中国共产党廉洁自律准则》强调，各级领导干部必须坚定共产主义理想和中国特色社会主义信念，党员领导干部要廉洁从政，自觉保持人民公仆本色；廉洁用权，自觉维护人民根本利益。这些论述和要求凸显了理想信念对于公职人员秉公用权的极端重要性。

现实生活中，一些党员、领导干部出现这样那样的问题，一个共同的原因是理想信念方面出了问题，信仰迷茫、精神缺失。习近平总书记在其重要论述中为这些人画了像："有的对共产主义心存怀疑，认为那是虚无缥缈、难以企及的幻想；有的不信马列信鬼神，从封建迷信中寻找精神寄托，热衷于算命看相、烧香拜佛，遇事'问计于神'；有的是非观念淡薄、原则性不强、正义感退化，糊里糊涂当官，浑浑噩噩过日子；有的甚至向往西方社会制度和价值观念，对社会主义前途命运丧失信心；有的在涉及党的领导和中国特色社会主义道路等原则性问题的政治挑衅面前态度暧昧、消极躲避、不敢亮剑，甚至故意模糊立场、耍滑头，等等。"[②]在这样的心态下，一度出现了"裸官"腐败现象。"裸官"们将家属安置

---

① 《习近平谈治国理政》，外文出版社，2014年版，第15页。

② 《习近平谈治国理政》，外文出版社，2014年版，第414页。

在国外，自己在国内当官捞钱。除此之外，还有一些人表面上信仰社会主义和共产主义，实际上却信仰实用主义和功利主义，认为眼前能够抓住的现实利益才是最重要的。崇高理想信念的丧失容易使其跌入腐败堕落的深渊。

（三）机会条件：腐败机会

在现实生活中，公共权力和腐败动机体现的只是一种单纯的实物形态和观念形态的东西，而腐败机会则为它们的结合提供了舞台。因此，腐败机会对完成政治腐败行为具有特殊重要的作用。

腐败机会在完成政治腐败行为中的突出作用，是由其自身所固有的特征决定的。这些特征主要是：其一，多样性。腐败机会类型多样。任何一个领域都同时存在不同的腐败机会，而这些机会又有着不同的成因和解决方案。其二，动态性。腐败机会不是一成不变的，而是随着时代和环境的改变，以及人们心理承受能力和价值观念等的变化而不断变化，而且每一次制度变迁都会使腐败机会的形式和内容发生改变。其三，内生性。腐败机会除了源于先天的制度缺陷或其他外部因素外，还可以由公职人员人为制造。腐败主体如果发觉现有的腐败机会不合用，往往会利用自己的权势人为地制造机会。其四，普遍性。腐败机会存在于一切阶级社会和社会生活的一切领域。腐败机会的这些特点，使其成为政治腐败行为三个必要条件中最复杂多变、最微妙难测的条件。

具体地说，腐败机会在政治腐败行为中同时发挥着两种作用：一是能够使腐败动机转变为实际的腐败行为；二是能够显著增强公职人员的腐败动机。①

腐败机会总的来说有两种类型：一种是相对宏观的腐败机会，主要来自于公共权力本身；另一种是相对微观的技术性腐败机会，存在于权力的具体运行过程中。②

① 程文浩：《改革期间腐败机会的产生根源研究》，《公共管理评论》2004年第2期，第88页。

② 程文浩：《预防腐败》，清华大学出版社，2011年版，第8页。

公共权力实质主体与形式主体的相互分离，为腐败行为由动机转化为现实提供条件。公共权力有实质主体和形式主体的区分。一方面，公共权力由全体公民授权产生，公民构成公共权力的实质主体。另一方面，公共权力在形式上由在政府机构中担任公共职务、承当公共职责的少数人行使和支配，这部分人构成了公共权力的形式主体。公共权力实质主体和形式主体在一定程度上的相互分离，在一定条件下，会导致公共权力所有权和行使权的一定程度的分离。公共权力主体这一内在的、不可克服的特性的存在，为公共权力的行使者滥用公共权力和公共权力的私有化、商品化提供了机会。首先，实质主体与形式主体的相互分离，加大了监督制约权力的难度，使以权谋私成为可能。在代议制民主条件下，公共权力的所有者与行使者之间建立起一种委托代理关系。人民大众是公共权力的委托者，公职人员是公共权力的代理者。代理者需对委托者负责并受其监督。但现实中，由于人数众多，一部分公民不愿意或不能充分行使其监督权。其次，由于公共权力功能的多样化和复杂化，以及公共权力行使过程的相对独立性等，人们对公共权力的监督和制约往往难以深入到所有领域和全过程。这为公共权力行使者以权谋私提供了空间。最后，实质主体与形式主体的相互分离，导致权力行使过程中责、权、利不统一的状况，使滥权成为可能。形式主体行使权力，但不承担权力行使的后果，后果是由全体社会成员承担。这种行为者和行为后果承担者相分离的状况，容易使权力行使者滥用权力而不需为自己的行为后果承担代价，客观上为各种腐败滥权行为打开了方便之门。

权力运行过程中的技术性腐败机会，主要取决于规范这些权力的制度和规则等的完善程度，它们对政治腐败行为的发生具有决定性作用。这方面的腐败机会有几个重要来源：一是权力过分集中。尽管中国一直在推进决策权、执行权、监督权分权制衡，但邓小平1980年曾经指出，中国的一切权力集中于党委，而党委的权力集中于几个核心书记。目前这种权力结构没有大的变化。权力过分集中，特别是决策权过分集中，容易导致政治腐败。海南省东方市原市委书记戚火贵在任职期间，市里的大小事情他都喜欢“一杆到底”直接过问，亲自批示，其权力涵盖项目审批、企业贷款、干部任免、职务升迁等所有最有利可图的方面，最终因贪婪受到了法律的严惩。二是权力运作过程缺乏制约和监督。权力运作的规律表明，权力越大、越关键，就越是应当加以规范和约束。而现实权力体制中的情况却是相反，权力地位越高，受到的制约和监督却越弱。正因为制约监督不力，才使得有些人有恃无恐，肆意妄为。泰安市原市委书记胡建学就曾对人扬言，“到我们这一级别的干部就没人管了”。胡建学在任市委书记的几年中滥用权力，践踏法纪。事实证明，权力制约和监督的薄弱，为权力在体制内的滥用提供了自由的空间。三是无规可循或规则本身存在缺陷。无规可循是腐败机会的一种较为极端的制度根源。在没有规则可遵循的情况下，公职人员有极大的决策自由。他们可以通过自由决策，或首先制定利己性的分配规则，然后再严格地执行这些规则，以达到以权谋私。与无规可循相比，在更多的情况下，是虽有规则存在，但规则本身却存在严重缺陷，从而为公职人员在执行过程中做手脚留出了足够空间。以干部制度改革为例，中国共产党的干部制度改革集中于候选人的提名、考察及对候选人的协商等方面。这些改革虽然体现了民主的内涵并且突出了下层民众的重要性，但对于干部能否晋升的最终决定权仍然集中在党的手里。这样，所谓的“跑官要官”“买官卖官”“边腐边升”成了官场司空见惯的景象。四是机构设置不合理。规则执行不力，固然与规则自身的某些缺陷有关，但是执行机构设置方面的不合理，直接为某些公职人员在执行中做手脚提供了机会。如十八大之前，纪委接受上级纪委和同级党委的领导，纪委书记又是同级党委的常委，这种机构设置限制了纪委的监督职能。同样，在现行体制下，中国反腐败机构众多。较之其他国家，中国的反腐败机构是最多的。但太多的反腐败机构反而互相掣肘，效率低下。这种内部制度过分多元化和分散化，造成各机构之间互相制约、推卸责任。机构设置上的不合理，足以使最严密的规则和制度安排流于形式，从而为公职人员留出巨大的腐败空间。

需要说明的是，政治腐败行为的三个必要条件并非孤立存在，也不是单向的因果关系，而是彼此之间互为因果、相辅相成，任何一个条件具备，都会促使其他两个条件的滋生。公共权力促使腐败动机和腐败机会的产生。腐败动机不仅驱使当事人主动扩权，而且能促使其主动寻找甚至人为制造腐败机会。腐败机会直接影响公职人员腐败动机的强弱，从而进一步增强当事人的腐败动机，使其设法进一步增加自己的权力，以实现腐败收益的最大化。

以上分析表明，治理政治腐败，应当把握政治腐败的生成机理，着力消除政治腐败由以产生的经济、政治、文化、社会及历史和外部根源，同时，要沿着政治腐败行为发生的过程，筑牢防治政治腐败的三道防线，即：权力防线、动机防线和机会防线。而要做到这些，则必须大力推进政治腐败治理体系现代化，努力构建起不敢腐的惩戒机制、不能腐的防范机制、不必腐的保障机制、不想腐的自律机制，从而把政治腐败的发生概率控制在最小范围和最低限度。

中篇　治理之道

政治腐败治理，涉及谁来治、如何治的问题。中共十八届三中全会提出“完善和发展中国特色社会主义制度，推进国家治理体系和治理能力现代化”的改革总目标。中国特色的政治腐败治理体系应当放到国家治理体系的大格局中来思考和布局，使之成为国家治理体系的重要子系统，发挥“免疫系统”的功能。中国的政治腐败治理体系，在结构上，包括由反腐败机构体系和社会监督体系构成的硬件系统，以及由反腐败法制体系和廉政文化体系构成的软件系统两部分。中国政治腐败治理体系的现代化，必须坚持党对政治腐败治理的统一领导，同时发挥其他治理主体的协同作用。政治腐败如何治？针对政治腐败产生的三个条件，本书提出，要以零容忍态度惩治腐败，构建不敢腐的惩治机制；加强对权力的制约和监督，构建不能腐的防范机制；实行多维激励，构建不必腐的保障机制；强化政德建设，构建不想腐的自律机制。通过构建这四个机制，最大限度地消除政治腐败产生的主观条件和机会条件。

第四章　推进政治腐败治理体系现代化

党的十八届三中全会提出："全面深化改革的总目标是完善和发展中国特色社会主义制度，推进国家治理体系和治理能力现代化。"国家治理与廉洁政治之间存在极为密切的关系。国际经验表明，治理水平较高的国家或地区，其社会廉洁程度往往也比较高。现代善治作为治理的高级状态，其核心价值和基本要素中就包括廉洁。新时代中国特色政治腐败治理体系，是国家治理体系现代化的核心组成部分，对国家治理体系现代化发挥着"免疫系统"的功能，也是实现国家治理体系现代化的重要保证。中国特色的政治腐败治理体系，在结构上，包括由反腐败机构体系和社会监督体系构成的硬件系统，以及由反腐败法制体系和廉政文化体系构成的软件系统两个部分。[①] 中国政治腐败治理体系的现代化，需遵循政党中心主义的治理逻辑，坚持党对政治腐败治理的统一领导，同时重视发挥其他治理主体及法律法规和廉政文化的积极作用。

一、政治腐败治理体系现代化的内涵

（一）政治腐败治理体系的含义

治理是现代社会管理的一种理念和模式，自20世纪90年代在全球迅速兴起。从内涵上讲，现代治理包含共管、共治之义，既强调公共事

---

① 杜专家：《中国特色腐败治理体系构成要素探微》，《中国地质大学学报》（社会科学版）2017年第2期。

务管理中政府的作用，更强调公众参与和各方合作，不同于传统的统治、管制等理念、机制和模式。提出腐败治理体系这一概念，是对现代治理理论的借鉴并用于指导反腐败的理论和实践。习近平总书记指出："国家治理体系是在党领导下管理国家的制度体系，包括经济、政治、文化、社会、生态文明和党的建设等各领域体制机制、法律法规安排，也就是一整套紧密相连、相互协调的国家制度；国家治理能力则是运用国家制度管理社会各方面事务的能力，包括改革发展稳定、内政外交国防、治党治国治军等各个方面。"[①] 这一重要论述科学揭示了国家治理体系的内涵和外延。按照现代治理基本原理和习近平总书记的论述，政治腐败治理体系作为国家治理体系中的一个重要组成部分，是指在党的领导下，包括政治腐败治理的理念、价值、制度、行动等一系列的腐败治理的体制机制、法律法规安排，是一套紧密相连、相互促进的制度体系。[②] 从其功能和作用而言，科学有效地治理政治腐败治理，有利于国家治理体系的现代化，推动国家治理实现权威、秩序与活力的统一。而国家治理体系的建设和发展，又为政治腐败治理提供资源和动力，并决定着政治腐败治理的实际效果及腐败治理体系的有效性。从这一意义讲，政治腐败治理与国家治理体系和治理能力现代化是相互联系、相辅相成的，政治腐败治理体系是国家治理体系的重要组成部分，政治腐败治理的成效以及腐败治理体系的建设和完善，对于推进国家治理体系和治理能力现代化具有重要作用，二者构成一种相互需求的共生关系。

（二）政治腐败治理体系现代化的内涵

根据学者的研究，政治腐败治理体系现代化的内涵和外延可以从特征、衡量标准和具体体现几个方面来理解。[③]

---

① 习近平:《切实把思想统一到党的十八届三中全会精神上来》,《人民日报》2014年1月1日，第2版。

② 许桂芳:《中国腐败治理体系现代化的构建》,《江西财经大学学报》2017年第1期。

③ 许桂芳:《中国腐败治理体系现代化的构建》,《江西财经大学学报》2017年第1期。

首先，政治腐败治理体系现代化的特征。中国特色政治腐败治理体系和治理能力现代化，强调整个国家政治腐败治理体系制度化、科学化、规范化和程序化，各个治理主体彼此之间相互协调、共同发生作用，并善于运用法治思维和法治方式治理政治腐败，从而把中国特色社会主义各方面的制度优势转化为治理政治腐败的效能。由此，政治腐败治理体系的现代化必须具备科学性、民主性、法治性和国际性的特征。科学性是指政治腐败治理体系的构建必须合乎政治腐败产生的特点和规律以及治理政治腐败的特点和规律。民主性是强调政治腐败治理要依据人民当家作主的原则，发挥多元主体在治理政治腐败中的作用。法治性体现在治理体系的制度化、规范化和程序化，形成一个完整的、科学规范的、有效运行的治理制度体系。国际性就是政治腐败治理要与国际接轨，开展国际间反腐败协作，让腐败分子无处可逃。

其次，政治腐败治理体系现代化的衡量标准。俞可平提出，衡量一个国家治理体系是否现代化有五个标准：公共权力运行的制度化和规范化，民主化，法治，效率，协调。① 运用于衡量政治腐败治理体系的现代化，可以有科学性、民主性、法治性、效益性等标准。科学性，即公共权力运行的制约监督体系要协调、有效。民主性，强调尊重人民群众的主体地位，保障人民群众在政治腐败治理中的权益。法治性，就是坚持在中国共产党领导下，坚持依法治国，通过法律手段来治理政治腐败。效益性，强调政治腐败治理体系要进行适应性变革，及时满足人们对反腐败斗争的新需求和新期望。

最后，政治腐败治理体系现代化的体现。这包括理念、主体、客体、目标、工具等方面的现代化。理念现代化，就是要坚持民主治理、公平治理和全面治理。主体多元化，就是要坚持党委统一领导、党政齐抓共管、纪委组织协调、部门各负其责、依靠群众支持和参与。客体类别化，就是要对政治腐败行为人进行分类处置。目标全面化，就是要通过构建

① 俞可平:《论国家治理现代化》，社会科学文献出版社，2014年版，第4页。

不敢腐、不能腐、不想腐的机制，实现干部清正、政府清廉、政治清明。手段多样化，就是要综合运用法治、德治及现代科技等多种手段，发挥其在政治腐败治理中的协同作用。

二、中国特色政治腐败治理体系的构成要素

关于腐败问题的治理，习近平总书记明确提出："要加强对权力运行的制约和监督，把权力关进制度的笼子里，形成不敢腐的惩戒机制、不能腐的防范机制、不易腐的保障机制。"[①] 这从机制建设的高度对腐败治理提出了要求。要实现这一治理目标，需要进一步完善政治腐败治理体系。

中国共产党是中国特色政治腐败治理体系的领导核心。党对政治腐败治理体系的认识经历了一个不断深化的过程。针对改革开放初始阶段所发生的贪腐、特权等现象，邓小平提出："我们主要通过两个手段来解决，一个是教育，一个是法律。"[②] 教育与法制相结合的腐败治理模式，是中国在改革开放新时期政治腐败治理问题上的创新。在21世纪初期，江泽民在十五届中央纪委五次全会上强调："治标和治本，是反腐败斗争相辅相成、相互促进的两个方面。治标，严惩各种腐败行为，把腐败分子的猖獗活动抑制下去，才能为反腐败治本创造前提条件。治本，从源头上预防和治理腐败现象，才能巩固和发展反腐败已经取得的成果，从根本上解决腐败问题。"[③] 标本兼治的治理思路为政治腐败治理体系建设提供了重要的路径指导。在中国共产党成立90周年庆祝大会上，胡锦涛指出："以更加坚定的信心、更加坚决的态度、更加有力的举措推进惩治和预防腐败体系建设，坚定不移把反腐败斗争进行到底。"[④] 惩治和预防腐败的结

---

① 《习近平谈治国理政》，外文出版社，2014年版，第388页。
② 《邓小平文选》（第三卷），人民出版社，1993年版，第148页。
③ 《江泽民文选》（第三卷），人民出版社，2006年版，第187页。
④ 《胡锦涛文选》（第二卷），人民出版社，2016年版，第533页。

合意味着腐败治理体系约束机制的重要转变：从侧重法制上建立不敢腐败的惩治机制到侧重体制上建立不会腐败的制约机制。党的十八大后，习近平总书记要求“把权力关进制度的笼子里”，并部署了以反“四风”为着力点和主要抓手的党的群众路线教育活动，这标志着中国共产党在不断完善中国特色政治腐败治理体系的同时，更加注重从根本上提升腐败的治理和预防能力。

基于上述不断深化的政治腐败治理理念，中国特色的政治腐败治理体系得以不断地发展完善。梳理中国政治腐败治理的机构、制度和理念，可以将中国特色的政治腐败治理体系归纳划分为硬件系统和软件系统两个部分：硬件系统由反腐败机构体系和社会监督体系构成；软件系统则包括反腐败法制体系和廉政文化体系。[①] 这样划分的考虑，在于硬件部分是由相关机构、人员作支撑，软件部分是由法律法规条文或不成文的道德、文化作支撑。这种划分的好处是有助于形成对腐败治理体系的全面性认识。

（一）机构体系

政治腐败治理离不开相应机构的配合。对应不同的适用领域，反腐机构体系分为党、国家、军队几个部分。

在党的层面，党委对腐败治理承担主体责任，纪委承担监督责任，巡视组代表上级党组织对下级党组织进行政治监督。

中国共产党是中国特色政治腐败治理体系的核心，各级党委对政治腐败治理负主体责任。自1993年以来，中共中央每年通过中央纪委全会向全党全国部署反腐倡廉工作。中共中央、国务院先后颁布、修订的《关于实行党风廉政建设责任制的规定》，明确要求各级领导班子和领导干部按照“谁主管、谁负责”的原则，在抓好业务工作的同时，抓好职责范围内的反腐败和廉政建设，对违反规定的，进行责任追究。2016年习近平总书记在十八届中央纪委六次全会讲话中指出，全面从严治党是各级

① 杜专家：《中国特色腐败治理体系构成要素探微》，《中国地质大学学报》（社会科学版）2017年第2期。

党组织的职责所在，各级党组织及其负责人都是责任主体，必须担负起全面从严治党的主体责任。[①] 党委的主体责任，包括党委领导班子的集体责任、党委主要负责人的第一责任、分管领导班子成员的领导责任。领导班子对职责范围内的党风廉政建设负全面领导的集体责任，领导班子主要负责人是职责范围内的党风廉政建设第一责任人，领导班子其他成员根据工作分工，对职责范围内的党风廉政建设负主要领导责任。党委的主体责任包括贯彻中央和上级落实党风廉政建设的部署和要求、开展党性党风党纪和廉洁从政教育、贯彻落实党风廉政法规制度、强化权力制约和监督、加强作风建设等许多方面。党委主体责任的强化，有力推动了反腐败斗争的深入开展。

党的纪律检查委员会对政治腐败治理承担监督责任。各级纪律检查委员会是依据《中国共产党章程》设立的负责党内监督的专门机关，由同级党的代表大会选举产生，承担监督责任，是开展反腐败和廉政建设的重要机构。纪委的主要任务是：维护党的章程和其他党内法规，检查党的路线、方针、政策和决议的执行情况，协助党的委员会加强党风建设和组织协调反腐败工作。党的中央纪律检查委员会在党的中央委员会领导下进行工作。按照十八届三中全会的决定，纪委的领导体制由“双重领导”向垂直领导转变，体现为“两个为主”：一是腐败案件的查处以上级纪委领导为主，二是各级纪委领导的提名以上级纪委同组织部门为主。[②] 这一制度安排有利于打破地方纪委难以监督同级党委的局面。

巡视组，包含中央巡视组和省级巡视组，是党内重要的政治腐败治理机构。十八大后巡视组，尤其是中央巡视组，在打击腐败方面发挥了显著作用。中央巡视组之所以成为高效的政治腐败治理机构，主要原因在于：首先，中央巡视组的主要组成人员与一般常设机构不同：中央巡视

---

① 习近平：《在第十八届中央纪律检查委员会第六次全体会议上的讲话》，《人民日报》2016年5月3日，第2版。

② 王岐山：《聚焦中心任务 创新体制机制 深入推进党风廉政建设和反腐败斗争——在中国共产党第十八届中央纪律检查委员会第三次全体会议上的工作报告》，《中国监察》2014年第3期。

组组长一般是已经离开一线岗位，但还未满70岁的省部级正职官员，他们既有丰富的从政经验，又脱离了原有的工作圈子，在巡视工作中能尽量摆脱各种顾忌。而且自2013年5月起，巡视组组长的任命方式由以往的终身制改为“一次一授权”，更有利于巡视组独立、公正地开展工作。其次，中央巡视组采取常规巡视和专项巡视相结合，能做到全面与重点的结合。十八大后，中央巡视的覆盖面和力度大大增加。

在国家层面，既有针对腐败问题的监察机关，也有与腐败治理相关的其他机构，如人大、政协（民主党派）、审计、信访、法院、检察院等。这些机构横跨立法、行政、司法等领域，共同构成遏制腐败的网络。

监察机关是反腐败工作机构。2018年3月，第十三届全国人民代表大会第一次会议通过国家监察法，设立中华人民共和国国家监察委员会。国家监察委员会由全国人民代表大会产生，负责全国监察工作，对全国人民代表大会及其常务委员会负责，并接受其监督。国家监察委员会是最高监察机关，领导地方各级监察委员会的工作。监察委员会不设党组，与纪委合署办公，履行纪检、监察两项职能，实行一套工作机构、两个机关名称，这是深化国家监察体制改革的重要制度安排。设立监察委员会的根本目的，是加强党对反腐败斗争的集中统一领导，把党执纪与国家执法有机贯通起来，把过去分散的行政监察、预防腐败以及检查机关的反贪、反渎力量整合起来，攥成拳头。赋予监察委员会宪法地位，并明确其性质定位和职能职责，实现对所有行使公权力的公职人员监察全覆盖，将推动反腐败斗争深入发展。

审计机关是依据中国宪法设立的审计监督机构，依法对国务院各部门和地方各级人民政府及其各部门的财政收支、国有金融机构和国有企业事业单位的财务收支等进行审计监督。中国还建立了经济责任审计制度，对国家机关和依法属于审计对象的其他单位主要负责人进行审计监督。

人民法院和人民检察院是国家司法机关，分别依法独立行使审判权和检察权。人民法院依法承担包括贪污贿赂渎职等腐败犯罪在内的各类刑事案件的审判工作。人民检察院担负着依法追究刑事犯罪、侦查国家工作人员贪污贿赂和渎职侵权等职务犯罪、预防职务犯罪、代表国家向人民法院提起公诉等职能。最高人民法院、最高人民检察院还通过司法解释等方式，对贪污贿赂渎职等腐败案件的审判、检察工作进行指导，就侦查、审判案件过程中发现引发职务犯罪的重要问题，向有关部门和单位提出检察建议和司法建议。

在军队层面，既有类似党层面的军纪委、巡视组，也有类似国家层面的军队审计部、军事检察院、军法院。

近年来，中国政治腐败治理之所以取得一定的成效，与政治腐败治理机构的建设和完善是分不开的。但也要看到，中国的政治腐败治理机构体系在具体的运行过程中还存在不少问题，主要表现为党内监督体制不顺、人大监督乏力、司法监督不独立，以及横向上多个腐败治理机构存在职能交叉重叠影响监督效率等问题。总结起来，腐败治理机构之间如何有效衔接合作，防止监督出现真空地带，是中国政治腐败治理机构体系面临的挑战。

（二）社会监督体系

社会监督本质上属于外部监督。它包括两个方面：新闻媒体监督和群众监督。前者专门从事舆论监督工作，后者则具有自发性。

新闻媒体监督又被称作为第四权力，是指报纸、刊物、广播、电视等大众媒体对各种违法违纪行为的违法犯罪、渎职腐败行为所进行的揭露、报道、评论或抨击，支持和监督国家机关的行为。新闻媒体监督因具有开放性、广泛性的特点而给现行国家监督体系注入生机与活力，在促进政府依法行政、阳光执法，防治暗箱操作、行政腐败等方面有着极其重要的作用。但另一方面由于新闻媒体报道具有传播速度快、影响范围广等特点，若缺乏法律规制、制约，运用不当则可能导致对政府权力的干涉、影响政府正常决策。对于新闻媒体监督可能出现的问题，发达国家常采取的做法是设置独立的新闻委员会，通过立场中立、品格正直的独立委员会来公正、有效地管理媒体。

群众监督是以人民群众为主体的广泛的民主监督，是党外监督的主要渠道，是对党内监督的有益补充。勇于接受群众监督，既是中国共产党的优良传统和作风，也是新时代的客观要求。干部的权力来自人民群众，应当自觉接受群众监督。让群众能够真正监督权力，关键性的工作是要落实人民群众的知情权、参与权、表达权和监督权。同时，公共机构要加大公务信息公开的力度，打造阳光政府，使公民能够在充分知情的情况下进行有效监督。

（三）法制体系

依法治国是国家治理的基本方略。改革开放以来，中国的政治腐败治理法律法规不断完善，推进了中国政治腐败治理建设的法制化、规范化。

党内法规既是管党治党的重要依据，也是建设社会主义法治国家的有力保障。十九大修订了《中国共产党章程》。加上十八大以来对一系列党内重要法规诸如《关于新形势下党内政治生活的若干准则》《中国共产党党内监督条例》《中国共产党问责条例》《中国共产党廉洁自律准则》《中国共产党纪律处分条例》《中国共产党巡视工作条例》《关于领导干部报告个人有关事项的规定》《关于对配偶子女均已移居国（境）外的国家工作人员加强管理的暂行规定》等的制定完善，使党的政治建设、思想建设、组织建设、作风建设、纪律建设和反腐败斗争在制度层面得以进一步落实。新时代要求从党内法规的制定、备案、解释、执行等方面，进一步加强党内法规制度建设；要求从理论和实践层面理顺党内法规和国家法律的关系；同时，对党内法规在从严治党、管党方面的效用进行评估，为修改完善党内法规提供依据。

国家立法方面，中国立法机构制定了包括刑事处罚、权力监督和预防腐败在内的实体性法律法规。依据在腐败治理中所发挥作用的不同，这些法律法规可以被划分为惩罚型、程序性、预防型三个类型。[①]

目前，中国政治腐败治理体系的法律法规和规章制度已逐步完善，表现为党纪和国法对腐败问题的相关规定不断细化；实体性法律和程序性

① 杜专家:《中国特色腐败治理体系构成要素探微》,《中国地质大学学报》(社会科学版)2017年第2期。

法律相互配套；既有惩戒性法律法规，也有激励、保障性条款。

虽然中国特色政治腐败治理的法律体系已基本形成，但腐败治理的效果还没有充分发挥。这反映出在立法数量众多的同时，立法质量有待提升。特别是目前中国还没有一部专门的反腐败成文法典，这使得腐败治理的法律体系显得分散、繁杂，彼此缺少有机联系、不够协调统一[①]，影响了法律实施的效果。

（四）廉政文化体系

廉政文化是廉政建设与文化建设结合的产物。[②] 根据适用对象的不同，可以分为廉洁政治文化和廉洁社会文化。前者适用于公职人员，后者适用于普通民众。

廉洁政治文化可以视为党风和政风的一部分。2016年11月召开的党的十八届六中全会审议通过了《中国共产党党内监督条例》，其中以“党风廉洁建设”的提法取代了过去的“党风廉政建设”。“廉洁”较“廉政”的覆盖范围更广，不但涵盖政治领域，而且覆盖政治领域外的其他涉及公职的领域，如学校、医院、社区等。党的十九大报告提出，全党要“弘扬忠诚老实、公道正派、实事求是、清正廉洁等价值观，坚决防止和反对个人主义、分散主义、自由主义、本位主义、好人主义，坚决防止和反对宗派主义、圈子文化、码头文化，坚决反对搞两面派、做两面人”[③]。这些要求明确了廉洁政治文化建设的方向，是拒腐防变的治本之策。

廉洁社会文化主要指公民廉洁自律、奉公守法的职业文化和追求公平正义，敢于与腐败现象做斗争的监督文化。[④] 改革开放以来，受社会主义市场经济的影响，中国人的自由意识、平等意识、法治意识、权利意识、主体意识等现代政治观念逐步形成，传统的臣民文化正让位于现代公民

---

① 邹涛：《中国反腐败法律体系的反思与重构》，《当代社科视野》2008年第2期。

② 徐伟：《对廉政文化建设的几点思考》，《湖北社会科学》2008年第9期。

③ 习近平：《决胜全面建成小康社会 夺取新时代中国特色社会主义伟大胜利——在中国共产党第十九次全国代表大会上的报告》，人民出版社，2017年版，第63页。

④ 蔡娟：《廉政文化建设研究综述》，《山东社会科学》2010年第4期。

文化，对遏制公职人员腐败现象正起到潜移默化的影响。

三、坚持党对政治腐败治理工作的统一领导

中国共产党的领导是中国特色社会主义的最本质特征和最大制度优势。坚持党对一切工作的领导是历史的选择、人民的选择。党政军民学，东西南北中，党是领导一切的。推进政治腐败治理体系现代化，必须以坚持党对政治腐败治理工作的统一领导为前提。

（一）中国的政治腐败治理是政党行为

任何一个政治体系都需要构建一个政治腐败治理体系，没有这样一个体系存在，政治体系就不会持久地存在。古希腊政治学家亚里士多德在其关于政体病变的论述中就曾提到过这样的观点。既然任何一个政治体系都需要构筑一个政治腐败治理体系，这样就必然会形成一对关系，即政治体系与政治腐败治理体系之间的关系。对二者关系的认识取决于政党在政治腐败治理体系中的地位和作用。

在西方国家，先有议会，后有政党。政党是由议会中的派别发展而来，并且主要在议会内活动。政党领导人在赢得大选、取得执政权后，更多的是以政府首脑的面目出现，主要行使行政权。政党对政府的影响有限，或者没有影响。中国共产党与西方国家政党不同。中国共产党是靠革命取得政权的党。中国先有中国共产党，后有中华人民共和国。这意味着，中国的现代政治体系是在政党主导下确立起来的，是从政党那里脱胎出来的，其维系和健全离不开政党的主导作用。中国政治体系的这种成长逻辑，决定了中国的政治腐败治理首先是一种政党行为。没有政党主导的政治腐败治理，就没有政治体系的长期维系和发展。

中国共产党主导的政治腐败治理经历了一个长期变化和发展的过程。第一个时期是中华人民共和国成立以前，政党的腐败治理行为仅限于党自身的组织体系内部以及军队系统。在这个时期，腐败治理主要是通过

政党自身的纪律体系来完成的。第二个时期是在中华人民共和国成立后。这一时期，惩治和预防腐败并没有因为政党掌握国家政权而从政党行为变为国家行为。这一方面与新生的国家政权及新生的社会都是以政党为核心建构起来直接相关，另一方面与党要在新生的国家领导人民进行社会主义革命，建立社会主义社会有关。[①] 政党治理腐败的行为与社会行为结合起来，但仍然是以中国共产党为核心来展开腐败治理行为的。其表现为：腐败治理行为是通过以政党为核心的复杂的周期性的政治运动来完成的。这种形式，实际上就是毛泽东所理解的民主的形式，即政党通过发动社会政治运动来进行腐败治理。第三个时期是改革开放以来。在这一时期，作为政党行为之一的腐败治理行为开始发生重大变化。腐败治理不再与社会政治运动相结合，而转向与国家的政治制度和社会力量相结合。于是，在中国腐败治理的历程中逐渐产生了国家反腐败行为和社会反腐败行为。比如现在的网络反腐败，就是一种社会反腐败行为。但是从整体上看，腐败治理行为依然是以政党为中心展开的。典型的例子是纪委与监察委员会合署办公。它意味着国家反腐行为依附于政党的反腐行为。特别是2018年修改的宪法总纲第一条第二款明确规定“社会主义制度是中华人民共和国的根本制度。中国共产党领导是中国特色社会主义最本质的特征”的内容，使宪法关于“禁止任何组织或者个人破坏社会主义制度”的规定内在地包含“禁止破坏党的领导”的内涵。这从宪法上保证了党在政治腐败治理体系中的领导地位。因此，这一时期仍然是以政党为核心来构建国家的政治腐败治理体系的。

综上所述，中国政治腐败治理体系的形成和发展与中国政治体系的形成和发展紧密相关。在这个过程中，政党始终是政治腐败治理体系的中心力量。

---

① 林尚立：《以政党为中心：中国反腐败体系的建构及其基本框架》，《中共中央党校学报》2009年第4期。

（二）以严明的纪律管全党治全党

纪律是党的生命线，是管党治党的重器。党的十九大把纪律建设摆在更加突出位置，纳入党的建设总体布局。习近平总书记在十九届中央纪委二次全会上进一步强调，要全面加强纪律建设，用严明的纪律管全党治全党。这充分体现了党中央以严明纪律管党治党的坚定决心，将对政治腐败治理产生积极深远的影响。

党内法规建设是纪律建设的重要保证。党的十八大以来，党中央坚持把党内法规作为全面从严治党的制度支撑、重要保障和根本遵循，制定修订党内法规90余部。这些党内法规突出党规党纪，以严肃党内政治生活、加强廉洁自律、强化监督执纪问责、规范权力运行为重点，从不同方面体现了全面从严治党和纪律建设的内容要求，党规党纪的笼子越扎越牢、越织越密。特别是2018年新修订的《中国共产党纪律处分条例》与原《条例》相比，政治性更强，内容更科学，指导性和可操作性更强，其特点突出了“三个重点”和“七个有之”。“三个重点”，即将不收敛、不收手，问题线索反映集中、群众反映强烈，政治问题和经济问题交织的腐败案件作为重点审查内容写入《条例》；“七个有之”，即在《条例》中完善习近平总书记反复强调警惕的“七个有之”问题的处分规定。其释放的信号十分清晰，就是反腐败斗争不仅不会变风转向，而且“笼子”越扎越紧，不给权力脱轨、越轨留空子。在这种形势下，各级党委、纪委必须扛起全面从严治党政治责任，提高纪律执行力。

（三）实现对所有行使公权力公职人员监察全覆盖

深化国家监察体制改革，是以习近平同志为核心的党中央作出的重大决策部署，是事关全局的重大政治改革。目的就是加强党对反腐败工作的集中统一领导，构建集中统一、权威高效的国家监察体系，实现对所有行使公权力的公职人员监察全覆盖，推进国家治理体系和治理能力现代化。

加强党对反腐败工作集中统一领导的必然要求。中国共产党的领导是中国特色社会主义最本质的特征和中国特色社会主义制度的最大优势。

党是最高政治领导力量。任何改革都必须有利于坚持和加强党的领导，深化国家监察体制改革的根本目的就是加强党对反腐败工作的统一领导。在北京、山西、浙江三地先行试点的基础上，党的十九大后，在全国推开试点，省、市、县三级监察委员会全部组建完成。十三届全国人大一次会议通过宪法修正案，依宪制定监察法，设立国家监察委员会，实现国家机构、党和国家监督体系重大创制，形成中国特色国家监察体制。

推进国家治理体系和治理能力现代化的重大举措。中国公务员队伍中党员比例超过80%，县处级以上领导干部中党员比例超过95%，党内监督和国家监察具有高度内在一致性和互补性。纪律检查是全面从严治党的利器，国家监察是对公权力最直接最有效的监督，合署办公能够强化党和国家的监督效能和治理效能，使依规治党和依法治国相互促进、相得益彰。党的十八大以来，党内监督得到有效加强，监督对象覆盖了所有党组织和党员。这就要求适应形势发展构建国家监察体系，对党内监督覆盖不到或者不适用于执行党的纪律的公职人员，依法实施监察，真正把权力关进制度的笼子里。

健全党和国家监督体系的创制之举。党的十九大报告提出，构建党统一指挥、全面覆盖、权威高效的监督体系。相比之下，中国原有的行政监察体制机制存在明显不适应问题。一是行政监察范围过窄。行政监察对象主要是行政机关及其工作人员，没有做到对所有行使公权力的公职人员全覆盖。二是反腐败力量分散。改革前，党的纪律检查机关对党员的违纪行为进行审查，行政监察机关对行政机关工作人员的违纪违法行为进行监察，检察机关对国家工作人员职务犯罪行为进行查处，反腐败职能高度分散，又交叉重叠。三是纪法衔接不畅。改革前，纪、法中间存在空白地带，查办职务犯罪案件存在犯罪有人管、违纪无人问的现象。这就要求对权力运行和监督制约机制进行新的探索，走出一条适应时代发展需要的新的监督道路。①

---

① 钟纪轩：《深化国家监察体制改革，健全党和国家监督体系》，《求是》2018年第9期。

按照宪法和监察法的规定，新组建的监察委员会的性质是实现党和国家自我监督的政治机关，不是行政机关、司法机关。监察委员会的职责是监督调查处置。监督，主要是对公职人员开展廉政教育，对其依法履职、秉公用权、廉洁从政从业以及道德操守情况进行监督检查。调查，即对涉嫌贪污贿赂、滥用职权、玩忽职守、权力寻租、利益输送、徇私舞弊以及浪费国家资财等职务违法和职务犯罪进行调查。处置，就是对违法的公职人员依法作出政务处分决定，对履行职责不力、失职失责的领导人员进行问责，对涉嫌职务犯罪的，将调查结果移送人民检察院依法审查、提起公诉，向监察对象所在单位提出监察建议。监察委员会既接受党委领导也接受人大监督。监察委员会的领导体制和工作机制就是根据加强党的统一领导这一原则确定的。一方面，纪委、监委合署办公是实行党的领导的方式，重要事项由同级党委批准；另一方面，监察委员会由人大产生，对人大及其常委会负责，并接受其监督。

新建立的国家监察体系，对党内监督达不到的地方，或者不适用执行党的纪律的公职人员，依法实施监察，把党内监督同国家机关监督、民主监督、司法监督、群众监督、舆论监督等有机结合起来，真正把公权力关进制度的笼子，完成了与党内监督全覆盖相匹配的国家监察全覆盖，实现依法治国与依规治党、党内监督与国家监察有机统一，把全面从严治党覆盖到最后一公里。

（四）加强党对法治反腐的统一领导

习近平总书记在十八届中央纪委二次全会上指出："要善于用法治思维和法治方式反对腐败，加强反腐败国家立法，加强反腐倡廉党内法规制度建设"①，这为中国特色法治反腐道路指明了方向。

法治反腐是深化反腐败的必由之路。回顾中华人民共和国建立以来的历史，中国共产党反对腐败有过四种方式：一是运动反腐，即依靠大规

① 中共中央文献研究室编：《十八大以来重要文献选编》（上），中央文献出版社，2014年版，第135–136页。

模的群众运动惩治腐败。二是权力反腐，即一种以权力为主导、通过领导者权力意志推动的反腐败方式。三是制度反腐，即通过健全从政行为规范和惩处违法违纪行为的党纪政纪，营造保障廉政的制度环境。四是法治反腐，即通过制定和实施法律，限制和规范公权力行使的范围、方式、手段、条件和程序，使公权力执掌者不能腐、不敢腐，从而达到减少和消除腐败的目的。法治反腐是制度反腐的新超越，有更高要求，更具根本性、全局性、稳定性和长期性。现阶段，中国法治反腐已具备良好条件和现实基础，主要表现为全党对法治反腐达成共识，法治条件业已具备，人民群众普遍期盼。法治反腐的实质是以法治权，内容包括权力法定、程序法定、监督法定、公开法定、问责法定。法治反腐的路径有四：一是加强立法，完善反腐败法律法规；二是推进依法行政和严格执法；三是发挥司法惩治腐败的功能作用；四是培育反腐败的文化环境。①

坚持党的领导是法治反腐的根本要求。在中国政治腐败治理体系中，科学立法、严格执法、公正司法涉及国家政权结构中的人大、政府、司法等多个系统，需要发挥党的领导优势，统筹各方资源，形成攻坚克难的合力，坚持依法治国、依法执政、依法行政共同推进，坚持法治国家、法治政府、法治社会一体建设，确保法治反腐沿着正确的方向前进。坚持党的领导不是一句空话，必须具体体现在党领导立法、保证执法、支持司法、带头守法上，贯彻到依法治国的全过程、各方面。

四、发挥多元主体的作用

在结构上，中国的政治腐败治理体系具有政党主导共治的特征。党是反腐败工作的领导核心，各级党委对政治腐败治理负主体责任，纪委负监督责任，其他治理主体参与，与党形成合力，共同治理。这就是说，

① 张大共：《关于法治反腐的思考》，《海峡通讯》2013年第11期。

中国的反腐败既要发挥党的领导作用，也要重视发挥其他治理主体的协同作用。

（一）加强党内监督

在中国全方位的监督制度体系中，党内监督处于核心地位。对中国共产党来说，外部监督是必要的，但从根本上讲，必须强化自身监督。党能否实现有效的自我监督、正确行使人民赋予的权力，事关党的前途命运。

建党以来，中国共产党一直重视党内监督，采取了有力措施，取得了显著成绩，加强党内监督成为中国共产党不断成熟壮大的重要原因。但也要看到，当前一些领域消极腐败现象仍然易发多发，一些重大违纪违法案件影响恶劣，反腐败斗争形势依然严峻复杂，人民群众还有许多不满意的地方。从周永康、薄熙来、郭伯雄、徐才厚、令计划等严重违纪违法案件中可以看出，违背党内政治生活准则、损害党的集中统一领导等问题十分突出，给党造成了巨大伤害，教训极其深刻。其中一个重要原因，就是党内监督乏力，监督主体比较分散，监督责任不够明确，监督制度操作性和时效性不强，特别是对高级干部的监督没有发挥应有的作用。

信任不能代替监督。要从根本上解决党内存在的突出问题，就必须以自我革命的政治勇气，旗帜鲜明地加强党内监督。党的十八届六中全会审议通过的《中国共产党党内监督条例》（以下简称《条例》），就是要从制度上保证党员干部手中的权力必须用来为人民服务，权力行使必须受到党和人民的监督。《条例》规定了党内监督的各个方面的内容，涵盖了党员特别是领导干部的思想、政治、组织、作风、用人、工作、生活等各个方面，形成了对党员特别是领导干部的全方位监督，充分体现了“党内监督没有禁区”。

贯彻落实《条例》，必须强化责任担当，突出领导机关和“关键少数”，就是要以党的领导机关和领导干部特别是主要领导干部为重点对象，以坚持、完善和落实民主集中制为核心，强化自上而下的组织监督，改进自下而上的民主监督，发挥同级相互监督作用，真正使党内监督严起来、实起来。按照中央要求和《条例》有关规定，中央委员会成员、中央政治局委员要在自觉接受监督和主动开展监督上率先垂范、以上率下，加强对所辖地区和部门以及直接分管部门、地方、领域党组织和领导班子成员的监督。党委（党组）在党内监督中负主体责任，书记是第一责任人，党委常委会委员（党组成员）和党委委员在职责范围内履行监督职责。各级纪委是党内监督专责机关，要认真履行党章赋予的职责，强化监督执纪问责。党的工作部门是党委（党组）主体责任在不同领域的载体和抓手，承担着相应的党内监督职责。党的基层组织应当发挥战斗堡垒作用，加强对党的领导干部的日常监督。党员是党内生活的主体，要积极履行监督义务，加强对党的领导干部的民主监督。

（二）强化人大监督

中国的政体是人民代表大会制度，只有在党的领导下，把人民代表大会制度坚持好、完善好，切实落实人民当家作主，不让国家公职人员“私自作主”，才能从根源上预防腐败，有效惩治腐败。因此，人大在反腐败斗争中具有重要地位。

人大在反腐败斗争中发挥作用有四个渠道。第一，通过行使立法权抵御腐败。立法权是宪法和法律赋予人大及其常委会的一项重要职权，它的有效行使对于抵御腐败具有重大意义。一是《中华人民共和国立法法》的修订，为从法律源头上防止部门立法带来的腐败行为发挥了重要作用。二是人大通过立法将各种政府活动法制化，建立约束机制，有利于最大限度地规范政府行为。第二，通过行使监督权打击腐败。人大的监督权是用来监督权力的权力，是防止和打击腐败的有力武器。对于吏治腐败和司法腐败这两大腐败，人大的监督权有很强的针对性和实效性。各地人大积极探索的工作评议、述职评议、专题询问等对于防止权力滥用，促进国家机关和被任命人员不断提高依法行政和公正司法水平具有明显作用。第三，通过行使重大事项决定权减少腐败。重大事项决定权是法律赋予人大及其常委会的一项重要职权，相对于立法权而言，它具有广泛性、灵活性和可操作性。人大可以就本行政区域内有关政治、经济、文化和社会等方面的重大事项作出决定。这样，人大就能把监督的触角延伸到容易滋生腐败的领域，保证各项事业少受腐败带来的损失。第四，通过行使选举任免权防止腐败。党管干部和人大依法任免干部的目的是完全一致的，都是任用群众公认、廉洁优秀的干部。人大具有广泛的民意基础，在选举任免干部方面具有独特优势，通过依法行使任免权，扎紧"篱笆墙"，可以尽可能多地把贪腐分子拦在外面。

现实中，人大在反腐败斗争中的作用还有很大的提升空间。未来，人大应增强反腐败的责任意识，切实把反腐败工作贯穿于人大各项工作之中；强化重大事项决定权，减小腐败行为发生的领域和空间；认真行使人事任免权，从授权环节预防和治理腐败。

（三）发挥政府的能动性作用

政府行使行政权，对行政领域的腐败负有行政监管责任。十八届中央纪委三次全会强调，"各级政府及所属部门要充分履行行政监管职责。"近年来，似乎存在一种认识误区，认为反腐败是纪委的工作，政府负责行使权力、纪委负责监督权力。这种职责错位导致了纪检监察机关的反腐败工作"心有余而力不足"，而政府则"力有余而心不足"。

在政治腐败治理体系中，政党行为与国家行为是完全不同的逻辑，政党作为一个组织体系，其反腐的出发点是维护组织的纪律和政党的意识形态；国家作为一个制度体系，它反腐的出发点则是保证国家法律和制度的权威性和公正性。[①] 中国的政治腐败治理结构虽然以政党为中心构建，但惩治和预防腐败的工作必须依靠国家政权，特别是政府及其他权力行使机关（包括党委各部门）的力量来进行。因为权力行使主体在权力行使过程中设立专门的制度、程序和规范进行自我监管，这是任何一项公共权力行使合法化的基本要求，而且它在完善反腐败制度建设、保证公共权力的良性运行等方面具有先天优势。所以，政府不能把"预防腐败"的责任推给纪检监察机关。"惩治"是纪检监察机关的专属权力，如果发

---

① 林尚立：《以政党为中心：中国反腐败体系的建构及其基本框架》，《中共中央党校学报》2009年第4期。

现相关职能部门不能正确履行职责，甚至出现失职渎职等问题时，纪检监察机关应当加强执纪监督，对相关职能部门和工作人员进行调查处理，对违法违纪人员执纪问责。因此，各级政府及所属部门都必须充分发挥腐败治理的主动性作用，把反腐败斗争的要求融入各自工作，而不能把监督责任完全推给纪委监察部门。

（四）强化司法监督

司法是社会公正的最后一道防线，同时是反腐败工作的最后一个环节。目前中国的司法监督仍存在一些缺陷，主要表现为司法机关人权与财权缺少应有的独立性，受制于党政机关，这导致其监督乏力以及司法机关人员业务素质不高，甚至出现了一些腐败现象。当前，要切实保障人民法院的独立审判权，不受任何行政机关、团体和个人的干涉，坚决纠正以言代法、以权压法、以罚代刑等现象。要按照《中共中央关于全面深化改革若干重大问题的决定》的要求，推动省以下地方法院、检察院人财物统一管理，探索建立与行政区划适当分离的司法管辖制度，保证国家法律统一正确实施。

（五）完善政协民主监督

政协民主监督是中国政治腐败治理体系的重要组成部分。政协的民主监督为非权力性监督，比之其他形式的监督，有其鲜明的特点和优势。一是广泛的代表性。政协委员来自各党派、各团体、各族、各界，还包括港澳台同胞、归国侨胞和特邀人士等。政协委员主体的广泛代表性，决定了政协组织能够从不同角度、不同层面，充分反映社会各方面看法，体现多方利益和意志。二是相对的客观性。政协委员地位超脱，较少受利益驱动，能够比较客观地针对问题提出批评。同时，政协的民主监督是一种“异体监督”，实施起来更为客观真实。 三是较强的科学性。政协委员大多是各方面的精英人士，他们能够对社会中一些重大和深层次的问题进行深入研究，提出较科学的意见。四是严格的规范性。政协的民主监督是在体制内规范运作的，能够避免无序监督而引起的负面影响。

五是较高的层次性。政协民主监督是一种高层次的监督，有一定的权威性。政协民主监督的上述特点，使其在中国政治腐败治理体系中具有独特和不可替代的地位。

发挥政协民主监督在腐败治理中的作用，需要积极探索其发挥作用的有效形式。一是会议形式。可就反腐败中的一些重大问题召开会议，邀请党政领导和有关部门负责人参加、通报情况，并与政协委员直接对话、交流。二是调研视察形式。把反腐败作为政协调研、视察的重要内容，组织委员进行专题调研、视察。三是提案形式。鼓励和支持政协委员、政协参加单位、政协各专门委员会就反腐败问题提出意见和建议。四是反映社情民意形式。畅通反映社情民意的渠道，及时反映委员关于反腐败问题的意见。五是特约监督形式。鼓励担任特约监察员的政协委员认真履责，发挥在反腐败中的监督作用。为保证上述形式经常、规范地开展，需要建立健全相关制度和运行机制。

（六）加大审计监督

审计是党和国家监督体系的重要组成部分，在全面从严治党和促进廉政建设方面发挥着重要作用。在新的时代条件下，以习近平同志为核心的党中央加强党对审计工作的领导，改革审计管理体制，组建中央审计委员会，将对审计机关依法履行审计监督职责，发挥反腐败作用产生深远影响。

“国家审计作为一种制度安排，是依法用权力监督制约权力的行为，是国家治理这个大系统中内生的一个具有预防、揭示和抵御功能的‘免疫系统’。”[①] 深化审计制度改革，为推动廉政建设提供了强有力支撑。新时代，更好发挥审计监督在反腐败中的作用，必须坚持科学审计、重点审计、全面审计。一要坚持科学审计。要向科技要出路，向信息化要资源，向大数据要效率，通过信息化、数字化，提高审计监督能力。二要

---

① 刘家义：《论国家治理与国家审计》，《中国社会科学》2012年第6期。

坚持重点审计。加大对中央重大政策措施贯彻落实情况跟踪审计力度，加大对经济社会运行中各类风险隐患揭示力度，加大对重点民生资金和项目审计力度。三是坚持全面审计。做到应审尽审、凡审必严、严肃问责。要拓展审计监督的广度和深度，消除监督盲区。

审计机关各级党组织要认真履行管党治党政治责任，努力打造信念坚定、业务精通、作风务实、清正廉洁的高素质专业化审计干部队伍。

（七）引导网络舆论监督

网络舆论监督是人民群众通过互联网了解国家事务，广泛、充分地交流和发表意见、建议，对国家政治、经济、法律、文化、教育、行政等活动进行褒贬与评价的一种监督途径。网络舆论监督有以下特点：一是范围广。网络舆论监督的主体具有广泛性，广大民众都可以借助互联网参与舆论监督。网络舆论监督的客体即被监督对象具有广泛性。国家机关的各级工作人员，涉及公共事务和公共利益的组织和个人等，都属于监督的范围。二是效率高。互联网是一个公共的论坛，不同思想和观点的人可以在这里直抒己见，相互交流，这不仅扩大了舆论参与的主体，也增强了舆论监督的有效性。三是方式灵活。网络技术带来了传播技术的解放，实现了传播内容的生动性和传播方式的灵活性，使舆论监督报道更形象、直观、立体化，增强了感染力和影响力。四是信息交互。网络媒体的传播是交互流动的。一方面受众在网络上可以自行选择新闻传播的内容。另一方面，网络媒体通过多种手段，使受众能直接参与新闻报道，自由方便地发表自己的意见和观点，从而实现传受双方的沟通与交流。

网络舆论监督是传统监督方式的有益补充，在反腐败中凸显了其便捷功能、威慑功能和揭露功能。但与此同时，网络舆论监督也给反腐败带来一定负面影响，如提高了腐败甄别的成本、增加了腐败查处的难度等。因此，必须坚持党管媒体原则，依法对网络舆论监督进行引导和规范，使网络舆论监督进入理性的、法治的、道德的范围。为此，一是要从法律层面规范网络舆论监督，及促进网络舆论有效监督，同时也保护其他人的合法权利；二是加强党和政府的信息公开，让真相跑在谣言前面。

（八）发动群众监督

人民群众是历史的创造者。政治腐败最终损害的是人民群众的利益。在政治腐败治理中，进一步强化群众观点、坚持群众路线，让人民群众能够参与监督、愿意监督、敢于监督，最大限度地发挥人民群众监督的作用，是提升政治腐败治理水平的基础。

要端正认识，把依靠群众监督摆在反腐败的重要位置。毛泽东早在1945年就指出，“只有让人民来监督政府，政府才不敢松懈。只有人人起来负责，才不会人亡政息。”他指出的这条民主治腐的路子，其实质是发挥人民群众的监督作用，动员人民群众广泛积极参与监督。群众监督，一方面可以对国家公职人员造成强大压力，使其不敢滥用权力、以权谋私；另一方面可以对监督机关造成强大压力，使其做到有法必依、执法必严。

要为群众监督拓宽渠道，搭建平台。一是让群众对干部的升迁任免有更大的发言权。党管干部和扩大干部工作中的民主并不矛盾。党管干部，很重要的方面，就是管干部标准，其中就包括群众公认。中国不实行西方式的竞选制度，但要使干部对群众负责，应该把评判干部的权利交给群众，这样能更好地强化干部“权为民所赋”的理念。二是实现政务公开。群众要监督政府及国家公职人员的行为，必须对政府工作有充分的了解。政务公开是人民群众的心声，也是防止腐败的重要手段。通过公开，群众就能了解政府行为，避免“官”与“民”之间的猜忌，也增加腐败曝光的概率。三是公职人员财产公开。虽然由于技术等方面的原因，中国目前还没有实行正式的官员财产公开制度，但应该承认，公职人员财产公开是一个趋向。它有利于预防官员腐败。四是完善法律，保护检举人合法权益。这样有利于解决举报人的后顾之忧，形成全社会都来监督腐败行为的氛围。

政治腐败治理是每个执政党都要面临和解决的难题，单靠执政党自己的力量很难从根本上杜绝腐败。中国共产党只有坚持党对政治腐败治理的领导不动摇，同时发挥多元治理主体的作用，才能把政治腐败遏制在最小限度，实现政治廉洁的目标。

第五章　以零容忍态度惩治腐败，构建不敢腐的惩戒机制

党的十九大报告提出，夺取反腐败斗争压倒性胜利，要“坚持无禁区、全覆盖、零容忍，坚持重遏制、强高压、长震慑”，“强化不敢腐的震慑，扎牢不能腐的笼子，增强不想腐的自觉”。[①] 从“不敢腐”到“不能腐”再到“不想腐”，是党中央规划的反腐败斗争的“三步走”战略目标。要深刻认识构建“不敢腐”机制的重大意义，以零容忍态度惩治腐败来倒逼不敢腐。当前，要特别重视清除“两面人、两面派”，铲除政治问题和经济问题相互交织形成的利益集团。

一、实现“不敢腐”是取得反腐败斗争胜利的第一步

不敢腐，就是通过加大惩治力度，提高腐败成本，形成巨大的震慑作用，使党员、干部对腐败心生戒惧、收敛收手。因而，不敢腐是抑制腐败动机的有效手段，是夺取反腐败斗争压倒性胜利的第一步。党中央坚持惩治腐败不放松，习近平总书记明确提出“实现不敢腐，坚决遏制腐败现象滋生蔓延势头”。十八大以来，党中央以厉行八项规定开局，打“老虎”、拍“苍蝇”，形成雷霆万钧之势，极大振奋了党心民心，奠定了

① 习近平:《决胜全面建成小康社会 夺取新时代中国特色社会主义伟大胜利——在中国共产党第十九次全国代表大会上的报告》，人民出版社，2017年版，第67页。

反腐败斗争胜利的基础。

（一）“不敢腐”的内涵

党的十八届四中全会正式提出“形成不敢腐、不能腐、不想腐的有效机制”，《关于新形势下党内政治生活的若干准则》再次强调，“着力构建不敢腐、不能腐、不想腐的体制机制”，这是中国共产党党风廉政建设和反腐败斗争的重要目标要求。其中，“不敢腐”是第一步的目标。

“不敢腐”一词多次出现在党的文献中。那么，应当如何理解“不敢腐”的内涵呢？对此，学术界给出了多种解释。任中平、何建庭提出，“不敢腐”，即客观上使腐败分子的行为受到严厉的法律制裁，使广大党员干部意识到腐败的后果极其严重，不敢冒险腐败。这是反腐败斗争设立的第一道防线，即法律防线，这道防线主要是着眼于事后的惩罚效果，基于对腐败行为进行严厉打击而产生的震慑作用，使腐败分子收手观望或有所收敛。为了形成“不敢腐”的惩戒机制，必须始终保持高压反腐态势，提高腐败成本；必须坚持“老虎”“苍蝇”一起打，反腐败斗争永远在路上；在坚决查处腐败的同时，必须提高官员腐败成本，从各方面加大惩处力度。加快完善和执行反腐败法及相关法律，对于腐败程度较轻的没有违犯法律的官员，可以给予党内处分和相应的行政处分；对于触犯法律的，先给予党纪、行政处分，再移交司法机关处理；对于腐败严重的，还可以考虑没收财产、加重刑罚、剥夺政治权利等。总之，要加大对腐败分子的处罚力度，对其惩处力度应当高于同等社会危害下对普通公民的惩处力度，使其“不敢腐”。[①] 黄传英提出，领导干部敢不敢腐败，其最主要因素取决于两个“率”：一是案发率，即对腐败案件的查处概率。根据腐败风险评估系数来看，如果查处概率过低，腐败的风险系数就小，就容易产生赌一把的侥幸心理。如果查处的概率大，腐败的风险系数就大，腐败分子就会自动中止贪腐念头。二是成本率，即腐败收益和违法

---

① 任中平，何建庭：《构建反腐败斗争常态化的三道防线和长效机制》，《学习论坛》2016年第6期。

成本之间的比率。从经济学的角度看，腐败收益和腐败成本的对比是贪腐者产生腐败动机和实施腐败行为选择的重要决策依据。当腐败行为的预期收益远远超过其预期成本时，贪腐者会实施腐败行为；当腐败行为的预期收益低于腐败成本时，贪腐者会自动停止腐败行为。所以要解决领导干部"敢"腐败的问题，就要运用严刑峻法对腐败分子实行严厉的制裁，一经发现，要让腐败分子受到最严厉的惩处，在政治上、经济上、思想上都要付出高昂的代价，达到让腐败分子得不偿失而不敢腐的目的。① 任建明、熊志航认为，所谓不敢腐，是指反腐败的惩治职能产生了足够的威慑效应，让潜在的腐败人群感到恐惧，而不敢实施腐败行为。针对如何实现"不敢腐"，任建明、熊志航构建了包含"反腐败的法律和纪律科学完备、反腐败的机构执行得力、惩治腐败行动能够遏制增量和去存量、惩治腐败的行动特别是结果能够实现透明和公开"四要素的模型。②

综上可以看出，学者普遍认为要实现"不敢腐"，惩戒这一手不能松。提高查办腐败案件的"案发率"和"成本率"对于产生不敢腐效应非常关键，其实质就是坚持有腐必反、有贪必肃，发现问题，形成震慑，使得腐败分子产生"有腐必被查、伸手必被捉"的畏惧。让领导干部"不敢腐"，就要加大执法力度，形成"不敢腐"的惩戒机制和社会氛围。加大权力运行的透明度和对腐败行为的惩治力度，使行政权力的运行处于众目睽睽之下，避免"暗箱操作"。一旦出现腐败现象，有畅通、快捷的检举、控告、罢免等制度来揭发和制止这种行为，不使腐败分子"痛苦一阵子，幸福一辈子"，而是使腐败分子"提心吊胆一辈子，痛苦折磨一辈子"。

（二）实现"不敢腐"的基本要求

实现"不敢腐"是遏制腐败增量的重要手段，是打赢中国特色反腐败斗争的第一步，关系到"不能腐""不想腐"的实现程度和效果，对于

---

① 黄传英：《南宁市构建不想腐、不能腐、不敢腐有效机制的路径分析》，《中共南宁市委党校学报》2015年第1期。

② 任建明，熊志航：《实现不敢腐：标准、差距与对策》，《理论探索》2018年第3期。

把党建设成为始终走在时代前列、人民衷心拥护、勇于自我革命、经得起各种风浪考验、朝气蓬勃的马克思主义执政党意义重大。

习近平总书记多次阐述了实现“不敢腐”的基本要求。在十八届中央纪委六次全会上，他首次提出实现不敢腐的要求，强调“只要谁敢搞腐败，就必须付出代价”。实现不敢腐，要严厉惩治腐败，“惩治腐败这一手必须紧抓不放、利剑高悬，坚持无禁区、全覆盖、零容忍。”实现不敢腐，要抓重点，“重点查处政治问题和腐败问题交织，不收敛不收手，问题线索反映集中、群众反映强烈，现在重要岗位且可能还要提拔使用的领导干部。”[①] 实现不敢腐，要抓警示教育，“深入剖析严重违纪违法干部的典型案例，发挥警示、震慑、教育作用。”实现不敢腐，“要加大国际追赃追逃力度，推动二十国集团、亚太经合组织、《联合国反腐败公约》等多边框架下的国际合作，实施重大专项合作，把惩治腐败的天罗地网撒向全球，让已经潜逃的无处藏身，让企图外逃的丢掉幻想。”[②]

按照习近平总书记关于实现“不敢腐”要求的思想，十八大以来，中国反腐败动真格，言出必行、说到做到，以重拳反腐的实际行动，形成了对腐败分子的高压态势。在具体工作中，不断消除了领导干部对于腐败行为的侥幸心理和投机心理，进一步破除了领导干部的权力傲慢和特权幻想，通过惩治这一手使领导干部从行为约束到心理接受再到思想自觉。

（三）“不敢腐、不能腐、不想腐”的内在逻辑

“形成不敢腐、不能腐、不想腐的有效机制”，是党风廉政建设和反腐败斗争的重要目标要求。不敢腐、不能腐、不想腐不是彼此割裂的，而是一个相互融合、交互作用的整体，三者有机统一于党的十八大以来全面从严治党、党风廉政建设和反腐败斗争的生动实践中。没有不敢腐，不能腐、不想腐很可能会流于形式。“不能腐”偏重于强调客观事实，是

---

① 习近平:《在第十八届中央纪律检查委员会第六次全体会议上的讲话》,《人民日报》2016年5月3日，第2版。

② 《习近平谈治国理政》（第二卷），外文出版社，2017年版，第166页。

因为法律完善制度健全，权力没有腐败的空间。“不想腐”偏于强调主观认识，是因为权力主体道德高尚，严格廉洁自律，有腐败的机会却主观上不想腐败。“不敢腐”介于“不能腐”与“不想腐”之间，属于在客观事实作用下，主观认识上的反映在客观上具有“能腐”的条件，在主观上具有“想腐”的念头，但迫于外在的压力，缘于内心的恐惧而不敢为之。

“不敢腐、不能腐、不想腐”具有深刻的内在逻辑联系。一方面，客观上“不能腐”能为主观上“不想腐”的养成创造有利条件。外在严密的制度约束，不断挤压权力腐败的空间，理性的权力主体会考量腐败成功的概率，权衡风险与收益，如若风险过大得不偿失，就从被动“不能腐”转换为主动“不想腐”。如同驾车一样，普遍严格执行红灯停、绿灯行的规则，大多数驾驶者不会因为没有摄像头就轻易闯红灯。另一方面，“不想腐”的主观动机会使“不能腐”的制度效果更容易实现。制度设计再好，也不可能尽善尽美，掌握权力而又想方设法腐败的人，难免见缝插针、铤而走险。而源自内心的法治信仰和廉洁信念，能弥补制度的不足，相得益彰，同向发力，在律己的同时释放积极向上的正能量。用数学的逻辑看，制度约束的“不能腐”指数与个人主观“不想腐”指数往往呈同向变化的趋势。这论证了教育与制度“内外兼修”的必要。“不敢腐”则取决于主客观双重因素。如果制度没有刚性，缺乏约束力和威慑力，腐败轻而易举，那么敢腐败的人会越来越多。如果社会道德败坏，歪风盛行，敢铤而走险大搞腐败的人也会居高不下。因此，零容忍惩治腐败，持续强化震慑这一手决不能放松。

可见，有效治理腐败，必须做到“不敢腐、不能腐、不想腐”多管齐下，建立长效机制。纯粹的“不能腐”“不想腐”都很难实现，因为没有任何制度能够完全消除腐败的空间，也没有任何教育可以完全消灭腐败的欲念。必须推进“不能腐”为“不敢腐”创造有利条件，同时通过“不敢腐”来填补“不能腐”和“不想腐”的空白。[①] 构建“不敢腐”、“不能腐”、

① 本书编写组:《从不敢腐不能腐到不想腐》，新华出版社，2016年版，第44页。

“不想腐”的体制机制，必须加大正风肃纪、严明纪律、惩治腐败力度，坚持有腐必惩、有贪必肃，以零容忍的态度惩治腐败，使敢于违纪贪腐的人付出代价，使领导干部心生戒惧，不敢贪腐；必须不断健全制度体系，把篱笆扎紧，真正把权力关进制度的笼子里，通过完善和落实《中国共产党纪律处分条例》《中国共产党党内监督条例》《中国共产党巡视工作条例》等制度，强化制度建设和监督管理，综合施策、标本兼治，使领导干部不能腐；必须不断加强党员领导干部的思想政治建设，不断增强党性修养，坚定理想信念，强化宗旨意识，牢固树立正确的世界观、人生观、价值观，最终实现“不想腐”。

二、以零容忍态度惩治政治腐败

什么是以零容忍态度惩治政治腐败？就是对政治腐败现象毫不忍受、毫不宽容，就是有腐必反、有贪必肃。对腐败分子，发现一个坚决查处一个；对腐败行为，发现一起坚决纠正一起；坚持“露头即打”，防止滋生蔓延。零容忍要求不搞“网开一面”和“下不为例”，对违反八项规定和“四风”问题严肃追究责任，对触犯纪律红线的行为实行严厉惩处。习近平总书记多次强调：“从严治党，惩治这一手绝不能放松。”要坚持“老虎”“苍蝇”一起打，既坚决查处领导干部违纪违法案件，又切实解决发生在群众身边的不正之风和腐败问题。要坚持党纪国法面前没有例外，不管涉及到谁，都要一查到底，绝不姑息。“坚定不移惩治腐败，是我们党有力量的表现，也是全党同志和广大群众的共同心愿。我们党严肃查处一些党员干部包括高级干部严重违纪问题的坚强决心和鲜明态度，向全党和全社会表明，我们所说的不论什么人，不论其职务多高，只要触犯了党纪国法，都要受到严肃追究和严厉惩处，决不是一句空话。”①

① 中共中央文献研究室编：《十八大以来重要文献选编》（上），中央文献出版社，2014年版，第135页。

（一）“零容忍”是中国共产党反腐败的一贯立场

人民群众最痛恨腐败，党绝不放过任何一个腐败分子。勇于自我革命，从严管党治党，这是中国共产党最鲜明的品格。无论是在革命战争年代、社会主义建设时期还是改革开放新时期，严厉惩治腐败分子始终是中国共产党的鲜明态度。

1926年8月，中共中央扩大会议发出题为《坚决清洗贪污腐化分子》的通告指出，对腐化分子混入党内的现象必须高度警惕，“应该很坚决的清洗这些不良分子，和这些不良倾向奋斗，才能坚固我们的营垒，才能树立党在群众中的威望”[①]。红军战斗英雄肖玉璧在多次战斗中冲锋在前、奋勇抗敌，毛泽东知道他受伤需要补充营养的消息后，叮嘱工作人员把每天发给自己的牛奶送给肖玉璧喝。遗憾的是，曾经的战斗英雄没有经住“糖衣炮弹”的诱惑，贪污了3050元公款，根据陕甘宁边区政府惩治贪污的规定，他被判处死刑，肖玉璧向毛泽东写信求情，毛主席了解到他贪污的事实后表示：“我完全拥护法院判决。”[②] 1941年12月肖玉璧被执行了枪决。中华人民共和国成立初期，中国共产党严肃查处了刘青山、张子善腐化堕落案件，教育了广大党员和干部，在人民群众中树立了共产党人执法如山的形象。1952年2月10日，刘青山、张子善贪污案公审大会在保定市体育场举行。两万余人参加大会，河北省委通过广播现场直播了公审大会，几百万名干部群众听到了正义的审判。刘青山、张子善被押赴保定市东关大校场执行枪决。查处刘青山、张子善腐化堕落案件，昭示着中国共产党对贪污腐败绝不容忍、绝不姑息的态度，表明了中国共产党反腐败斗争的坚定决心，这种态度和决心赢得了人民群众的衷心拥护，极大地提高了党的公信力和合法性。

从中华人民共和国成立之初严惩腐败分子刘青山、张子善，到改革开放以来惩治100多名省部级贪官，无不表明，不论是在革命战争的艰难

---

① 中共中央文献研究室，中央档案馆编：《建党以来重要文献选编（一九二一—一九四九）》（第三册），中央文献出版社，2011年版，第348页。

② 金海林主编：《今镜百鉴》，中国方正出版社，2005年版，第308页。

岁月，还是在建设、改革的和平年代，党始终坚持有腐必反、有贪必肃，党中央始终把反腐败斗争作为重要任务来抓，为保持和发展党的先进性和纯洁性发挥了重大作用，为中国共产党领导改革开放和社会主义现代化建设提供了坚强保证。

（二）保持反腐败高压态势不动摇

十八大以来，党中央坚定有腐必反、有贪必肃的旗帜立场，明确遏制腐败蔓延势头的目标任务，从治标入手，为治本赢得时间、赢得民心，逐步迈向了标本兼治。至十九大前，440多名省军级以上党员干部及其他中管干部、8900多名厅局级干部、6.3万多名县处级干部严重违纪违法受到惩处，反腐败力度史无前例、成效世界瞩目，压倒性态势已经形成并巩固发展。[①] 坚持党纪国法面前没有例外，不允许有腐败分子的藏身之地，坚决铲除腐败滋生的土壤。坚持有腐必惩、有贪必肃，营造“不敢腐”的社会氛围，正风肃纪为贪腐架起“高压线”，通上“高压电”，让党员干部心怀敬畏不敢腐。始终保持惩治腐败的高压态势，严肃查办发生在重点领域、关键环节和群众身边的腐败案件，坚决惩治损害群众切身利益的不正之风，对腐败分子“零容忍”，无论涉及到谁，都一查到底，决不姑息。

十九届中央纪委二次全会公报指出：坚持无禁区、全覆盖、零容忍，坚持重遏制、强高压、长震慑，坚持受贿行贿一起查，坚定不移、精准有序，体现了党中央将反腐败斗争进行到底的坚强决心。同时，公报提出了反腐败工作的聚焦方向：聚焦党的十八大以来不收敛、不收手的领导干部，重点查处政治问题和经济问题相互交织形成利益集团的腐败案件，着力解决选人用人、审批监管、资源开发、金融信贷等重点领域和关键环节的腐败问题。这些重点人、重点领域发生的腐败问题往往案情严重、涉案金额巨大、对党的执政基础危害性大。如孙政才、鲁炜等身为党的高级干部，十八大以来依旧不收敛、不收手，严重违反党的多项纪律，

① 本书编写组编著：《党的十九大报告学习辅导百问》，党建读物出版社、学习出版社，2017年版，第82页。

且长期担任重要领导岗位“一把手”，如不及时清除，将严重影响党内政治生态。因此，必须聚焦重点、精准打击，减少存量、遏制增量。此外，反腐败国际合作将铺下天罗地网，腐败分子逃到天涯海角也要将其绳之以法，防止海外成为腐败分子的“避罪天堂”。

（三）坚持“老虎”“苍蝇”一起打

党的十八大以来，全党以零容忍态度惩治腐败。不论处罚贪官人数之多，级别之高，行动密度之大，还是涉及领域之宽，挖掘问题之深，都是前所未有的。据2016年10月中纪委公布的数据，党的十八大以来，有150多只“老虎”落马，20多万只“苍蝇”被处分，超过800只“狐狸”归案。另外，仅在2017年1月全国查处违反中央八项规定精神问题就高达2778起，并且其贪腐官员主要集中在基层尤其是乡村干部。①

习近平总书记指出，“我们党反腐败不是看人下菜的‘势利店’，不是争权夺利的‘纸牌屋’，也不是有头无尾的‘烂尾楼’。”“老虎”露头就要打，“苍蝇”乱飞更要拍。深入进行反腐败斗争要坚持无禁区、全覆盖、零容忍，坚持重遏制、强高压、长震慑。推动全面从严治党向基层延伸，严厉整治发生在群众身边的腐败问题，把扫黑除恶同反腐败结合起来，既抓涉黑组织，也抓后面的“保护伞”。② 群众身边乱飞的“苍蝇”，最容易侵蚀群众切身利益，群众感受也最深刻，直接影响到党的形象和执政之基。此外，还应注意，群众身边的腐败问题往往和经济问题交织，尤其在涉及土地征迁的农村地区、城乡接合部，要盯紧基层干部手中的权力，谨防其与黑恶势力勾结欺压百姓，要把扫黑除恶同反腐败结合起来。在打“老虎”的同时，也绝不放过侵蚀群众利益的“苍蝇”。2017年，全国纪检监察机关处分县处级干部2.1万人，乡科级干部7.8万人，一般干

---

① 赵秀玲:《习近平心中的反腐大局什么样》,《人民论坛》2017年第9期。

② 中共中央宣传部:《习近平新时代中国特色社会主义思想三十讲》，学习出版社，2018年版，第324页。

部9.7万人，进一步加大了对基层腐败问题的惩处。[1] 2018年，中央继续加大整治群众身边的腐败问题力度，将全面从严治党向基层延伸。一方面，保持反腐败的高压态势，尤其是在扶贫、惠农资金使用等领域，发现一起，查处一起，让纪律成为“带电的高压线”。另一方面，继续畅通监督举报渠道，使党内监督与群众监督相结合，广泛听取群众意见，加大巡视巡察力度，及时发现问题并督促解决问题。此外，还加强对村匪恶霸的打击力度，在扫黑除恶的同时，严厉打击黑恶势力背后的“保护伞”，铲除黑恶势力滋生的土壤，维护了群众的切身利益。

（四）坚持敢于动真碰硬

坚持“零容忍”，加大惩戒力度，必须“敢”字当头，针对的是那些胆大包天、胆大妄为、敢于腐败的官员。官员敢不敢腐败，其动因是多方面的。如前所述，主要取决于两“率”：第一个是腐败案件的查处概率，即案发率。当查处概率过低、腐败的风险系数较小时，反腐犹如“隔墙撂砖头”，腐败分子就会产生一种赌一把的侥幸心理。反之，当腐败的风险系数较大时，多数腐败分子很难成为漏网之鱼，他们会作出“莫伸手、伸手必被捉”的判断，从而自动中止贪腐念头。第二个是腐败收益和违法成本之间的比率。经济学研究表明，腐败收益和腐败成本的对比是行为主体产生腐败动机、作出腐败行为选择的重要依据。当腐败行为的预期收益远远超过其预期成本时，腐败分子就会放手一搏、选择腐败；而当腐败行为的预期收益等于或小于其成本时，当事人会自动阻断腐败。因此，要解决官员“敢”于腐败的问题，一要努力提高案件查处率，充分发挥严查腐败案件的巨大震慑功能。要克服“不敢查、不想查、压案不查、查而无果”的种种困难，树立腐败无“特区”、反腐无“禁区”的理念，坚持“有腐必反、有贪必肃”“老虎、苍蝇一起打”，断绝腐败官员的“漏网”心态，令官员谈“腐”色变。二要始终保持惩治腐败的高压态势，

---

① 《2018，正风反腐这样抓》，《人民日报》2018年1月16日，第17版。

对于已浮出水面的案件，要加大惩治力度，提高违法成本，减少腐败收益，令腐败分子得不偿失而不敢腐败。

三、坚决清除“两面人、两面派”

“两面人、两面派”，是政治腐败的典型形式。“搞两面派、做两面人”同中国共产党的性质和宗旨相违背，不但败坏党的形象、恶化党内政治生态，而且给党的事业发展埋下重大隐患。

十八大以来，习近平总书记多次尖锐指出党内存在的“两面人”问题，在党的十九大报告中又特别强调，全党要“弘扬忠诚老实、公道正派、实事求是、清正廉洁等价值观”“坚决反对搞两面派、做两面人”。随着全面从严治党的不断深入，尽管一些“两面人”已经浮出水面，但是可以断定，还有各种类型的“两面人”隐藏在党内，是必须引起高度重视的政治隐患。十九届中央纪委二次全会做出“坚决清除对党不忠诚不老实、阳奉阴违的两面人、两面派”的重大部署，意义重大。

（一）“两面人、两面派”的本质和成因

黄先耀在《认清“两面人”，做个老实人》一文中列举了“两面人、两面派”的种种表现：一是表面信仰马列，背后迷信“大师”；二是表面勤勤恳恳，背后吃喝享乐；三是表面谋划发展，背后以权谋私；四是表面一心为公，背后官商不分；五是表面是国家干部，背后脚踏两条船；六是表面中规中矩，背后我行我素；七是表面任人唯贤，背后任人为钱；八是表面五湖四海，背后拉帮结派。[①] 这些分析实际是给“两面人、两面派”作了一幅素描。

所谓“两面人”，通俗来说，就是表面一副嘴脸，背地里又是另一副

---

① 黄先耀：《认清“两面人”，做个老实人》，《人民日报》2015年10月13日，第5版。

模样，现实生活和工作中，这样的“两面人”在普通人群中有，在党员领导干部队伍中也有，少数官员的情况则更为突出。“两面人”表面遵规守纪，背后却两面三刀；台上一套，台下一套，说一套，做一套；人前是人，人后是鬼……“两面人、两面派”口言善、身行恶。这种人没有信念，没有原则，没有立场，没有节操，只有一己私利。少数党员、干部暗地里搞拉帮结派的山头主义、人身依附的宗派主义、我行我素的自由主义、不讲原则的好人主义、唯利是图的个人主义、游戏人生的享乐主义，这些各色各样的“主义”也都是对党不忠诚、不老实的表现，也可归结为“搞两面派、做两面人”。实践中，个别领导干部逢会必讲廉政、开口不离党风，但最后自己却因贪腐锒铛入狱，这就是“搞两面派、做两面人”的实例。

“两面人”精于伪装，伪装忠诚、伪装清廉、伪装纯洁、伪装正直；工于隐藏，隐藏企图、隐藏私心、隐藏不轨；善于欺骗，欺骗党、欺骗组织、欺骗人民，本质上是政治投机者、行动两面派、道德伪君子。他们机关算尽，扭曲自己，为的不过是种种利益。

形成“两面人、两面派”的因素固然很多，但主要是以下几点：一是官场某些潜规则使然。过去官场的某些潜规则使得能吹能捧、阿谀奉承的人获得了升迁机会，而那些老实干事、踏实干活的人却不能获得升迁的机会。在这种情况下，“两面人、两面派”就会有更多活动空间，进而导致党内政治生活和政治生态遭到破坏。二是制度原因。以往虽然出台了一系列关于党内监督的制度和监管措施，但是在具体执行过程中还没有针对“两面人、两面派”的干部制定出专门的监督措施和考核办法。三是现行干部选拔任用机制存在短板。有时候更多是考虑上级领导干部对下级领导干部的意见，在一定程度上忽视了普通群众的看法，由此使得有的领导干部只对上负责不对下负责，只唯上不唯实，于是产生“两面人、两面派”。

（二）“两面人、两面派”的严重危害

“两面人、两面派”具有很强的隐蔽性、迷惑性、欺骗性，对党的

形象、党的事业、党群干群关系和社会政治生态都存在严重危害。

破坏党执政合法性。“两面人、两面派”在中国共产党内并不是一个新问题。“两面人、两面派”当面一套背后一套，嘴上一套行动一套，这种行为严重损害了党和群众的关系以及党在群众心目中的形象，侵蚀党的群众基础，让党与群众之间隔起一道无形的墙，让党和政府无法与群众正常沟通，无法真正了解人民群众的呼声，更无法将中央的方针政策贯彻到底，无法让群众产生实实在在的获得感，最终威胁到党的执政地位，危害党执政的合法性。

破坏党和国家事业。对中国共产党来说，党员、干部对党忠诚老实是党的事业兴旺发达的重要保证。新时代的中国，是一艘在复兴航程上扬帆远航的航船，需要全体“船员”团结一致向前看、撸起袖子加油划。如果有人不听指挥，另怀私心，背后打小算盘、搞小动作，企图“翻船”或随时准备“跳船”，或结党营私、拉帮结派，搞圈子文化、码头文化，或高喊加油，但自己却不出力，不仅会带坏风气、影响士气，更严重的是会影响航船的航速，偏离航船的航向，耽误航船驶向目标的进程。“两面人、两面派”还会让党的干部选拔任用程序陷入困境。许多“两面人”在被查之前都是以“忠诚、清正、廉洁、为民”的形象示人，一些人还因善于作秀、善于演戏获得群众的好感，一旦被公布接受组织调查，被披露违纪违法事实，就会造成极大反差，给广大党员和群众带来巨大的心理冲击，给党的事业造成严重损害。

破坏国家政治安全。人无诚不立，家无诚不和，国无诚不宁。两面人理想信念淡漠、价值观念扭曲、奉献精神丢弃，已经丧失对党的忠诚，但在公开场合却又伪装忠诚。这种人一旦面临糖衣炮弹的袭击、金钱美色的诱惑、利益集团的围猎，很容易背叛初心、出卖灵魂，贪污受贿、腐化堕落。“搞两面派、做两面人”，不仅败坏党的形象、恶化党内政治生态，而且严重危及国家政治安全。薄熙来、孙政才、令计划等党内“大老虎”，政治野心膨胀，对党阳奉阴违，一旦他们取得最高权力，其对国家政治安全的危害将是难以估计的。

（三）多措并举清除“两面人、两面派”

中国共产党向来警惕党内“两面派”和“两面人”对党的危害。在革命战争年代，毛泽东曾批评两面人“当面不说，背后乱说；开会不说，会后乱说”，“说的是马克思主义，行的是自由主义；对人是马克思主义，对己是自由主义。两样货色齐备，各有各的用处”[①]。刘少奇则从共产党人的修养层面对“两面人”进行揭露：喜欢投机取巧，双方讨好，到处逢迎，看人看势说话，顺风转舵，毫无原则。这种人就像寓言中的蝙蝠一样，看哪一方面行时，他就投到哪一方面去。当前治理政治腐败，就要把坚决反对“搞两面派、做两面人”提高到加强党的政治建设的高度去对待。

善于辨别“两面人、两面派”。狐狸再狡猾，也逃不过猎人的眼睛；骗子骗术再高明，也总会露马脚。四川省委原副书记李春城，曾多次发表反腐倡廉的“高见”；济南市委原书记王敏，对下属以严厉著称；南京市原市长季建业，曾有过各种版本的“廉政佳话”……最后，这些“两面人”都因“其身不正”而身陷囹圄。如何辨别“两面人”？古人有云：“听其言量其心志，观其行测其力，析其作辨其才华，闻其誉察其品格。”因此，要听其言更要观其行，既要看立场、看表态，更要看怎样去做，怎样去落实，怎样去行动。不仅要看工作上的表现，也要看私底下的行为；不仅要看其一时怎么做，也要看其一贯怎么做；不仅要问同事的看法，更要看群众的反映，把人民群众监督的正能量真正释放出来。要坚持党内监督和群众监督相统一，以党内监督带动其他监督，积极畅通人民群众建言献策和批评监督渠道，充分发挥群众监督、舆论监督作用。

严厉惩处“两面人、两面派”。党内“两面人”面具被揭开后，往往露出贪污犯、渎职者、空谈家甚至野心家、阴谋家等真实面目。“两面人”问题是政治问题，是任何时候都不能掉以轻心的大问题。政治问题绝不能回避，政治隐患绝不能忽视。对发现的政治隐患和“定时炸弹”，必须坚决予以清除，消弭隐患、杜绝后患。否则，党要遭殃、国家要遭殃、

---

① 《毛泽东选集》（第二卷），人民出版社，1991年版，第359页。

人民要遭殃。“两面人”要发现一起、查处一起，绝不姑息，绝不手软。要聚焦政治立场、政治原则、政治担当和政治纪律，强化执纪监督问责，加强对党内政治生活状况、党的路线方针政策和民主集中制等制度执行情况的监督检查，严肃查处违背党的政治路线、破坏党内政治生态问题，严肃查处政治问题和腐败问题通过利益输送相互交织、在党内培植个人势力、结成利益集团的行为。要严肃政治纪律，对搞有令不行、有禁不止、阳奉阴违的党员、干部，必须根据情节和危害程度予以党纪政纪处分。要严惩腐败，严肃查处那些把法律和纪律挂在嘴上，背后却大搞权钱交易、官商勾结、利益输送的人。

营造良好政治生态。一些地方、一些单位出现的团团伙伙、拉帮结派、自行其是、阳奉阴违、尾大不掉、妄议中央等“两面人”现象，其根源就在于那里政治文化不健康、政治生态不正常。整治形式主义和官僚主义，让那些“两面人、两面派”在官场上没有市场也没有发展空间，让那些真正想干事、能干事的干部走上领导岗位，给他们更多的发展空间和舞台。只有这样，才能够让好干部起到带头和示范作用，让坏干部真正被淘汰出去。大力倡导和弘扬忠诚老实、公道正派、实事求是、清正廉洁等价值观，旗帜鲜明抵制和反对关系学、厚黑学、官场术、潜规则等庸俗腐朽的政治文化，与各种破坏政治生态的行为作坚决斗争，扶正祛邪、激浊扬清、化风成俗，不断涵养良好政治生态。

树立正确的选人用人导向。选人用人导向对党内政治文化和政治生态建设具有“风向标”作用，要落实好干部标准，严把人选政治关、廉洁关、形象关，落在具体上不能看谁的调门高、唱功好，而要看是不是知行合一的“实干家”“行动派”，把忠诚、干净、担当，躬身实干、埋头苦干的好干部选出来、用到位，做大做强党的干部队伍。[①] 健全和完善干部考核标准，加大群众意见在考核中的权重。不把政绩简单等同于喊口号、向上级表态。要考核领导干部的实际成效，不要看面子工程和表面数字。

---

① 石平：《坚决反对搞两面派、做两面人》，《求是》2018年第4期。

领导机关和领导干部要善于集思广益、从善如流，不搞家长制、一言堂，坚决杜绝闻喜则笑、闻忧则跳，报喜得喜、报忧得忧等现象发生，使那些讲实话、报实情、办实事、求实效，为党的事业尽心尽力的人得到褒奖，使那些搞形式、摆门面、欺上瞒下、哗众取宠的人没有市场。只有这样，忠诚老实的价值观才能得到广大党员、干部的高度认同，绝不能让搞两面派、做两面人的人得利，让忠诚老实的人吃亏。

四、铲除政治问题和经济问题相互交织形成的利益集团

党的十九大明确指出："坚决防止党内形成利益集团。"[①] 十九届中央纪委二次全会明确强调，要"重点查处政治问题和经济问题相互交织形成利益集团的腐败案件"，这一表述突出了"政治反腐"的现实要求，从中可见未来中国反腐的新趋向。如此强调坚决防止党内形成利益集团，切中了党内政治生活的要害，表明新一届党中央对依然严峻复杂的腐败形势有了更加清醒的认识，对党内政治腐败问题有了更为高度的警觉。如果说以前腐败案件主要是经济性问题，那么党的十八大以来，可以明显看到，政治性腐败问题已日益突出，这不能不引起高度重视。

（一）深化对"利益集团"的认识

党的十八大以来，习近平总书记在不同场合针对防止党内形成利益集团问题提出要求，强调不允许搞团团伙伙、帮帮派派，不允许搞利益集团、进行利益交换；党内不能存在形形色色的政治利益集团，也不能存在党内同党外相互勾结、权钱交易的政治利益集团。党的十九大报告明确指出，要"坚决防止党内形成利益集团。"十八届中央纪委向中国共产党十九大

---

① 习近平：《决胜全面建成小康社会 夺取新时代中国特色社会主义伟大胜利——在中国共产党第十九次全国代表大会上的报告》，人民出版社，2017年版，第67页。

的工作报告也强调，“重点查处政治问题和腐败问题通过利益输送相互交织，在党内培植个人势力、结成利益集团的行为”。这些论述为新时代防止党内形成利益集团，坚决查处腐败利益集团提供了工作遵循。十九届中央纪委二次全会无疑为防止党内形成利益集团进行了加码，传递出强烈的反腐信号。

中国共产党对利益集团认识有一个深化的过程。1988年党的十三届二中全会的工作报告中首次承认了中国社会存在着不同的“利益集团”：“在社会主义制度下，人民内部仍然存在着不同利益集团的矛盾。”① 这是我们党第一次承认利益集团的存在，较之于过去一味强调人民内部利益的一致性，忽视其可能存在的差异性的看法，是一次进步。2006年10月，在党的十六届六中全会召开之际，新华社发文强调对侵害公共利益、损害社会和谐的“特殊利益集团”保持高度的警惕。② 这也说明了党对利益集团的危害性有了进一步的认识。党的十八大之后，习近平总书记曾多次谈及利益集团的危害性，如在履新之初，他就强调改革要突破“利益固化的藩篱”；在党的十八届中央纪委三次全会上，他提出：“党内不能搞人身依附关系。干部都是党的干部，不是哪个人的家臣”③，批评了那些拉帮结派、搞利益集团的干部；在党的群众路线教育实践活动总结大会上，他更是严厉地指出：“党内上下关系、人际关系、工作氛围都要突出团结和谐、纯洁健康、弘扬正气，不允许搞团团伙伙、帮帮派派，不允许搞利益集团、进行利益交换。”④ 这表明了他对利益集团的鲜明态度。党中央和习近平总书记对利益集团的有关论述，为正确认识利益集团问题指明了方向。

---

① 《谈中央政治局四个多月来的主要工作及今后进一步贯彻十三大精神的思路与布局》，《人民日报》1987年3月21日，第2版。

② 范迎春等：《我国采取措施抑制和防范“特殊利益集团”衍生》。参见 http://politics.people.com.cn/GB/1026/4885042.html。

③ 中共中央文献研究室编：《十八大以来重要文献选编》（上），中央文献出版社，2014年版，第769页。

④ 习近平：《在党的群众路线教育实践活动总结大会上的讲话》，《人民日报》2014年10月9日。

理论界对“利益集团”的认识和研究不断加深。厉以宁认为:“利益集团是一个不明确的概念，它是以经济利益目的相联系的一种无形组织。所谓利益集团是指这样一些人，他们彼此认同，有着共同或基本一致的社会、政治、经济利益的目的。因此他们往往有共同的主张和愿望，使自己的利益得以维持或扩大。”[①] 邵道生指出,“利益集团”就是因社会剧烈变革而导致利益结构发生深刻的、质的变化之必然产物,“既得利益集团”，就是靠权力、靠权钱交易“首先获得利益”的“利益集团”。[②] 庄德水认为，党内利益集团的实质是政治权力的异化和政治纪律的松弛,往往以权力和利益为纽带形成固定的人身依附关系和特权团体。这些利益集团往往无视党内纪律和国家法律的约束,铁板一块共同抵制监督力量的制约,让监督力量无法从外部加以突破。[③] 程恩富等将中国的利益集团分为损害公企的利益集团、损害中方的利益集团、非法经营的利益集团、充当买办的利益集团、主张西化的利益集团、贪污腐败的利益集团、官僚主义的利益集团、言行僵化的利益集团和分裂国家的利益集团九类。[④]

综上所述，利益集团含有非法利益输送、利益交换、利益勾连、利益链条等复杂成分，产生了权钱交易、权色交易、权权交易等违法行为，利益集团挑战法律权威和道德底线，发展演变成为集体腐败，对党和人民、国家和社会具有强大的破坏力和威胁性。

（二）利益集团严重破坏党和国家政治安全

党内一旦形成利益集团，会严重破坏党的形象，损害人民的利益，侵蚀党的执政基础，甚至会威胁到国家安全，连带产生一系列政治风险和社会危机。党内利益集团问题还会让官场潜规则盛行,产生“劣币淘汰良币”现象，伤害正直的党员干部和人民群众的感情。更严重的是,一

---

① 转引自邵道生:《中国：阻击腐败》，社会科学文献出版社，2009年版，第199页。

② 邵道生:《“既得利益集团”与中国的腐败问题》,《廉政大视野》2003年11期。

③ 庄德水:《坚决防止党内形成利益集团》,《中国党政干部论坛》2018年第2期。

④ 程恩富，詹志华:《当前我国利益集团问题分析》,《毛泽东邓小平理论研究》2015年第10期。

些党内利益集团往往打着改革的旗号来反对改革，阻碍改革政策的推行，甚至以改革之名行腐败之实。他们所追求的仅仅是小集团的利益，不惜以掠夺牺牲人民利益甚至攫取人民利益为代价来满足小集团利益。说到底，党内利益集团一旦形成，就会使我们党脱离人民群众，与人民群众之间产生隔阂。王岐山指出，“政治腐败是最大的腐败，一是结成利益集团，妄图窃取党和国家权力，二是山头主义宗派主义搞非组织活动，破坏党的集中统一”，“进行具有许多新的历史特点的伟大斗争，重要方面就是，惩治腐败‘打虎’‘拍蝇’冲着利益集团去，防止其攫取政治权力、改变党的性质”。[①] 党内一些有权势的腐败分子构成的“既得利益集团”，他们借助于对权力、地位和资源的垄断而轻松获得了巨大的经济利益、政治利益，年深日久，形成牢不可破的“关系网”，互相“提携”，近亲繁殖，从而结成了“利益共同体”“命运共同体”，严重破坏党和人民群众根本利益。

破坏党内政治生活。党内政治生活是党组织教育管理党员和党员进行党性锻炼的主要平台，从严治党必须从党内政治生活严起。严肃党内政治生活，是增强党的先进性和纯洁性，提升党的执行力与执政力的根本保障。确保党内政治生活正常化、规范化、严肃性，必须出以公心，严格按照党内政治生活准则和各项规定办事，不搞小团体，不打小算盘，不搞利益集团，进行利益交换。否则，如果个人利益至上，追名逐利，搞迎来送往、利益集团，必然使上下级关系、人际关系和工作氛围利益化、部门化，使得严肃的党内政治生活随意化、平淡化，甚至娱乐化、庸俗化。党内利益集团往往搞阳奉阴违、结党营私、团团伙伙、拉帮结派、谋取权位等政治阴谋活动，搞圈子文化，形成山头主义，挑战党的执政地位。

影响群众切身利益。始终实现好、维护好、发展好最广大人民群众最关心、最直接、最现实的利益问题，是党和政府的神圣职责。各种利益集团为了狭隘的私利和群利，不惜牺牲国家、民族和人民的根本利益和

---

① 本书编写组:《党的十九大报告学习辅导百问》，党建读物出版社，学习出版社，2017年版，第82页。

整体利益，这与党代表最广大人民根本利益的先进性和全心全意为人民服务的宗旨格格不入。搞利益集团，必然会将人民群众的根本利益抛在脑后，也不可能切实维护好群众的根本利益，不可能接通联系服务群众的“最后一公里”。党内利益集团具有排他性，只考虑小集团的既得利益，损害人民群众的根本利益。人民群众利益遭受严重侵害，结果导致民怨沸腾、民心渐失，直接破坏党的群众基础和执政基础。

产生腐化堕落行为。利益集团的一个重要特征就是权力与资本的苟合，这样的苟合必然催生腐败。那些热衷于拉拉扯扯、搞利益集团的党员干部，其心中的底线就会丧失，原则和规范、制度与纪律的红线就敢触碰，久而久之，便会滋生腐化堕落思想和行为。纵观那些落马的官员尤其是高级官员，通常都有着错综复杂的利益链条、集团圈子，结党营私，在庸俗的上下级关系、人际关系中，大搞权钱交易、以权谋私，滥用职权，不断滑向违法犯罪的深渊。党内利益集团试图垄断党内权力、国家资源和理论真理，控制党的组织运行和干部选拔，党内利益集团针插不进水泼不进，在“自家”地盘上“抱团取暖”，互相提携。至于对外来干部，明里暗里排挤，设法架空，让其无法作为。疯狂敛财，肆无忌惮地贪腐。小圈子成员政治上互相提携，宗旨是结党营私，抢占和支配社会经济资源；利益上互相输送，鲸吞和瓜分社会财富。

破坏国家安全。利益集团在经济、政治、文化、社会和媒体等各个领域的渗透，将严重影响国家安全。目前，包括应对金融、产业生态环境、种子和转基因食品等在内的经济安全，包括应对国家分裂、民族分裂、颠覆政权和社会治安等在内的政治社会安全，包括应对西方化、儒学化和宗教化在内的文化意识形态安全，包括应对领土、领海在内的国土安全，均面临利益集团程度不同的负面影响，因而必须要积极加以消除或减弱。

造成“良币驱逐劣币”。既得利益集团的最大特点是内部会因利益分配多寡而相互倾轧，一旦受到外部挑战，则迅速形成利益同盟，一致对外。这必然形成阶层板结，限制人才流动和晋升空间，更可怕的是逆淘汰，将优秀分子排除于执政集团外。如果这个结果涉及的是普通人，或许很多人无奈之下接受摆布，如果涉及的是优秀分子，断不会如此简单，他们很可能结成反体制同盟。这一点在中国历史上已有太多案例。

（三）全面从严防范和铲除利益集团

习近平总书记强调："全党同志特别是各级领导干部都要牢记党章中的规定：党除了工人阶级和最广大人民群众的利益，没有自己特殊的利益。如果有了自己的私利，那就什么事情都能干出来。党内不能存在形形色色的政治利益集团，也不能存在党内同党外相互勾结、权钱交易的政治利益集团。党中央坚定不移反对腐败，就是要防范和清除这种非法利益关系对党内政治生活的影响，恢复党的良好政治生态，而这项工作做得越早、越坚决、越彻底就越好。"[①] 当前，中国改革进入攻坚期和深水区，党内利益集团是改革的最大阻力，现在已经到了非彻底解决不可的时候了。从历史的教训看，导致苏联解体的一个根本原因就是当时官僚化利益集团的泛滥。因此，党必须坚持马克思主义指导思想不动摇，制定出代表最广大人民群众利益的制度和政策，保证党的领导的正确方向，坚决铲除各种经济政治交织的利益集团存在的土壤。

加强党的政治建设。党的政治建设是党的根本性建设，决定党的建设方向和效果。保证全党服从中央，坚持党中央权威和集中统一领导，是党的政治建设的首要任务。各级党组织要把严明政治纪律和政治规矩放到重要位置来抓，以零容忍的态度严肃查处危害党和国家政治安全的问题；各级领导干部尤其是党的高级干部，只有把保持政治警觉性和政治鉴别力作为最基本、最重要的政治素养，在政治立场、政治方向、政治言论、政治行为等方面作出表率，自觉做政治上的"明白人"，始终对违反政治纪律和规矩的行为保持高度警觉，与"七个有之"等违反政治纪律和政治规矩的行为作坚决斗争，健康洁净的政治生态才能得以坚决捍卫。一个地区、一个部门或单位，只有坚持加强党的政治建设不放松，始终真抓实干落实"两个维护"，稳步提升全面从严管党治党水平，才能保持政

① 中共中央纪律检查委员会，中共中央文献研究室编：《习近平关于严明党的纪律和规矩论述摘编》，中央文献出版社，中国方正出版社，2016年版，第30—31页。

治生态风清气正、健康洁净，反之，政治生态必然遭到严重破坏。

严肃党内政治生活。严格按照党内政治生活准则和各项规定办事，防止党内政治生活的随意化、平淡化、庸俗化，自觉抵制商品交换原则对党内政治生活的侵蚀，营造风清气正的政治生态，促使党员干部在党言党、在党忧党、在党为党。必须加强党性党纪教育，严明党的政治纪律，坚决查处上有政策、下有对策，有令不行、有禁不止行为，维护党的集中统一。

强化党内监督。强化党内监督是党的建设重要基础性工程，有利于把监督的制度优势充分释放出来。党要坚决防止党内形成利益集团，必须强化党内监督，加强对党员干部特别是高级领导干部的监督和管理，建立结构合理、配置科学、程序严密、制约有效的权力运行机制，对权力运行的全过程实行全方位、立体式的监督。要织密党内监督网络，实行自上而下的组织监督与自下而上的民主监督相结合、经常的思想教育与严格的执纪问责相结合、专门机构监督与党员民主监督相结合，推动管党治党从宽松软迈向严紧硬，推动党不断自我净化、自我完善、自我革新、自我提高。要彰显巡视监督的利剑作用，提高巡视监督的政治站位，不断深化政治巡视，紧盯党内非法利益关系问题，铲除党内利益集团赖以生存的土壤条件。

去除官本位思想。官场小圈子之所以在一些地方流行，从根上说是封建的人身依附关系的再现，是党内政治生活庸俗化的必然结果。“官本位”思想是封建官僚体制在观念形态上的反映，是一种以官为本、以权为纲的价值观。受封建思想和西方资产阶级思想的影响，当前党内政治生活仍然受到多种错误思想的干扰。封建主义思想残余仍然不同程度地存在，并对党和国家政治生活产生消极影响。邓小平曾指出，官僚主义“无论在我们的内部事务中，或是在国际交往中，都已达到令人无法容忍的地步”。官僚主义现象是我们党和国家政治生活中较多存在的一个问题。严肃党内政治生活、净化党内政治生态，必须坚持不懈、一以贯之地清除“官本位”和官僚主义思想影响，不断强化党员干部的理想信念和宗旨意识教育，不断强化对权力运行的监督制约，永葆党员干部“人民公仆”的政治本色。全面从严防范和铲除利益集团关键在瓦解“官本位”的基础，也就是利益与文化影响。当权力拥有边界，运用权力者开始敬畏权力，人们逐渐对“当官”产生新的认识，新的价值观形成之日，就是人才分流之时，当适合从政者从政，有创造力的从事科学文化，善于创造财富者从商，社会的活力、创造力产生出来，中华民族引领世界的能力也会逐步提升。

加大腐败曝光度。国家通过反腐斗争，可以名正言顺地揪出腐败分子及其利益集团。近期的反腐斗争已经收到很大的成效，许多腐败高官纷纷落马，一批大大小小的利益集团也因“拔出萝卜带出泥”而曝光，这对其他利益集团具有巨大的威慑作用。首先，要坚决打击贪污腐败行为，对受贿和行贿的打击要双管齐下，这样才能切断权力与资本的联系；其次，要重点打击一些干政、甚至乱政的利益集团，防止利益集团要挟党政等公务部门，左右决策；最后，对于一些以颠覆政权、分裂国家统一和民族团结为目的的利益集团，必须坚决予以取缔和摧毁。加大违法违规违纪的成本，减少其收益，通过不断完善的制度体系，切断利益集团勾连经济、政治和社会等利益的途径，使其获取特殊利益的空间最小化。

第六章　加强对权力运行的制约和监督，构建不能腐的防范机制

政治腐败与权力直接相关，权力是政治腐败的根源。权力缺乏有效的制约和监督，是政治腐败产生的机会条件。减少和遏制政治腐败，必须加强对权力运行的有效制约和监督，构建起不能腐的防范机制。不能腐，就是从体制机制和制度上消除腐败发生的条件，使公职人员没有腐败的机会。习近平总书记强调指出，把权力关进制度的笼子里，首先要建好笼子。我们要通过合理分解和科学配置权力，推进权力运行阳光透明，实现权力监督全覆盖，以党的纪律规范党员干部行为等，真正把权力制约好、监督好，从而实现令用权者不能腐的目标。

一、合理分解和科学配置权力

权力的分解与配置是权力运行规范化的内在要求，是构建权力结构与权力运行体系的前提。构建决策科学、执行坚决、监督有力的权力运行体系和结构合理、配置科学、程序严密、制约有效的权力运行机制均离不开权力的科学分解与合理配置。权力，通俗地说，是一种影响力、控制力、支配力。它是一把双刃剑，用好了利国利民，用不好祸国害民。从权力的危害看，那些曾经“疯狂的权力”，就像脱缰的野马一样，横冲直撞，最终导致用权者跌入深渊、粉身碎骨。因此，限制权力，防范腐败，必须对权力进行合理分解和科学配置。

（一）权力要适当分解

习近平总书记强调："要强化制约，合理分解权力，形成科学合理的权力结构和运行机制。"[①] 权力是一种具有强制和支配性质的力量，如果权力过分集中，那么权力自身的专制、滥用特性就会得到强化和扩大，到一定程度后就可能出现绝对权力。在现实生活中，一些人大权独揽后就凌驾于组织之上，唯我独尊，从民主变得专制，有的甚至变得无法无天、为所欲为，堕落成腐败分子。因此，要对权力实施有效制约和监督，就必须对权力进行科学的分解，使组织和个人的权力都有明确的边界，形成一个相互制约、相互协调的权力结构和运行机制，最大限度地压缩腐败的机会和空间。

通过权力分解达到权力制约，其意义大致有三：一是可以使每一项权力的行使都限定在一定范围之内，权力使用的空间性会显著增强；二是可以赋予某一项权力纠正和限制其他某种权力的能力，权力之间的制约性会增强；三是可以培养某一项权力容忍其他的权力纠正和限制该项权力的能力，权力的包容性会提升。这样，权力既会成为监督并制约其他某种权力的主体，又会成为其他某种权力监督并制约的对象。如此构成的权力与权力之间的相互制约关系，会使得各项权力在科学合理构建出的权力体系中和谐运作，最大限度上减少权力之间的内耗。

从强化制约监督的角度看，权力的分解应当把握几个原则：一是要有利于政治民主的发展。政治民主如果发展了，权力就能受到有效的制约和监督；政治民主若不发展，权力就很容易会因为被滥用而导致腐败。因此要在服从和服务于人民当家作主的需要的前提下，保障人民群众依法行使民主选举、民主决策、民主管理和民主监督的政治权利。二是要有利于政治效率的提高和政治活力的增强。加强对权力的制约和监督，其根本目的就是为了让权力更好地为人民服务，为中国特色社会主义政治

① 《习近平总书记在十八届中央纪委第二次、三次、五次全会上重要讲话选编》，《中国纪检监察报》2016年1月11日，第2版。

建设服务。因此，权力的分解要把握好度，分寸把握不好就会影响到权力运行过程中的政治效率和政治活力。三是要有利于形成权力结构的相互制约结果和运行机制的相互协调效果。在权力分解的过程中，务必要保证每种权力都是有限的，使各种权力间形成相互制约的关系，严防各种权力主体结成利益同盟。[①]

（二）优化党内权力结构

西方国家为避免权力绝对化和专制独断，基于分权制衡理论，对权力结构进行顶层设置和分解，以“三权分立”实现权力拆分和权力主体的多元化，避免权力绝对化和专制独断。立法权、司法权、行政权的分离并各自独立、相互牵制，有利于权力的制约和监督，成为遏制权力滥用和腐败的最根本的制度设计。实行总统制的美国是“三权分立”的典型。

中国实行人民代表大会制度，与西方国家的“三权分立”制度有本质的区别。中国的一切权力是属于人民的，人民行使国家权力的机关是全国人民代表大会和地方各级人民代表大会。国家的行政机关、审判机关、检察机关都是人大产生，对人大负责，受人大监督。人民代表大会制度充分体现民主集中制原则，既保证人大统一行使国家权力，又明确划分了国家的行政权、审判权、检察权，兼顾了民主和效率两者所长，是各个国家机关分工合作，协调一致地开展工作。了解中国为什么不实行“三权分立”制度，引用邓小平的一段话很有必要。邓小平说：“西方的民主就是三权分立，多党竞选，等等。我们并不反对西方国家这样搞，但是我们中国大陆不搞多党竞选，不搞三权分立、两院制。我们实行的是全国人民代表大会一院制，这最符合中国实际。如果政策正确，方向正确，这种体制益处很大，很有助于国家的兴旺发达，避免很多牵扯。当然，如果政策搞错了，不管你什么院制也没有用。”[②]

中国不在国家机构层面实行“三权分立”制度，这并不等于分权制

---

① 陈武明：《把制约监督权力的笼子编得更结实》，《理论学习》2015年第4期。

② 《邓小平文选》（第三卷），人民出版社，1993年版，第220页。

衡的原则不适用于中国。只不过这种分解和制约的重点不在立法、行政和司法机构，而在中国共产党党内的决策、执行和监督上。这是因为，与西方的权力结构不同，中国共产党是中国的最高政治领导力量，党发挥"总揽全局，协调各方"的领导核心作用，是事实上的"广义政府"的重要组成部分。如王岐山指出的，"在中国历史传统中，'政府'历来是广义的，承担着无限责任。党的机关、人大机关、行政机关、政协机关以及法院和检察院，在广大群众眼里都是政府。在党的领导下，只有党政分工、没有党政分开。"[①] 因此，在中国，要真正制约权力，防止权力滥用，重心和重点都在中国共产党内。只有将党内的决策权、执行权、监督权进行适当分解，并且使之相互制约，才能有效防止因权力过分集中而带来的腐败风险。中国如果能够实现"党内三权分立"，则对党执政威胁最大的腐败问题将得到有效缓解，中国的民主政治将迎来一个新局面。

2007年党的十七大首次明确提出，要"建立健全决策权、执行权、监督权既相互制约又相互协调的权力结构和运行机制"[②]，这对于从根本上解决中国权力监督难题以及如何最终战胜腐败问题具有重大意义。2013年党的十八届三中全会再次强调，"必须构建决策科学、执行坚决、监督有力的权力运行体系"[③]，这一表述实际确认了要构建"党内三权分立"权力结构模式。

所谓"党内三权分立"，就是决策权、执行权和监督权分立。《中国共产党章程》规定，党的各级代表大会行使决定权，党的各级委员会行使执行权，党的各级纪律检查委员会行使监督权。但在现实中，这三权主要集中在各级党委、尤其是党委书记即一把手身上。原本应该是执行机构的中共各级党委统揽决策、执行和监督三权，成为中国权力腐败且不受遏制的重要原因。落实党章对党代表大会、各级党委和纪检机关的职能

---

① 王岐山：《构建党统一领导的反腐败体制 提高执政能力 完善治理体系》，《人民日报》2017年3月6日，第4版。

② 《中国共产党第十七次全国代表大会文件汇编》，人民出版社，2007年版，第32页。

③ 本书编写组编：《党的十八届三中全会<决定>学习辅导百问》，党建读物出版社、学习出版社，2013年版，第22页。

规定，就应将“党内三权分立”制度确立起来，落到实处。

“党内三权分立”的权力结构大概有三种类型，第一种是党内三权结构水平三角形模式。它相当于美国所谓的立法、行政、司法三权之间的平衡关系，决策权（党代会）、执行权（党委会）和监督权（纪委会）之间相互独立又彼此制衡。第二种是党内三权结构非水平三角形模式。它相当于英国所谓的“议会至上”，决策权（党代会）具有绝对的优势地位，对执行权（党委会）和监督权（纪委会）进行单向制衡，而执行权（党委会）和监督权（纪委会）两者间形成相互制约的关系。第三种是党内三权分立和四元制衡的结构模式。它是对党内三权结构水平三角形模式的进化升级，在党内权力结构中充分体现了党员的主体地位，发挥了党员的监督制约作用。

在实行党代会常任制条件下，党代会、党委会、纪委会之间形成第三种模式：党内决策权由党代会行使、执行权由党委会行使、监督权由纪委会行使；党代会的决策权、党委会的执行权和纪委会的监督权之间是相互制衡的，发挥党员对党代会的决策权、党委会的执行权和纪委会的监督权的监督制约作用。如图所示：

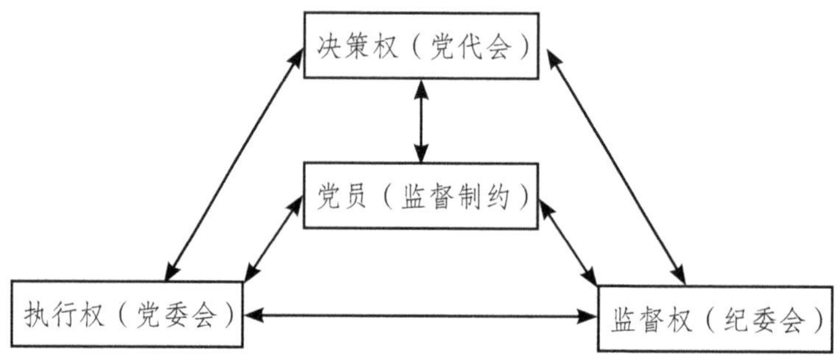

当然，确立“党内三权分立”权力结构模式，会不会造成议而不决、决而不行、互相扯皮甚至相互拆台的结果，是需要认真考虑的。党的十八届三中全会决定成立中央全面深化改革领导小组，十九大后，中央全面深化改革领导小组升格为中央全面深化改革委员会，负责改革的顶层设计，推动各项改革任务的落实，将在一定程度上化解三权分立后可能产生的新问题。

（三）纪检监察机构也要合理分权

中共各级纪律检查委员会是党内监督的专责机关，职责是监督、执纪、问责。在“党内三权分立”的权力结构中，纪委的监督权是其中重要一方。有人说：“纪委监督别人，谁来监督纪委？”这样的担心并非多余。现实生活中有大量监督性质的职权失控后造成严重贪腐的案例，其中包括：2008年11月宣判的湖南省郴州市原纪委书记曾锦春因受贿罪、巨额财产来源不明罪被判处死刑案；2010年9月宣判的浙江省委原常委、省纪委原书记王华元因受贿、巨额财产来源不明罪被判处死刑，缓期二年执行案；2017年1月宣判的中纪委法规室原副局级纪律检查员、监察专员曹立新因受贿8500余万被判处有期徒刑15年案；2017年1月中央纪委第四纪检监察室原主任魏健因受贿5415余万元被判处有期徒刑15年案，等等。用魏健落马后接受采访的话说：“后期我也不是没想过有危险的，只是那时候麻木了，再一个也是觉得，这中纪委这地方，谁查中纪委啊？真是这种心态在里边。”[①] 在反腐败的高压态势下，纪检监察干部往往成为腐败分子拉拢腐蚀的对象。纪检监察干部没有天生的“腐败免疫力”，一旦被金钱打倒，成为腐败分子的工具，就会充当“内鬼”，干扰办案，甚至有案不查。因此，为了防范纪委腐败，必须对纪委自身的权力进行合理分解。

纪委分权主要有两个方面，一是执纪监督、执纪审查、案件审理部门应当分设。2017年1月出台的《中国共产党纪律检查机关监督执纪工作规则（试行）》，就体现了纪委内部的分权制约。其中第五条指出：“创新组织制度，建立执纪监督、执纪审查、案件审理相互协调、相互制约的工作机制。市地级以上纪委可以探索执纪监督和执纪审查部门分设，执纪监督部门负责联系地区和部门的日常监督，执纪审查部门负责对违纪行为进行初步核实和立案审查；案件监督管理部门负责综合协调和监督管

① 电视专题片《打铁还需自身硬》上篇《信任不能代替监督》。参见 http://v.ccdi.gov.cn/2017/01/03/VIDEaDJ24GkzofjQMUlILrz5170103.shtml

理，案件审理部门负责审核把关。”这种制度设计的目的，就是要防止其中任何一家独断专行，随意决定一个案件当事人的命运的事件发生。二是对决策、执行、监督三权进行分解。纪委监督权中也存在着决策权、执行权、监督权三种权力，其中纪委会监督权中的决策权由纪委班子行使。执行权由纪委班子中的成员和相关职能部门等行使，监督权由班子中的成员和职能部门之间等行使，这是机制性的决策权。同时，纪委执行权内部也有个决策权、执行权和监督权的三种权力，纪委班子中的成员和相关职能部门等行使执行权中决策权，纪委职能部门中的成员等行使对这种决策权的执行权，纪委班子、职能部门及其成员等行使监督权，这是功能性的决策权。

2018年3月，第十三届全国人大一次会议通过了《中华人民共和国监察法》，设立了中华人民共和国国家监察委员会。国家监察委员会是最高监察机关，领导地方各级监察委员会的工作。监察委员会不设党组，与纪委合署办公，履行纪检、监察两项职能，实行一套工作机构、两个机关名称，这是深化国家监察体制改革的重要制度安排。设立监察委员会的根本目的是加强党对反腐败工作的集中统一领导，把党执纪与国家执法有机贯通起来，把过去分散的行政监察、预防腐败以及检查机关的反贪、反渎力量整合起来，攥成拳头。赋予监察委员会宪法地位，并明确其性质定位和职能职责，实现对所有行使公权力的公职人员监察全覆盖，将推动反腐败斗争深入发展。[①]

监察委员会的设立有利于做好党内监督和党外监督的工作。监察委员会的设立，把反腐公权纳入到了人大、检察院的外部监督之中，把反腐公权装进了反腐机构内部监督和反腐机构外部监督相结合的笼子。[②]

设立监察委员会后需要注意的一个问题：就是防止监察委员会的权力不受制约，形成类似于侦查中心主义的“监察中心主义”。从党的十八届

① 新华网评:《赋予监察委员会宪法地位》。参见 http://www.xinhuanet.com/comments/2018-02/26/c_1122456935.htm

② 郝铁川:《监察委员会设立的法理透视》,《法制日报》2017年1月18日，第10版。

四中全会明确提出“推进以审判为中心的诉讼制度改革”，到最高人民法院、最高人民检察院、公安部、国家安全部、司法部正式出台《关于推进以审判为中心的刑事诉讼制度改革的意见》，一个显而易见的目的，就是要总结近年来严重的冤假错案的教训，遏制侦查权的滥用，纠正侦查中心主义的倾向。近年来揭露出来的冤假错案的原因高度地雷同，那就是：公安侦查起点错、检察起诉跟着错、法院判决错到底。这种现象暴露了中国司法体制和审判方式的一个很大弊端：从打击犯罪高于人权保障的价值观念出发，形成了以侦查主义为中心的运行方式，从而使宪法规定的公、检、法相互制约原则名存实亡。为了纠正侦查中心主义这种弊端，加强司法的人权保障，党中央提出了以审判为中心的改革思路。以审判为中心最终会使公、检、法形成一种新的递进式的相互制约关系。现在监察委员会拥有了重要的侦查权，而且监察委员会与党的纪委合署办公，其地位比公安机关更高，稍有不慎，过去的侦查中心主义很可能在监察委员会的反腐工作中出现，形成不该有的“监察中心主义”，出现监察委员会做饭、检察机关端饭、法院吃饭的流水线作业，那宪法规定的司法机关之间必须互相制约、保障人权等原则的落实又将徒具形式，冤假错案难以避免。

总之，监察委员会位高权重，在行使权力时要慎之又慎，在自身约束上要严之又严。监察委员会要接受党委监督、人大监督、法律监督、社会监督和群众监督。要强化内部监督制约，发挥干部监督机构作用，探索执纪监督和审查调查机构分设，严格审批程序和内控制度，坚决防止“灯下黑”，确保党和人民赋予的权力不被滥用、惩恶扬善的利剑永不蒙尘。

（四）加强对一把手权力的分解

“一把手腐败”的后果和危害是其他类型腐败无法比拟的，他们严重败坏党风政风，污染一个地方的政治生态，阻碍地方经济发展。治理好这类官员的腐败，是反腐败斗争的重头戏。一直以来，由于存在“上级监督太远，同级监督太弱，下级监督太难”的制度困境，地方党政一把手很难得到有效的制约监督，从而容易走上贪污腐败之路。而且由于监督制约薄弱，在反腐败实践中，很多一把手腐败案件也并不容易查处，一些官员的贪腐行为最终暴露，多是通过下级官员腐败案件牵连出来，或是通过群众举报被查处。

要预防和治理“一把手综合征”带来的“一把手腐败”，必须按照分工负责原则，适当分解党政一把手权力，减少一把手对具体事务的插手干预，积极探索推广一把手不直接分管具体事务的制度。

近年来，按照这一思路，一些地方探索推行了党政一把手“六个不直接分管”的制度，通过对人事、财务、工程、采购、行政审批、行政执法等权力的适度分解，减少一把手对具体事务的插手干预，形成“副职分管、政治监管、集体领导、民主决策”的权力运行机制。一把手的各项权力分解下放到各个副职具体负责，形成了决策权、执行权、监督权相互制约、协调监督的权力结构和制衡关系。该制度的实施，有效分解了一把手权力，减少了一把手腐败的发案率。其思路和方法值得总结。

二、推进权力运行阳光透明

加强对权力的制约监督，确保权力正确行使，就必须让权力真正在阳光下运行。把权力置于阳光下，提高权力运行的透明度，接受监督、避免暗箱操作，是避免政治腐败滋生的有效举措。西方国家的普遍做法是通过立法，使政府信息公开制度化，规定政府公开一切可以公开的信息，处于公众的监督之下。一些发达国家的法律制度详细规定了政府信息公开的方式、程序等，保障公众知情权，畅通了公众反腐渠道，方便他们对政府工作进行评判和监督。特别是近年来一些国家开展“阳光行动”，建立“透明政治机制”，成为及时曝光和遏制政治腐败的有效手段。

习近平总书记多次强调，阳光是最好的防腐剂。权力运行不见阳光，或有选择地见阳光，公信力就无法树立。金鱼缸法则是这样描述的，金鱼缸是玻璃做的，透明度高，不论从哪个角度观察，里面的情况都一清二楚。这一法则运用到权力运行中，就是要求权力行使者增加各项工作的透明度，使权力行使者的行为置于众目睽睽的监督之下。推进权力运行阳光透明，要求全方位公开权力运行信息、完善权力公开机制、健全权力公开的法规制度。

（一）全方位公开权力运行信息

公开权力运行信息，可使权力在阳光下运行，这是从外部来监视权力的运行。凡是涉及公共权力运行的信息，除法律规定不能公开的以外，都要及时公开。如果对官员有利的公开、不利的不公开，想公开的公开、不想公开的不公开，那么这种选择性的权力运行的公开透明就显得毫无意义。

要推进党务公开。《中国共产党章程》规定，党的各级组织要按规定实行党务公开，使党员对党内事务有更多的了解和参与。十九大后，2017年12月20日起施行的《中国共产党党务公开条例（试行）》明文规定："加强对权力运行的制约和监督，让人民监督权力，让权力在阳光下运行。"该条例明确了党务公开的主要内容和普遍性内容，对各级各类党的组织的公开内容分别作了规定。2017年11月，中央纪律检查委员会、中央组织部印发了《关于开展县委权力公开透明运行试点工作的意见》，要求在县一级建立健全决策权、执行权、监督权既相互制约又相互协调的权力结构和运行机制。该意见强调，要按照党内有关法规文件，明确划分县党代会、县委全委会、常委会及其成员，县委各职能部门的职责和权限，编制职权目录，尤其要加强对县委书记职权的规范。此举拉开了全国范围内逐步推进县委权力公开透明运行工作的序幕。

要推进政务公开。依据《中华人民共和国政府信息公开条例》，中共中央办公厅、国务院办公厅于2016年2月17日印发了《关于全面推进政务公开工作的意见》，对全面推进各级行政机关政务公开工作进行了部署。主要的要求是使政府的工作内容公开化，对于政府筹划或正准备进行的各项工作，如城市建设、道路规划、医疗保健措施、事务处理等分类进行公开，并对各项工作内容及进程予以公开，任何公民都可以通过特定途径，如政务公开栏、政务公开网络等进行查询、监督。该意见对县以上政府及其部门，设区的市、县政府及其部门，乡（镇）政府的政务公开内容作了规定。

在具体操作上，可以以“公开事项全覆盖、权力运行全透明、个人工作全体现”为目标，建立健全管理信息系统平台，实施对工作的全方位信息公开，预防权力寻租。权力运行信息公开，不仅是向部门或单位内部公开，也要向社会公开，接受本单位干部职工和社会公众的监督。

（二）完善权力公开机制

高效便捷的权力公开机制，可以使权力运行的全过程在第一时间公开透明，是外部监视和内部约束的“桥”和“梁”。高效，指的是要采取灵活多样的方式和渠道，把权力运行的各种信息在第一时间向社会公开，方便人民群众对权力的监督。既要健全领导机关、管理和服务部门向社会公开信息的机制，也要拓展公众获取信息的渠道。例如，在某些组织或公职人员故意隐瞒信息的时候，通过公开质询、公开报道或曝光等方法，达到信息公开的目的。便捷，指的是人民群众能够通过最便利的手段、最低廉的代价，获得权力运行方面的最多最真实的信息，可以对权力进行监督。创造高效、便捷的信息公开机制，既是党和政府的责任和义务，也是强化权力制约监督的基础性措施。

当前，按照《中国共产党党务公开条例（试行）》和《中华人民共和国政府信息公开条例》的规定，各级党委、政府及其工作部门大都开设了网站，发布党组织和政府部门的工作信息，但在及时性、便捷性等方面都还存在改进提升的空间。有的网站信息更新不及时，内容陈旧，网站成了摆设，有的选择性公开信息，群众真正迫切需要了解的信息得不到及时有效反馈。为此，要加强对党员、尤其是党员领导干部的宣传教育，提高他们对权力公开重要性的认识；要不断拓宽权力公开的内容，扩大权力公开对象的范围；要不断丰富权力公开的形式、途径和方法，扩大传播面；要不断规范权力公开的程序和时间，以便民利民为民为目标；要不断规范权力公开的范围广度，例如，包括探索实行官员财产申报公示制度等等。

（三）健全权力公开的法规制度

健全和完善法规制度，是实现权力运行阳光透明的重要保证。克服权力公开中存在的选择性、随意性、滞后性等问题，必须健全相关法规制度，使权力沿着既定的轨道运行。这是从内部来约束权力的运行。在条件成熟的情况下，要制定专门的权力公开法规，公开什么、公开多少、什么范围公开、什么时候公开、官员的责任、公众的权利等方方面面都需要作出明确具体的规定，从而使权力运行的公开性有章可循、有法可依、良性发展。

具体来说，首先，应该把“公开透明行使权力”这一要求法制化，将其纳入最高权威的法律体系。根据中国特色社会主义民主政治发展的需要，出台《中华人民共和国各级人民代表大会常务委员会监督法》。在《监督法》中着重明确“权力行使过程必须公开透明”这一要求，并将其上升为一项普遍原则来执行，任何掌握公共权力的人行使任何（国家规定保密事项除外）公共权力时都必须遵守，不以任何人的个人意志为转移；同时要给监督主体的监督权做出具体规定。通过法律手段，一方面促使掌权者自觉规范用权行为，另一方面为公众和监督机构对用权行为的监督提供合法依据。其次，在法制建设的基础上，根据法律规定的要求，结合不同部门、行业的权力运行特点，为不同的部门、行业分别制定关于“公开透明行使权力”的专项制度。制度的制定要坚持以下准则，以把握权力行使的正确方向。第一，全面性。指所有公共权力和所有用权行为都应该公开透明，同时国家的法律法规、方针、政策、会议内容等都应该向社会和公众开放，并且提供了解这些信息的便利条件。第二，全程性。指“公开透明”必须贯穿于公共权力行使的全过程。对权力公开的内容、范围、透明的程度等做出明确要求。第三，时限性。指对权力的行使结果或某些运行环节，要按制度要求的时限按时公开，不能有意拖延或隐瞒。第四，民主性。即体现“人民主权”思想，依法保证人民群众和普通党员干部对权力运行过程的知情权、参与权和监督权。第五，重点性。即要抓住权力行使过程中容易产生腐败的关键点、监督盲点、难点等环节，有针对性地采取科学措施，使隐蔽的权力公开化、透明化，便于监督主体监督。第六，层级性。即对不同层级的权力机构和掌权者的用权行为提出不同要求。尤其要抓住高层级权力机构的用权特点，用制度特有的约束力，保证高层级权力行使过程的公开透明。第七，无效性。即明确规定暗箱操作的用权行为是无效的，不合法的，任何公民都有权对暗箱操作用权行为进行监督。①

三、实现权力监督全覆盖

权力失去监督非常可怕。有人总结，“当权力失去20%的监督时，它就蠢蠢欲动；当权力失去40%的监督时，它就破门而出；当权力失去60%的监督时，它就铤而走险；当权力失去80%的监督时，它就敢于践踏一切法律；当权力失去100%的监督时，它就不怕上断头台。”遏制权力失控带来的政治腐败，必须紧紧围绕实现权力监督全覆盖的目标，推动形成纪律、监察、派驻、巡视四个监督全覆盖的权力监督格局，把权力关进制度的笼子里。

（一）纪律监督全覆盖

严明的纪律是维护党的纯洁性的有力保证。纪律监督全覆盖，把纪律挺在全体党员面前，就是要用纪律来约束和管住全体党员干部。身为党员干部，铁的纪律就必须执行，纪律面前没有“丹书铁券”，没有“铁帽子王”。全面从严治党，意味着每一名党员、每一个党组织都在其中，没有例外，没有局外人也没有旁观者。党员遵守党的纪律是无条件的，不能把纪律作为一个软约束或是束之高阁的一纸空文，否则就不算做到

① 张军玲：《建立公开透明行使权力的法规制度的策略》，《管理学家》2013年第11期。

了“全面”。纪律监督重在从严从实、唤醒全体党员干部的党章党规党纪意识。

党的纪律是多方面的，实行党纪监督全覆盖，要把政治监督放在首位。在所有党的纪律和规矩中，政治纪律和政治规矩是第一位的。政治纪律是各级党组织和全体党员在政治方向、政治立场、政治言论、政治行为方面必须遵守的规矩，是维护党的团结统一的根本保证。在所有党的纪律中，政治纪律是打头、管总的。政治规矩是中国共产党在长期实践中形成的优良传统和工作惯例，经过实践检验，约定俗成、行之有效，需要党的各级组织和全体党员干部长期坚持并自觉遵循。如果党的政治纪律和政治规矩没有落实，成为摆设，就会形成“破窗效应”，党就会沦为各取所需、各行其是的“私人俱乐部”，马克思主义政党的先进性、纯洁性就会逐步丧失。加强对党员干部的纪律监督，要对照习近平总书记反复强调的防止“七个有之”、做到“五个必须”的要求，对干部开展常态化的政治体检。

（二）监察监督全覆盖

在国家监察体制改革之前，党内监督已经实现全覆盖，而依照行政监察法的规定，行政监察对象主要是行政机关及其工作人员，还没有做到对所有行使公权力的公职人员全覆盖。监察没有全覆盖，就总有人心存侥幸、缺乏戒惧。监察体制改革补上了以前行政监察范围过窄的短板，主要填补了“两个空白”：一是填补了监督对象上的空白。将监督“狭义政府”转变为监督“广义政府”，所有行使公权力的公职人员都被纳入监督范围。二是填补了纪法之间的空白。改革后，总体上是一个依托纪检、拓展监督、衔接司法的运行架构，在实现管住“好党员”到“阶下囚”空白地带的同时，实现管住“好公职人员”到“阶下囚”之间的更广阔领域，解决过去犯罪有人管、违法无人问等问题。监察体制改革后，监督范围更大，工作标准更高，监督制约更为严格。

监察监督重在实现对所有行使公权力公职人员监督全覆盖，运用职责法定、管辖法定、权限法定、程序法定的优势，对公职人员依法履职、秉公用权、廉洁从政从业以及道德操守等情况实施监督。监察监督全覆盖局面的形成，将持续释放反腐无休止的强烈信号，让领导干部和公职人员时刻紧绷反腐败这根弦，切实增强依法执政、依法行政、依法办事的法治意识和法治观念，提高拒腐防变的能力。

（三）派驻监督全覆盖

十八届三中全会《中共中央关于全面深化改革若干重大问题的决定》第36条提出："全面落实中央纪委向中央一级党和国家机关派驻纪检机构，实行统一名称、统一管理。"这是党中央依据党章规定，从形势判断和目标任务出发作出的重大决策，是全面从严治党、强化党内监督的重要举措。2015年1月，经党中央批准同意，中央纪委在中央办公厅等单位新设7家派驻机构。2015年年底，经党中央同意，中共中央办公厅印发了《关于全面落实中央纪委向中央一级党和国家机关派驻纪检机构的方案》的通知。中央决定，中央纪委共设置47家派驻机构，实现对139家中央一级党和国家机关派驻纪检机构全覆盖。不论是新设7家中央纪委派驻机构，还是在中央一级党和国家机关实现派驻纪检机构全覆盖，在中国共产党执政历史上都是首次。改革的本质是组织和制度创新。中央纪委改变以往"点对点"单独派驻的方式，将有限的力量集中起来，该整合的整合、该撤并的撤并，从实际出发，采取综合派驻和单独派驻相结合的方式，从而使改革效益最大化。派驻机构全覆盖，绝不是简单的机构调整，而是对派驻监督本质的重申——派驻监督本质是上级纪委对下级党组织和党员领导干部的监督，不是同级监督，派驻机构与驻在部门是监督与被监督的关系。时任全国政协机关党委常务副书记郭丽琴对此深有体会，她说："之前也有机关纪委，但实事求是地说，毕竟是自家人监督自家人，在履职上多少会有些顾忌，在权威上有些影响。派驻纪检组来了之后，大家很快感觉到了不一样的地方，觉得监督就在身边，纪律就在眼前。"①

① 申晚香：《实现党内监督全覆盖》，《中国纪检监察报》2017年10月14日，第2版。

派驻监督重在发挥“派”的权威、“驻”的优势，延伸纪委监委日常监督触角，盯住党和国家机关的领导干部和行使公权力的公职人员，确保党的路线方针政策在党和国家机关贯彻落实。在具体操作上，要制定完善派驻纪检监察组执纪监督工作实施细则，推动派驻监督工作规范化开展。注意调整派驻机构监督范围，消除监督盲区。

（四）巡视监督全覆盖

巡视，是全面从严治党的利剑，是党内监督的战略性制度安排。巡视全覆盖，是以习近平同志为核心的党中央向全党全社会作出的庄严承诺。习近平总书记指出：“十八届党中央明确一届任期内全面巡视，把它作为一个真正系统全面的制度，让功能全面发挥。只有全覆盖，才能‘零容忍’，如果问题没发现，怎么能解决‘零容忍’。”十八届中央对地方、部门、企事业单位共277个单位党组织进行了巡视，在党的历史上首次实现了一届任期内中央巡视全覆盖。与此同时，在中央的坚强领导和示范引领下，省区市党委完成对省辖8362个地方、部门和企事业单位党组织巡视全覆盖。这是十八届中央管党治党理论和实践的重大创新与突破，充分体现了以习近平同志为核心的党中央全面从严治党的坚定决心，展示了党内监督没有禁区、没有例外的鲜明立场。在中央的坚强领导下，巡视监督威力明显，充分发挥了“尖兵”和“利剑”作用。山西系统性、塌方式腐败，湖南衡阳破坏选举案，四川南充和辽宁拉票贿选案等重大问题线索都是巡视发现的。十八届中央纪委执纪审查的案件中，超过60%的线索来自巡视。根据巡视移交的问题线索，苏荣、黄兴国、王珉、白恩培等一批腐败分子被查处。

按照习近平总书记的指示和要求，巡视工作与时俱进。贯彻十八届二中全会精神，首轮巡视围绕党风廉政建设和反腐败斗争，聚焦“四个着力”，解决了巡视内容宽泛、职能发散问题。落实十八届三中、四中全会决定，紧紧围绕党的领导、党的建设，坚持纪严于法、纪在法前，把纪律挺在前面，紧扣“六项纪律”查找问题，发挥震慑遏制作用。贯彻落实十八届六中全会部署，聚焦全面从严治党，严肃党内政治生活、维护政治生态，抓住根本性、全局性、方向性问题，有效发挥了政治“显微镜”和政治“探照灯”作用。

巡视监督是党内监督和群众监督相结合的有效方式，彰显中国特色社会主义民主监督的制度优势，是管党治党的利器。党的十八大以来，中央巡视共发现违反“六项纪律”和党的领导弱化、党的建设缺失、全面从严治党不力方面突出问题8200多个，为管党治党指明标靶，推动全面从严治党从宽松软走向严紧硬。①

巡视监督重在利剑高悬、发现问题、形成震慑。通过巡视，倒逼有问题的部门、单位和组织认真整改，对于它们改进作风、纠正乱象、净化生态、遏制腐败，具有特殊作用。要把巡视监督全覆盖这一制度用好用够用足。

纪律监督、监察监督、派驻监督、巡视监督“四个全覆盖”，将构筑一张完整的权力监督网，使领导干部和公职人员滥用权力的机会大大缩小，从而有力遏制腐败现象的滋生蔓延。推动“四个全覆盖”无缝对接，要健全组织网络，推动形成全联动、大协同的监督格局；要明确各自职责定位，加强沟通协作；要加强能力建设，提升监督专业化水平。

四、以党的纪律规范党员干部行为

习近平总书记多次强调，要加强党的纪律建设，把守纪律、讲规矩摆在更加重要的位置。十八大后，根据新形势新要求，党中央在加强党的纪律建设方面提出了许多新观点新论断新举措。主要是：第一，在纪律和法律的关系上，提出纪严于法、纪在法前，实行纪法分开，把纪律挺在前面，用纪律管住大多数。第二，在整合原来各项纪律的基础上，明确提出党的政治纪律、组织纪律、廉洁纪律、群众纪律、工作纪律、生活

① 申晚香：《实现党内监督全覆盖》，《中国纪检监察报》2017年10月14日，第2版。

纪律，形成了六大纪律的体系。第三，结合党的建设特别是纪律建设实际，制定和修订党内政治生活准则、廉洁自律准则、党内监督条例、纪律处分条例，颁布问责条例，制定深化国家监察体制改革方案，开展改革试点，推动党内监督和国家监察全覆盖。第四，在纪律执行上，提出监督执纪“四种形态”。第五，按照“两个为主、两个覆盖、两个责任”的要求对纪律检查体制进行改革。[①] 所有这些，使党的纪律建设的理论和实践得到丰富发展，党的纪律检查工作得到全面提升，有效发挥了党规党纪在“不能腐”中的纪律保障作用。

党的十九大站在新的历史起点，对新时代加强党的纪律建设、夺取反腐败斗争胜利作出了新部署，强调“重点强化政治纪律和组织纪律，带动廉洁纪律、群众纪律、工作纪律、生活纪律严起来”，“加强纪律教育，强化纪律执行，让党员、干部知敬畏、存戒惧、守底线，习惯在受监督和约束的环境中工作生活”。[②] 落实十九大的要求，使党员干部“不能腐”，需要注意做到三个方面。

（一）把严明政治纪律摆在首位

政治纪律是维护党的团结统一的根本保证。中国共产党是靠严密的组织、严明的纪律建立起来的马克思主义政党，在近百年波澜壮阔的历史进程中，党跨过一道又一道坎，取得一个又一个胜利，与严明的政治纪律分不开。政治纪律严明，党就有了团结统一的基础；政治纪律废弛，党就会成为一盘散沙甚至陷入分崩离析的境地。中共历史上张国焘出于个人政治野心，蓄意制造分裂，几乎葬送党和红军前途；后来出现的林彪、“四人帮”反党集团，给党和人民造成严重挫折。再有苏共亡党解体，都有这方面的教训。

一个时期以来，中共党内拉帮结派、蝇营狗苟的风气有所滋长蔓延，

---

① 李雪勤：《扎实构建不敢腐不能腐不想腐的有效机制》，《求是》2017年第5期。

② 习近平：《决胜全面建成小康社会 夺取新时代中国特色社会主义伟大胜利——在中国共产党第十九次全国代表大会上的报告》，人民出版社，2017年版，第66页。

特别是极少数高级干部政治野心膨胀，权欲熏心，搞阳奉阴违、结党营私、团团伙伙、拉帮结派、谋取权位等政治阴谋活动。有的在其主政的地方建“独立王国”，搞小山头、拉小圈子，对党中央决策部署阳奉阴违，为实现个人野心不择手段。周永康、薄熙来、郭伯雄、徐才厚、令计划等严重违纪违法案件，就是妄图攫取党和国家权力的反面典型。他们的所作所为，严重破坏党的集中统一，严重威胁国家政治安全，严重破坏党和人民事业发展。

习近平总书记在十八届中央纪委六次全会上指出：“党内存在野心家、阴谋家，从内部侵蚀党的执政基础，我们不能投鼠忌器，王顾左右而言他，采取鸵鸟政策，这个必须说清楚。全党必须讲政治，把政治纪律摆在首位，消弭隐患、杜绝后患。”① 对此，全体党员干部必须头脑清醒、立场坚定。

严明党的政治纪律，一要做到“两个坚决维护”。每一个党的组织、每一名党员干部，无论处在哪个领域、哪个层级、哪个部门和单位，都要强化“四个意识”，坚决维护党的核心，坚决维护党中央权威和集中统一领导，在思想上政治上行动上同党中央保持高度一致。二要从遵守党章入手。党章是管党治党的总章程，是党员干部必须遵守的总规矩。党章规定了党员的权利和义务，明确提出了党员要坚持什么、反对什么。每一名党员干部都要牢固树立党章意识，自觉把党章作为根本的行为准则，用党章规范自己的言行，把遵守政治纪律落实到大是大非的问题上，落实到日常工作、生活的细节中。三要严格执行纪律。对违反政治纪律的苗头性、倾向性问题，早提醒、早纠正；对那些口是心非、阳奉阴违的“两面派”，妄议中央大政方针，破坏党的集中统一，搞团团伙伙、结党营私、拉帮结派、培植私人势力、对抗组织审查的违纪行为要从严查处。

---

① 习近平：《在第十八届中央纪律检查委员会第六次全体会议上的讲话》，《人民日报》2016年5月3日，第2版。

（二）加强纪律教育

加强纪律教育，是保证党员干部廉洁从政的重要基础。“不教而诛，则刑繁而邪不胜；教而不诛，则奸民不惩。”教育和惩治只有双管齐下，才能达到扬善抑恶的目的。全面从严治党的实践反复证明，纪律教育和纪律执行相互促进、相得益彰。在新时代，将全面从严治党引向深入，使干部从不敢腐向不能腐、进而向不想腐转变，必须加强纪律教育，将铁的纪律转化为党员干部的日常习惯和行为自觉。这有利于降低腐败治理的成本。

加强纪律教育，使干部远离腐败，需要把握几点。首先，将“关键少数”作为重点。领导干部，尤其是高级领导干部，是党纪教育的重点对象。领导干部在将党的纪律内化于心外化于行上，必须起带头作用。在遵守党的纪律上，领导干部必须与普通党员同步，不搞例外，不讲特权，人人都是普通党员。其次，要做到“内外兼修”。就是要把“体制内”和“体制外”的党员都管起来。党的十八大以来，“体制内”党员的思想觉悟有了明显提升，基本实现了不敢腐的目标，但一些“体制外”的党员还在“置身事外”，在公众场合不以党员身份为荣反以为耻的有之，在急难险重任务面前不讲奉献专要待遇的有之，在国家建设中不顾大局专谋私利的有之，如何教育“体制外”的党员遵守党纪还需加强。最后，要用好反面教材。切实提高警示教育的政治性，以适当的形式通报严重违纪违法案件，用身边事教育身边人，让党员干部引为镜鉴、知错制止。

总之，守纪律是底线，懂纪律是前提。全面从严治党开新局、谱新篇，要下大力气加强纪律教育，充分唤醒党章党规党纪意识，使党员干部深怀敬畏之心、始终心中有戒，只有这样，才能使遵规守纪成为一种无需提醒的自觉。

（三）强化纪律执行

纪律的效用来自于纪律的执行。让党员干部知敬畏、存戒惧、守底线，光靠觉悟不够，必须有刚性约束、强制推动，强化纪律执行。如果职级问责不到位，纪律的威慑力就难以发挥，党员干部就难以从内心深处敬畏纪律，在行为上形成纪律约束。必须坚决维护纪律权威，加强对纪律执行情况的监督检查，加大对关键环节和重点领域存在的违纪违法问题的执纪审查力度，对问题突出的要及时启动问责机制，把该打的“板子”坚决打下去，以问责倒逼责任落实，推动纪律执行、铁规发力。

第七章　实行多维激励，构建不必腐的保障机制

习近平总书记强调：“全党要坚持问题导向，保持战略定力，推动全面从严治党向纵深发展，把全面从严治党的思路举措搞得更加科学、更加严密、更加有效。”[①] 在完善新时代中国特色政治腐败治理模式过程中，“不必腐”机制是反腐败标本兼治的重要保障，是政治腐败治理亟待补全的重要一环。当前，“反腐败斗争压倒性态势已经形成并巩固发展”，“不能腐”和“不想腐”机制的巩固将成为中国政治腐败治理新的努力方向。为此，必须通过构建“不必腐”机制，为公职人员提供制度化的激励保障。这就需要将不敢腐、不能腐、不想腐的“三不腐”机制拓展为不敢腐、不能腐、不必腐、不想腐的“四不腐”机制，从而构建更加完备有效的新时代政治腐败治理模式，最终夺取反腐败斗争压倒性胜利。

一、构建“不必腐”机制的必要性和原则

治理政治腐败，既要通过惩治实现不敢，通过权力制约和监督实现不能，更要通过政德建设，实现不想。在不敢、不能、不想这三种状态中，不想是最高的境界，是理想状态。从不敢、不能到不想，中间存在

① 《习近平谈治国理政》（第二卷），外文出版社，2017年版，第64页。

一个过渡环节，即不必。只有把这个环节做实了，不想才会有坚实的基础，实现起来才更容易。

（一）构建“不必腐”机制的必要性

首先，“不必腐”是中国特色政治腐败治理模式的重要内容。新时代中国特色政治腐败治理模式，是国家治理现代化的核心组成部分。政治腐败治理不仅要求对腐败分子进行严厉惩处，更重要的是进一步完善中国特色政治腐败治理模式，改变在经济转轨过程中逐渐形成的制度扭曲，推进国家治理现代化。[①] 过去一段时期，中国一些领域、地区和部门，曾经存在腐败猖獗与繁荣发展并存的情况，相当多数量的领导干部“边腐边升”。导致这一悖论出现的制度根源，在于复杂而又扭曲的激励机制。例如，给予公职人员较低的正式收入且与贡献、责任和辛劳脱钩，同时在选人用人的价值导向上又片面强调政绩突出。这些扭曲了的制度设计和制度土壤，为公职人员提供了干事和腐败的双重机会，由此养成了升官发财的行为预期。因此，需要从完善中国特色政治腐败治理模式入手，有针对性地嵌入包括“不必腐”机制在内的基础性制度。

其次，“不必腐”是推动政治腐败治理走向治本的应然之举。十八大后，中央纪委采取“坚持标本兼治，当前要以治标为主，为治本赢得时间”的反腐败策略。2014年10月，中央纪委四次全会要求，“不断加大治本力度，逐步形成不敢腐、不能腐、不想腐的有效机制”，标志着反腐败由治标向治本转变。十九大报告指出，“反腐败斗争压倒性态势已经形成并巩固发展”，强调要“夺取反腐败斗争压倒性胜利”。可以预期，未来一段时期，“不必腐”机制的构建将与“不敢腐”“不能腐”“不想腐”共同发力，推进反腐败斗争从治标走向治本。在功能定位上，不敢、不能、不必、不想，循序渐进、深化发展，体现了反腐败的规律。从整个闭环来看，“不敢腐”“不能腐”属于制度性约束，“不想腐”属于自律机制。如果没有

---

① 过勇，贺海峰:《“不必腐”机制：反腐败标本兼治的重要保障》,《国家行政学院学报》2017年第6期。

其他配套措施，仅靠单纯的思想教育，要实现从“不敢腐”“不能腐”向“不想腐”转变显然还是有困难的。而“不必腐”恰好能搭建这样一个台阶，为“不想腐”创造条件。

最后，“不必腐”是实现激励约束平衡的必然要求。公职人员作为理性人，必然有自己的利益诉求。从这一意义上说，公职人员合理利益保障程度与公职人员的清廉度，存在一定的正相关关系。公职人员合理利益保障程度越高，因利益因素所诱发腐败的可能性就越低，公职人员的清廉度就越高。反之，对贪腐行为的抵抗力就会降低，诱发职务犯罪的可能性会升高，公职人员的清廉度也会越低。当然，这二者之间的正相关关系只是一种或然逻辑，但却是防范腐败的依据之一。现实中，公职人员需求多元化与激励资源稀缺的矛盾普遍存在。如果不加大或优化激励资源的供给，以实现激励和约束的平衡，而仅仅靠加大约束，则政治腐败治理的效果也将是有限的，且难以持久。因此，实现激励和约束的平衡，要求建立起一种“不必腐”的机制。

（二）“不必腐”机制的现状

任何一个政体，为保证其公职人员政治廉洁，都力图构建一套“不必腐”的保障机制。这样的机制能够在多大程度上发生效力，主要取决于它对公职人员合理需要满足的程度。人的需要激发动机，动机导致行为。就公职人员个体来说，其需要大体可以归为四类，即政治需要、经济需要、精神需要、目标需要。这些需要被满足的程度越高，则其腐败的可能性就越小。

十八大以来，在持续反腐的高压态势下，中国公职人员工资相对较低的状况尚未得到根本改观；在某些领域、地方和组织，官场“逆淘汰”现象仍时有发生。凡此种种问题，导致庸政懒政怠政现象居高不下，部分公职人员心灰意冷、另谋出路，更有甚者心态失衡、大肆贪腐。这里，结合中国政治腐败治理的实际，从几个方面分析构建“不必腐”机制面临的困难。

一是经济激励不充分。经济激励包括工资、奖金、实物等的激励。任何一个职业群体都有经济激励问题，对于公职人员也不必讳言经济激励。过去，中国公职人员工资收入虽然不高，但社会保障和福利相对较好。实施住房市场化改革之后，公职人员的住房保障取消了。自2006年实施“阳光工资”改革以来，公职人员激励不足，大量职级较低的基层公职人员，工资增长幅度相对有限，且滞后于经济增长速度。公职人员仅从工资来衡量的收入水平明显偏低。另外，对公职人员的工资水平缺乏科学的调查、比较、评价机制，也未建立起常态化的工资增长机制；各地区之间、城乡之间的差距较大，特别是在中西部地区、农村地区，公职人员工资水平不高、增长幅度有限；不同职务之间的差距比较小，难以体现责任、贡献上的差别。公职人员收入过低，不仅导致政府的人才大量流失，更给腐败的滋生蔓延提供了机会。一些人为了过上体面的生活，不惜冒险捞钱。

二是政治激励难以实现。政治激励是激发干部活力成效最明显、最直接的手段。但是，受政策规定、岗位限定等因素制约，公职人员晋升空间有限，“僧多粥少”的矛盾十分突出，加上一些地方用人导向不明，干部交流力度不大，使得一些公职人员努力工作多年却未得到提拔重用，一些公职人员常年待在同一个部门或岗位，对工作失去激情，极大地挫伤了工作积极性。更有甚者，看到提拔无望，干脆跑官买官，试图走捷径、走“快车道”；或者铤而走险，试图大捞一把。河北省大名县原县委书记边飞在被羁押期间坦言，自己在县委书记的位子上坐久了，感觉工作干得不错，但一直没有得到提拔，心态开始失衡。从第二任县委书记开始，就只想着怎么多挣钱了。事实上，从已查处的案件看，相当一部分公职人员，本想通过踏实工作获得升迁，但希望一次次破灭。其心态从不舒服变为不满，继而滋生仇恨心理，仇视单位、仇视领导，最后用贪污公款、行贿受贿进行报复。因此，有必要建立“不必腐”机制，让公职人员不必仅仅通过职务升迁来体现自身价值。

三是精神激励不科学。精神激励，主要是指通过改变公职人员的内在心理来激励公职人员，包括口头表扬、书面嘉奖、记功、授予荣誉称号、提供培训机会、关注工作环境、职业生涯等。激励公职人员廉洁奉公，不能全靠物质上的给予，职务上的提拔，而应当以精神激励为上，在提供适当经济待遇的同时，重视发挥精神激励的作用。现实中，精神激励存在激励单一、范围小、缺乏情感等问题。讲单一，主要是指以提拔重用来激励干部；讲范围小，是指精神激励只针对少数人，基数小；讲缺乏情感，是指激励主体往往将精神激励当做一种赏赐或恩赐，缺乏对激励对象的信任、尊重、肯定和关怀。

四是目标激励不健全。目标激励，是把党和政府工作的大目标分解为若干具体的小目标，分解到每个部门、每个公职人员身上，通过考核确认目标实现程度，进行相应的奖惩。[①] 绝大多数公职人员都有实现自身价值的愿望，这与目标激励相契合。不过，目标的价值性、准确性、操作性不明确，会降低目标激励的效果。比如，目标的价值性方面，党委政府的工作目标与干部个人的利益需求不能有机地结合起来，干部在实现工作目标后，个人的薪资调整、职务升迁、成就感等利益和价值取向得不到满足。又如，在目标明确性方面，激励目标不明确、实现目标后的激励措施不具体，难以调动积极性。

（三）构建“不必腐”机制的原则

构建“不必腐”的机制，应当把握好以下原则：一是普惠公平原则。“不必腐”的机制不是针对公职人员中的部分特殊群体，在制度的设计上涵盖公职人员队伍的所有环节和层面，同时在惠及所有公职人员的前提下体现公平、公正的精神。二是按需激励原则。公职人员的需求各有不同，相同的激励措施产生的效果会不尽相同。即便是同一位公职人员，在不同的时间或环境下，也会有不同的需要。因此，在制定和实施激励措施时，要认真分析研究每一位公职人员的实际需求，努力做到因人而异、因事而异，实现公正性与差异性的统一。[②] 三是系统性原则。构建“不必腐”机制是一项系统工程，需要综合运用包括经济激励、政治激励、精神激

---

① 邵景均：《对干部要约束也要激励》，《人民日报》2017年4月20日，第7版。

② 例如，根据职务层级划分，对领导干部，要以政治激励、声誉激励为主，充分给予信任；对一般干部，要职务激励和物质激励相结合，激发他们爱岗敬业。

励、目标激励在内的多种手段，以形成抵御腐败动机的合力。四是激励与惩治相结合原则。惩治同样是“不必腐”机制的重要内容。对于不同的公职人员，仅用正向激励手段是不够的。只有在惩治措施到位的情况下，正向激励才能发挥作用，从而使公职人员真正想干事、不出事。

二、建立经济激励机制

这主要包括三个方面，即：提高公职人员的物质待遇、实施绩效考核制度、建立公职人员廉政退休金制度。

（一）提高公职人员的物质待遇

马克思说过，人们奋斗所争取的一切，都同物质利益有关。大量事实表明，公职人员的物质待遇偏低是导致其政治腐败的源头。从国际经验对比看，凡是清廉的政府、清廉的国家，其公职人员的待遇都是好的或比较好的；凡是腐败的国家，其公务员的待遇都是差的。前者如北欧诸国和亚洲的日本、新加坡等；后者如越南等。这表明，良好待遇是公职人员道德操守的物质基础。各种约束、监督公职人员的制度以及道德教育是在一定优厚待遇的基础上发挥作用的。没有物质基础，其他措施就缺乏保障，就会被规避。对此，1990年8月召开的第八届联合国预防犯罪和罪犯待遇大会通过的《反腐败的实际措施》就曾提出：“如果政府的薪资水平太低，引起需养家者发愁靠这种收入如何得以维持生活的问题，则这一社会实际上怂恿腐败行为。”①

中国目前还难以实行“高薪养廉”。这既不符合国民的传统观念和社会心理，也不符合中国现阶段的经济社会发展水平。但是，显然应当保障公职人员合理的收入水平，为其提供相对优渥的生活条件。王沪宁认为，

---

① 转引自刘明波：《廉政思想与理论：中外名家论廉政与反腐败》，人民出版社，1994年版，第339页。

"大家谈到了干部工资太低的问题。这样的话，中国的管理是不能搞好的，社会的优秀人才往哪里去？如果没有一个良性的机制，优秀的人才就不会往国家和党的管理中枢流动，这样从长远来说就会发生问题。这是战略问题。"[①] 所谓"合理收入水平"，并不是指公职人员收入提升的具体数字，而是指其收入水平在全社会各行业收入水平中的相对排名。这又包含两个向度，一是与国内各行业相比较，二是与国际同行相比较。此外，还应将各种合理的福利也纳入其中，同时设定一个常态化的收入增长机制。这是应该并且能够做到的。

提高公职人员的物质待遇，可以从以下方面着手：

一是加快推进工资制度改革，推动建立工资正常增长机制。公职人员的工资包括基本工资、津贴、补贴和奖金。推进工资制度改革，重在优化工资结构，缓解基本工资占比过小、津贴补贴占比过大的突出矛盾。同时，要使公职人员的工资水平与国民经济发展相协调、与社会进步相适应。要建立和实施工资调查制度，定期对公职人员和企业相当人员工资水平进行调查比较，并将工资调查结果作为调整公职人员工资水平的依据。

二是不搞工资待遇上的平均主义。亚当斯在进行大量调查的基础上，发现一个人对他们所得的报酬是否满意不是只看其绝对值，而且要进行社会比较或历史比较，看相对值。通过比较，判断自己是否受到了公平对待，从而影响自己的情绪和工作态度。所以，激励机制尤其要做到开放、公平和公正。当前，中国公职人员的工资基本由行政级别和工龄决定，与其工作好坏和成效得失关系不大，客观上造成了"干与不干一个样""干多干少一个样""干好干坏一个样"的问题，致使工资分配的激励效应不明显。改变这种状况，需要对那些真正爱岗敬业、廉洁奉公、踏实肯干的公职人员予以物质上的奖励，拉开他们与其他人的薪酬差距，真正让激励机制在公平公正的基础上发挥作用。

三是适当提高领导人的物质保障条件。提高公职人员中领导人的物

---

① 王沪宁：《政治的人生》，上海人民出版社，1995年版，第87页。

质保障条件，一定程度上可以减少其政治腐败动机。有学者建议从以下方面提高领导人特别是一把手的物质保障条件：对领导人实行休假制；推广官邸制；提供合理的医疗保障，定期、强制对领导人进行健康检查；为领导人的职业选择提供更多机会。[①] 这些建议内容具体，操作性强，有一定的参考价值。

四是设立基层公职人员专项补贴。尽快建立和实施人才向基层流动、向艰苦地区和岗位流动、在一线创业的正向激励机制，探索设立基层公职人员岗位津贴，根据地区经济发展水平和财力情况，逐年提高基层公职人员待遇，并根据其年度测评结果，按不同等次发放奖励补贴，激励公职人员安心扎根基层。

（二）实施绩效考核制度

公职人员的物质待遇是与其工作业绩相关联的。因而，提高公职人员的物质待遇，必须合理实施相应的绩效考核制度，厘清公职人员正当利益与违规发放福利待遇的政策界限。绩效考核的重点是全面、客观、公正、准确地考核国家公职人员政治业务素质和履行职责的情况，考核的结果与公职人员的物质待遇挂钩。

在现代功绩制的原则上，许多国家的公务员制度都将公职人员在实际工作中的态度和行为，作为考核的重点内容。如英美国家的公务员考核制度，一般包括考勤（工作态度）与考绩（工作成果）两大方面，其中以考绩为主。

中国的国家公务员制度的考核内容，是在总结了长期的干部管理经验的基础上，借鉴了国外公务员考核管理的先进思想，本着客观、公平、全面考核公务员政治、业务素质，培养德才兼备的公务员队伍的原则，将德、能、勤、绩四个方面，确定为公务员的考核内容。德能勤绩是一个有机的整体，德是核心，能是本领，勤是态度，绩是成果。其中，绩

---

① 聂辉华，仝志辉：《治理“一把手”腐败，核心在限权》，《国家治理》2014年第12期。

又是考核的重点，因为绩是在德、能、勤相互作用下取得的物质和精神成果，是德、能、勤的综合体现。不可能离开真实的工作业绩来空谈公务员的政治思想、工作能力和工作态度。

深圳市龙岗区自2015年5月起，试点公职人员绩效考核制度，切实发挥绩效考核对公职人员队伍管理的导向、激励作用，切实遏制“为官不为”“庸官懒政”等现象。通过公职人员日常绩效考核，实现了平时考核全覆盖、考核操作信息化、日常管理精细化、过程沟通常态化、奖优罚劣刚性化，有效解决了公职人员考核难以量化、公职人员慵懒散漫等问题，有效提升了对公职人员评价的公平性，为打造勤政有为公职队伍提供了制度保障。[①] 龙岗区的探索为实施公职人员绩效考核制度树立了样本。

合理实施绩效考核制度，要建立包括德能勤绩在内的综合评价标准，而不能简单地以经济发展情况论英雄。考核的主体要实现多元化，坚持民主化和专业化的考核相结合，扩大考评范围，增强群众参与的广度，并引入相对专业的考评人员和机构进行考核，形成上中下立体结构的多元考评主体。在科学的考评机制基础上，注重考评结果的应用。将公职人员的工作实绩和品行表现与其收益切实挂起钩来。对于考核成绩突出的人员，应在待遇上增加工资、奖金等，而对于一直表现优异的干部，还可以在晋升时予以优先考虑。对于考核不过关的干部，不仅不能奖励，还应予以相应的处罚。

（三）探索建立廉政退休金制度

大量贪腐案件表明，单纯的高薪并不能养廉，反而会导致私欲或权力的膨胀，出现“贪得无厌”“欲壑难平”的现象。因此，抑制贪腐分子的腐败欲望，还必须建立其他配套的制约机制。在这方面，建立廉政退休金制度成为一个必然的选择。

廉政退休金制度，是一种“经济学治腐”的手段，探索惩戒和激励机

---

① 《龙岗区实现所有公职人员日常绩效考核全覆盖》。参见 http://www.sz.gov.cn/cn/xxgk/zfxxgj/gqdt/201607/t20160711_4117647.htm

制并举，纪律约束与经济奖惩挂钩的绩效考核制度。即：经过纪律检查机关认定，对于在任职期间没有出现贪污腐化问题的公职人员，在退休或离职时可拿到一笔与其廉洁从政时间成比例的退休金（退休金占全部资金的比例可由相关部门予以科学设置），而一旦出现违纪违法问题，这笔数额可观的退休金将被取消。廉政退休金制度对遵纪守法、廉洁奉公行为给予奖励，而不这样做，则要为之付出较大代价。可见，廉政退休金制度有利于实现激励和惩罚的有效统一，促使公职人员更好地坚守道德底线、廉洁从政。

长期以来，围绕要不要建立廉政退休金制度，各界有不同声音。持赞成意见者认为，中国香港特别行政区、新加坡等国开展反腐败取得的成功经验之一，就是建立了国家公职人员廉政退休金制度；建立这样的制度，可激励国家公职人员遵纪守法，有利于奖优罚劣。[①] 持反对意见者认为，“廉政退休金”作为新兴事物，能否成为反腐道路上的风向标，尚需实践证明。“廉政退休金”虽然数目可观，但无法从源头上阻止官员腐败。与贪污获取的金钱相比，它只是“小巫见大巫”，官员能否经受住考验，拒绝诱惑，值得怀疑；公务员相比普通人，退休时本来就能享受可观的养老金这一福利，如果再由财政支付一笔不菲的“廉政退休金”，一定会加重地方财政压力，加剧社会两极分化，引发社会公众不满；只有通过加强制度建设、畅通举报渠道、加大打击力度、完善监管体制等一系列措施促进公务员勤政廉政，才是治腐王道。[②]

建立廉政退休金制度，对于推进预防腐败工作具有现实性和建设性。但由于涉及《中华人民共和国公务员法》和《公务员奖励规定（试行）》的有关规定，建立这一制度须报请中央有关部门研究。另外，设立这一制度，需要论证财政是否具备相应的支付能力。因此，其在操作上需要进一步研究。

---

① 朱云贵:《对国家公务员建立廉政退休金制度的探讨》,《人民论坛》2006年第1期。

② 刘子琪:《“廉政退休金”能否成为反腐“金钥匙”？》。参见 http://news.nen.com.cn/system/2013/07/05/010524233.shtml

三、完善政治激励机制

所谓政治激励，是指根据公职人员的思想政治素质、能力水平、业务熟练程度等具体情况，对其进行政治地位、履职职位、工作岗位等方面的激励，以拓展其政治发展空间。政治激励的核心层面是职位激励，其实质是政治权力、权位激励。

由于制度设计和实际操作等方面的原因，中国现行的政治激励机制还面临不少问题。第一，权力激励诱发权力崇拜。在各种激励手段中，权力资源的吸引力最大。不仅体制内的人渴望得到提拔，而且体制外的人也千方百计想进来。一些人渴望得到权力，是因为权力和地位、待遇等联系在一起，权力能给人带来巨大好处和机会，通过权力可以获得更大的社会利益和物质利益。既然权力能给人带来好处，为何不崇拜权力呢？这就是一些人为获取权力而不择手段的根本原因。第二，公职人员晋升困难。在中国，金字塔形的权力结构决定了越往上走，职位越少，因此大部分人上到一定台阶后，就会面临进步的“天花板”。这时，如果有分流的通道，那么拥挤的程度会有所缓解。但事实是，中国现行的干部体制缺乏对公职人员的科学分类，公职人员晋升困难就不足为奇了。在这种情况下，很难避免出现吏治腐败。第三，交流渠道不畅。在现有干部管理体制下，只有少数公职人员能够被组织上安排到异地工作交流和部门轮岗交流，大部分公职人员都是在一个岗位上长期工作，时间长了容易出现精神懈怠，缺乏工作激情。

有效发挥政治激励的作用，防止政治腐败，需要大力完善政治激励机制。

（一）降低权力激励在激励体系中的比重

权力是调动公职人员工作积极性的重要因素，但不是唯一因素。除权力激励外，经济激励、精神激励、目标激励也都要发挥各自的作用。要把这些激励手段综合起来加以运用，发挥它们的整体效能，这样才能避免公职人员在权力激励不足时，怨天尤人，甚至走向腐化堕落。

（二）改革完善干部制度

从某种程度上说，不科学、不完善的干部制度是造成公职人员政治腐败的制度原因。完善政治激励机制，需要从改革完善干部制度入手。

首先，要建立科学的干部分类制度。

对干部进行科学分类，是干部制度改革的重要方面，也是党管干部科学化的前提。只有干部分类科学、准确，干部的选拔、任用、考核、评价才有据可依。

在西方国家，一般把公务员划分为政治类官员或政务官和事务类官员或文官两大类。政务官除少数职位实行委任制外，一般实行选任制；文官则实行委任制。所谓选任制，是指按照法定的民主程序自下而上选举产生公务员的制度，一般适用于国家机关和政党机关的主要领导人员。所谓委任制，是指按照法定的公务员管理权限自上而下任命公务员的制度，一般适用于国家机关和政党等机关内设机构的领导人员和其他公务员。

中国的干部分类制度经过了一个变化的过程。长期以来，中国实行的是将党政机关、企业、事业单位中的管理人员和专业技术人员纳入干部队伍进行统一管理的办法。这种办法，导致“干部”定义上的模糊，使其外延无限扩大，给高效和有效的管理带来许多问题。在党的历史上，首次郑重提出干部科学分类问题的，是党的十三大。十三大报告指出：现行干部人事制度的重大缺陷，主要是“‘国家干部’这个概念过于笼统，缺乏科学分类”，“进行干部人事制度的改革，就是要对‘国家干部’进行合理分解，改变集中统一管理的现状，建立科学的分类管理体制”。[①]按照这一判断，十三大报告提出：要建立国家公务员制度，将国家公务员分为政务和业务两类；党组织的领导人员和机关工作人员，由各级党委管

---

① 赵紫阳:《沿着有中国特色的社会主义道路前进——在中国共产党第十三次全国代表大会上的报告》,《人民日报》1987年11月4日，第3版。

理；国家权力机关、审判机关和检察机关的领导人员和工作人员，建立类似国家公务员的制度进行管理；群众团体的领导人员和工作人员、企事业单位的管理人员，原则上由所在组织或单位依照各自的章程或条例进行管理。

按照十三大的要求，1993年颁布的《国家公务员暂行条例》和2005年颁布的《中华人民共和国公务员法》，在干部的分类管理上迈出了重要步骤：将企业和事业单位原来称为“干部”的一部分人员，从过去的干部序列中分离出来，从而初步形成了党政机关、企业、事业单位干部分类管理的格局。

目前，干部分类制度改革的重点是如何对党政干部进行科学分类。不严格地说，中国现阶段对党政干部的分类，大体是以干部是否担任领导职务为依据，将干部区分为领导干部和非领导干部两大类。例如，《国家公务员暂行条例》和《中华人民共和国公务员法》，都将公务员职务分为领导职务和非领导职务。1995年颁布的《党政领导干部选拔任用工作暂行条例》和2002年、2014年颁布的《党政领导干部选拔任用工作条例》，都按照管理权限的不同，对“党政领导干部”作了分类，但这些分类都不包括“非领导干部”，而且条例中对领导干部的分类都不包括中共中央、全国人大常委会、国务院、全国政协、中央纪律检查委员会等五类中央一级领导机关的领导成员，以及最高人民法院和最高人民检察院的正职领导，而只是包括了它们的工作部门或者内设机构的领导成员。

这种将干部划分为领导干部和非领导干部的分类方法，在实践中带来一些消极后果：一是强化了部分党员干部的“官本位”思想；二是固化了干部终身制；三是造成管理上的混乱，“该民主的不民主，不该民主的滥用民主”；四是导致干部专业精神不足；五是造成干部晋升的“天花板”现象。[①]

关于干部分类问题，习近平总书记曾经指出：“人才的培养任用应该

① 吴辉：《关于干部制度改革的几个重要问题》，《中国延安干部学院学报》2011年第6期。

分为政务、事务两大类，并且应有不同的标准、要求和职责，培养、选拔的途径和任用、考核的办法也应不同。”[①] 2013年6月28日，习近平总书记在全国组织工作会议上谈到要正确分析和对待选票时，再次强调：“要分清选任干部和委任干部的区别，弄清选票在不同类型干部管理中的分量，避免一刀切。”[②]

按照习近平总书记的论述，借鉴西方国家对公务员分类的办法，可以考虑将中国的党政干部划分为政务类干部和事务类干部两类。政务类干部主要包括三类人员，即党委组成人员、政府组成人员、特别职务人员（如各级人大常委会组成人员、国家监察委员会组成人员、各级检察院的检察长、各级法院的法官等）。政务类干部，主要承担政治方向、政治原则的领导责任和重大决策的任务，负责贯彻执行党的方针政策，需具备良好的政治素质、领导才能、广泛的民意基础和较高的公信力。由党的中央和地方各级党委提名，通过民主选举或政治任命产生，实行任期制；接受党内和社会的监督；要讲求政治道德，以执政党的理想为自己的价值目标。事务类干部大致包括四类，即行政管理类、专业技术类、行政执法类和后勤保障类。事务类干部专司党和政府的日常管理事务，其工作属于技术性、程序性的具体事务。事务类干部需要有较合理的知识结构、较高的行政能力和管理技能；多数通过考试录用，实行常任制；在工作中强调服从法律和上级的指挥，不直接对民意负责，主要受上级监督；讲求职业道德，保证政策的高效执行到位。

“政事分类”只是管理体制的技术因素，不具有制度本质的意义。在中国区分政务类干部和事务类干部时，应使其适应于中国的国情。如“政事分类”要服从于党管干部的原则；无论政务类干部还是事务类干部，都不允许存在真正意义的“政治中立”，等等。

将党政干部区分为政务类干部和事务类干部，对于推进党管干部科

---

① 习近平：《领导干部要读点历史》，《学习时报》2011年9月5日，第1版。

② 习近平：《在全国组织工作会议上的讲话》（2013年6月28日），《党建研究》2013年第8期。

学化具有重要意义。首先，它有利于明确党管干部的重点。在政党政治的条件下，执政党承担着领导干部工作、向国家机关推荐重要干部的责任。只有管得少，才能管得好。从这一意义上说，区分政务类干部和事务类干部，有利于党把“管”干部的重心转移到对政务类干部的管理上来，从而突出干部管理的重点。其次，它有利于理顺干部权力的授受关系。政务类干部由党组织提名，由党代会或人代会选举产生或任命，对党代会或人代会负责。这种授权是政治授权，体现了民主原则。事务类干部由具备人事任免权限的机关委任、考任或聘任，对政务类干部负责。这种授权是行政授权，它遵循的是效率原则。把党政干部区分为政务类和事务类，有利于实现干部工作中权利和责任、民主和效率的统一。

其次，要推进选任制干部的选举。

如上所述，政务类干部的产生有选任和委任两种方式。除少数职位实行委任制外，一般实行选任制。事务类干部的产生，有考任、委任和聘任。其中，选任制干部是中国党政干部的中坚，是党员和群众直接授权的主体。推进选任制干部的选举，对于加快党内民主和人民民主进程，防止用人中的腐败具有重要意义。

推进选任制干部的选举，是由多种因素决定的。首先，它是兑现和落实党员和群众民主选举权利的需要。《中华人民共和国宪法》和《中国共产党章程》规定，党和政府从中央到地方直至基层政权的主要负责人由选举产生。如果出于种种策略上的考虑，长期不认真落实党员和群众的民主选举权利，就会导致人们对现行选举制度丧失信心，进而降低选任制干部在群众中的权威性和合法性。面对这种后果，必须改革现行的选任制，从而更好地坚持选任制。其次，它是保证委任制干部质量的需要。委任制干部的质量在一定程度上取决于选任制干部的素质。委任制干部是由具备人事任免权限的机关按照自身的权限任用的，而选任制干部又在其中起决定性作用。如果选任制干部的素质高，就可能选拔任用素质好的干部。反之，如果选任制干部的素质不高、不公道、不正派，加上党内民主生活不健全，就容易出现凭个人的好恶取人，拿职位送人情，甚至买官卖官的现象，从而影响委任制干部的质量。最后，它是防止选任制干部选任工作走入误区的需要。十八大之前，中国一些地方在探索干部选任中创造了不少新举措，其出发点是好的，但其发展方向值得担忧。以县（市）长的公开选拔和地级市市委书记的“公推票决”为例，前者把候选人的产生主要落实在考试程序上，后者把候选人的提名权交给较多的干部，二者都排斥了代表的提名权，而经过公开选拔或“公推票决”产生的候选人推荐给人大或党代会选举时，代表的选择权已经名存实亡。而对于健全的选任制而言，对干部有选择决定权的只能是选民而不是考官或干部。因此，深化选任制干部的改革，其方向须在党代会选举制度和人大制度框架内进行，而不宜另起炉灶。

推进选任制干部的选举，需要把握以下重点：一是明确选任制干部的范围。选任制的实施是有边界的，一般来说，政务类干部适用于选举，如党政主要负责人应当选举，代表大会、委员会制的代表需要选举，而专业性、技术性强的非政务职位，党政机关职能部门的内设机构，具体的管理岗位等则不适用于选举。以往有的地方把事务类的干部拿出来进行竞选，而该由选举产生的干部则实行任命，这是不适当的。二是规范选任制干部的提名。提名是选举的初始环节，对选举结果具有重要影响。选任制干部的提名，有个人自荐、群众推荐和组织提名几种形式。其中，容易出现矛盾的是群众推荐和组织提名。要解决好这一矛盾，必须摆正党管干部和社会公众选择权的关系，真正把选择干部的权力交给群众。应当明确，党组织可以对选举进行引导，体现“组织意图”，但应严格禁止把组织意图集中到一个或几个无可选择的具体人选上。党员和群众自愿提出的、不反映组织意图的候选人和其他候选人应享有完全平等的权利。三是推进候选人的差额选举。“选举就是竞争，没有竞争的选举算不上真正的选举。”这就意味着，选举必须在两个或多个人之间展开，而不能是完全等额的。在以往的实践中，不少选任制干部是等额选举产生的，无人参与竞争，甚至从提名、考察、推荐到正式选举，都是等额决定的。这样，选任制干部的选举就成了一种形式，损害了选举的效力。实行选任制干部的选举，要求候选人之间有竞争，正式选举时实行差额选举。四是允许候选人开展竞选活动。对于适应竞争性选举而出现的竞选活动，采用完全禁止的办法是不现实的。为此，首先要划清竞选活动和派别活动的界限。派别活动和正常的竞选活动是有区别的，不能把正常的竞选活动当作派别活动，扼杀竞选的正当性。其次要用法律和制度对竞选活动进行规范。如以党内法规的形式为党内竞争划定边界，允许候选人围绕落实党的代表大会确定的纲领性主张提出和宣传自己的施政设想等。五是严格限制对选任制干部的任命。中国共产党现行党章第十三条规定："在党的地方各级代表大会和基层代表大会闭会期间，上级党的组织认为有必要时，可以调动或者指派下级党组织的负责人。"这一规定本来是对干部选任制的一项补充性规定，但在实践中却造成了干部任命制的泛化。推进选任制干部的选举，应将选任制干部的任命控制在最小范围。六是健全完善相关配套制度。要规定任期制。选任制干部的任期一般以两个任期，即五到十年为宜。任期过短，干部没有长远预期，会导致短视和急功近利。任期过长，容易麻痹，对事业缺乏敏感性、敬畏心。要完善干部退出机制。尽可能创造条件，使选任制干部在任期结束后，实行自由择业。

最后，要改革创新对委任制干部的选拔。

大多数事务类干部通过委任方式产生。委任制干部的职责和产生方式等与选任制干部有明显区别。委任制干部主要负责执行选任制干部的决策，直接对选任制干部负责，无须选举产生。以党内干部为例，党的干部除了由各级代表大会选举产生的之外，其余大部分都是由各级党委任命的。各级职能部门的主要负责人，如党委组织部、宣传部、统战部的部长、副部长以及局、处、科等正副职干部，都不是选举产生，而是组织任命的。一般的程序是同级党委组织民主测评、推荐工作，上级党委进行筛选，交由组织部门进行考察，最后由上级党委任命。当前，委任制干部的选拔中还存在不少问题，迫切需要以改革创新精神加以解决。

相对于选任制干部的选举来说，委任制干部选拔中存在的问题比较多。概括来说，一是买官卖官。买官卖官（包括跑官要官、违反规定选拔干部、突击提拔调整干部等）现象在20世纪90年代初，还是零星、个别的现象。进入21世纪以来，愈演愈烈，范围越来越大，数量由个别到多发。二是拉票贿选。拉票贿选是在改革高度集中的干部任免权过程中、在扩大群众参与干部选任权过程中，出现的新问题。如：民主推荐、民主测评、公开选拔、竞争上岗等新措施不健全、不配套，特别是管理、监督等方面的改革跟不上、存在漏洞的情况下，出现的新问题。

导致买官卖官与拉票贿选等政治腐败现象泛滥的原因，很重要的一条，就是在委任制干部的任免上，个别人说了算的机制没有发生根本变化。其表现：一是书记应有的提名权和一票决定权不规范，导致出现个人说了算的现象。按照权责统一的原则，书记也应具有提名权和一票决定权，但由于种种原因，书记的提名行为和一票决定权不受约束，不公开，不规范。久而久之，就形成了实际上的个人说了算。二是民主程序流于形式。在一些地方，在各种“伪正常程序”下，书记一个人享有人事决定权。这就需要思考：在委任制干部的选拔任用中，决定、任命干部的主体应当是谁，是常委会、还是书记，还是需要扩大这个“主体”的范围，由少数人转变为较多数人？为什么好的程序（当然仍需完善）在实践中仍然会出现变形走样的情况？

要消除委任制干部选拔中的各种不正之风，需要进一步改革创新对委任制干部的选拔制度。一是要明确选拔委任制干部的主体。选拔不同于选举。选举的方向是自下而上，是多数人从少数人中选人的过程。而选拔的方向是自上而下，是少数人从多数人中选人的过程。这就决定了能成为委任制干部选拔主体的只能是“少数人”。中国共产党坚持党管干部原则，实行集体领导，因此，选拔干部的主体可以是“少数人”，但不能是个别人。不仅如此，从党内民主不断发展的形势看，这个少数有逐步扩大的趋势。即从过去的书记、常委会逐步扩大到全委会。同时，要保证干部选拔工作的质量，需要明确选拔主体的责任，强化对选拔主体的监督。二是要合理分解、限制主要领导者的用人权力。如何避免“书记说了算”和“伪正常程序”起作用等，是委任制干部选拔中需要克服的难题。为此，需要从健全制度入手，合理分解、限制书记的权力。三是要落实党员和公民的民主权利。委任制干部的选拔方式、程序，同选任制干部的选举有一定的差别，但其共同之处是都不能缺少党员或公民的参与。党员是党的主体，公民是国家的主体。在选拔委任制干部的过程中，要考虑到如何充分体现党员和公民的主体地位，如何发挥其积极作用，保证其合法权利。例如，在公开方面，应当做到，凡是选拔中能够公开的内容应当全部公开，以增强选拔工作的透明度和公信力；在组织方面，要创造条件，吸收广大党员、基层组织和群众参与到干部选拔中来，从而最大限度地汇集民意、凝聚民心；在民主测评方面，要改进测评的方式方法，避免简单化，以便参与者都能够讲真话、讲心里话，如实表达自己的意见。

推进干部制度改革，消除造成政治腐败的制度因素，是一项具有挑战性的事业，但意义重大，值得深入探索。

（三）实行公务员职务和职级并行制度

2014年12月，中央全面深化改革领导小组（现为中央全面深化改革委员会）第七次会议审议的《关于县以下机关建立公务员职务与职级并行制度的意见》，是调整基层公务员经济待遇的重要文件。该意见将公务员经济待遇的分配主要由职务决定转向主要由职级决定，强化职级对经济待遇的决定功能。这一改革，为基层公务员打破成长的天花板，提供了新的职业发展空间，有利于抑制一部分人跑官要官、买官卖官的欲望和动机。

该意见提出，对县以下机关公务员设置5个职级，由低到高依次为科员级、副科级、正科级、副处级和正处级。此前，中国县以下机关公务员工资待遇与职务级别直接挂钩，往往面临晋升通道狭窄等困境，导致工作积极性受挫。

在公务员管理制度中，职务与职级并行制度是重要的组成部分，也是确定公务员工资及其他待遇的依据。职务是指公务员所具有的头衔称谓，主要体现工作能力和职责大小，比如县长；职级指一定职务层次所对应的级别，主要体现资历，比如县长所对应的职级多是县处级正职。职务与职级并行，就是要在公务员职务晋升之外，再开辟一条独立的职业发展通道，让那些不能晋升职务的公务员，也可以通过晋升职级获得合理的待遇与尊严。

从地方的实践经验看，职务与职级并行后，基层公务员晋升渠道由“独木桥”变成“立交桥”，基层干部待遇有了想头、工作有了奔头。同时，职级的升高有严格的筛选。这一制度的实行，极大地调动了基层公务员工作的积极性，也净化了干部队伍的风气。

（四）加大干部交流力度

加大干部交流力度是调动干部积极性的重要手段。一些干部参加工作以来，一直在本单位工作甚至工作到退休，缺乏工作活力和热情。而加大干部交流力度，往往有助于干部突破工作范围的局限，激发干部振奋精神和开拓创新的意识，增强工作主动性和责任心，不断提高干部的知识水平和工作能力，充分发挥自身潜能，找到施展才能的最佳位置。通过干部交流轮岗，引入竞争机制实行“双向选择”，使“工作态度积极、工作能力强”的干部脱颖而出，满足其自我价值实现的需要；使“工作态度消极、工作能力差”的干部无法在人群中藏身，激发其增强工作主动性和责任心。

四、运用精神激励机制

英国思想家埃德蒙·伯克很早就提出：“政党是人们联合起来，根据一致认同的某种特定原则，通过共同努力来促进国家利益的一种团体。”[①] 伯克对政党的这一经典定义揭示出，政党不是人们依情感、利益或权力而结合在一起的组织，而是依据一致认同的某种特定原则即信仰而结合在一起的组织。它清楚表明，政党不是利益集团。因此，如果有人幻想通过政党来谋求升官发财，而不是致力于实践党的信仰，这本身就是对党的背叛。中国共产党“除了最广大人民的根本利益，没有自己的特殊

① Thoughts on the Cause of the Present Discontents (1770), in Paul Langford, et., *The Writings and Speeches of Edmund Burke*, Clarendon Press, 1981, p.317.

利益”，党的宗旨是一切从人民的利益出发，全心全意为人民服务。所以，对于身为中共党员的中国公职人员来说，精神激励的意义应当远比经济激励、政治激励的意义更大、更持久。从这样的角度理解，强化对公职人员的精神激励是完全必要的。

中国共产党历来重视精神的作用，实质上就是一种精神激励。在近百年的革命和建设中，党善于通过政治理论学习、宣传教育和思想政治工作来激发党员和公职人员的事业心和积极性。高层次的精神激励，是一个人的精神基础和精神支柱。有了这样的精神基础和精神支柱，一个人就会为自己的崇高理想和目标奋斗不息，就能正确处理好国家需要、大局需要、事业需要和个人需要的关系，从而有效抑制政治腐败思想的滋生。

（一）理想信念激励

崇高而坚定的理想信念是对抗政治腐败的最有力武器。习近平总书记曾反复强调，“理想信念坚定，骨头就硬，没有理想信念，或理想信念不坚定，精神上就会‘缺钙’，就会得‘软骨病’”，“就可能导致政治上变质、经济上贪婪、道德上堕落、生活上腐化”。[①] 2014年7月，中央组织部印发《关于在干部教育培训中加强理想信念和道德品行教育的通知》。该通知指出，在干部队伍中，理想信念缺失、道德品行不佳是一个需要引起高度重视的问题。理想信仰是什么？习近平总书记指出：“对马克思主义的信仰，对社会主义和共产主义的信念，是共产党人的政治灵魂。”[②]

巴金曾有言：“支配战士行动的力量是信仰。他能够忍受一切艰难、痛苦，而达到他所选定的目标。”所以，国家公职人员尤其是各级领导干部都应该有崇高的信仰，正确的价值观。历史早已证明，坚定共产主义信仰，才能永葆共产党人的纯洁性和先进性，才能远离腐败，才能谱写好“中国梦”的伟大篇章。

① 《习近平谈治国理政》，外文出版社，2014年版，第15页。
② 《习近平谈治国理政》，外文出版社，2014年版，第15页。

各级党组织要将信仰教育融入干部的培养、选拔、管理、使用全过程，促使党员干部把学习理论、构建信仰作为一种精神追求，真正静下心来，把基本理论学深学透，做到真懂真信、融会贯通，并且知行合一，在改革发展的时代任务和躬身为民的鲜活实践中不断坚定理想信念。

（二）情感激励

所谓情感激励，就是满足领导干部健康的情感需要，提高其情感愉悦程度。情感需要主要是精神需要，是人类的高级需要。当人的物质需要得到满足之后，情感需要就上升为人的主要需要。人的情感需要一旦得不到应有的满足，就会出现痛苦和孤独等负面心理问题，进而影响到人的活动。对公职人员来说，这些负面心理问题最直接的影响就是对工作得过且过、做一天和尚撞一天钟，甚至诱发一些公职人员产生“亚腐败”和腐败的冲动，以平衡自己的负面心理。

尊重和信任是情感需要最主要的两个方面。尊重需要的满足，能使公职人员认识到自己的价值，从而把廉洁从政作为自己的目标追求。公职人员廉洁从政的尊重需要的满足最主要的方面是来自人民群众的尊重。人民群众对公职人员的尊重，充分证明了公职人员的能力、价值等，是评价主体对评价客体的认可，能够激励公职人员廉洁从政。

信任是对他人的能力、品德和动机所抱有的一种积极的、自信的期待状态，而这种状态能给组织和个人带来实际的效益。人民群众对公职人员廉洁从政的信任是公职人员权力合法性的来源。公职人员要取得人民群众的信任，必须把人民群众的利益放在第一位，问计于民、问需于民，相信人民群众的智慧，并向人民群众展现自己为民服务的能力、品德和动机。人民群众对公职人员的信任既是其廉洁从政的信念，也是满足公职人员情感需要的重要环节。

（三）荣誉激励

荣誉激励属于精神激励的重要方法。荣誉说明一个人的社会存在价值，在人的精神生活中占有重要的位置。荣誉激励主要是把工作成绩与晋级、提升、选模范、评先进联系起来，以一定的形式或名义标定下来，主要的方法是表扬、奖励、经验介绍等。荣誉可以成为不断鞭策荣誉获得者保持和发扬成绩的力量，还可以对其他人产生感召力，激发比、学、赶、超的动力，从而产生较好的激励效果。

五、创设目标激励机制

目标激励是激发公职人员动力、指导公职人员行为的有效举措，通过科学合理的组织目标设置，把公职人员的个体行为与组织要求结合起来，可以有效激发公职人员的主观能动性。创设目标激励机制，一要科学设置目标。根据不同公职人员的岗位实际和职责分工，科学设置符合岗位特点的目标任务，制定科学、合理、具体的考核指标体系。二是注重平时考核，加强对公职人员日常行为的考核和了解。三是注重结果运用。把考核结果与公职人员的选拔任用、奖惩激励等结合起来，对平时考核突出的干部，结合集中考察情况该提拔的提拔、该重用的重用，对表现差的根据情况采取处理措施，对发现有问题的干部要及时提醒，帮助整改。

总之，政治腐败治理要把握公职人员的合理需求，按照普惠公平、按需激励、系统性和激励与惩治相结合的原则，构建集经济激励、政治激励、精神激励、目标激励于一体的多维激励体系，最大限度地为公职人员不必腐败提供保障。

第八章　强化政德建设，构建不想腐的自律机制

不想腐，就是筑牢拒腐防变的思想道德防线，使党员、干部从根本上消除腐败动机。2018年3月10日，习近平总书记在参加十三届全国人大一次会议重庆代表团审议时指出："领导干部要讲政德。政德是整个社会道德建设的风向标。立政德，就要明大德、守公德、严私德"，"坚持从小事小节上加强修养，从一点一滴中完善自己"。[①] 习近平总书记关于政德的重要讲话，是对新时代领导干部政德思想外延和内涵的一次系统阐述，为提高领导干部政德建设水平，构建不想腐的自律机制提供了基本遵循。

一、政德建设对于"不想腐"意义重大

如前所述，任何腐败的产生，不外乎几方面的原因：一是权力缺乏制约和监督，存在"能腐败"的机会；二是世界观、人生观、价值观发生扭曲，具有"想腐败"的动机；三是惩治腐败的方法、手段不科学，力度不够，腐败之所得大于腐败之所失，诱发"敢腐败"的侥幸心理；四是合理需求得不到满足，"只能"腐败。对此，反腐败的思路应当是明确的：加大惩治力度，使腐败成本远远超过腐败收益，消除"敢腐败"的侥幸心理；加大对权力制约和监督，把权力关进制度的笼子里，堵住"能腐败"的漏洞；

---

① 《习近平李克强栗战书赵乐际分别参加全国人大会议一些代表团审议》，《人民日报》2018年3月11日，第1版。

从多方面加大激励力度，减少“只能”腐败的冲动；加强政德建设，消灭“想腐败”的思想动机。可见，在反腐败体系中，政德建设具有根本性作用，是反腐败体系的重要环节。

十九大报告提出，要增强领导干部“不想腐的自觉，通过不懈努力换来海晏河清、朗朗乾坤”。不敢腐、不能腐、不必腐、不想腐，是一个从强力治标到标本兼治、从外在约束到内在自觉的过程。习近平总书记告诫各级干部：“各种诱惑、算计都冲着你来，各种讨好、捧杀都对着你去，往往会成为‘围猎’的对象。”[①] 领导干部只有加强自律，才能抵制各种诱惑，防止被“围猎”。领导干部加强自律的关键是“增强政治定力、纪律定力、道德定力、抵腐定力，始终不放纵、不越轨、不逾矩”。这四方面的定力共同构筑了“不想腐”堤坝的重要内容。其中，道德定力就是政德修养，是构筑“不想腐”堤坝的重要基石。政德建设之所以能防范腐败，在于政德具有制度、法律等强制性手段所不具有的独特优势。

（一）提醒不忘初心

一个国家、一个民族、一个政党、一个人都有初心。中国共产党人的初心，就是党的宗旨——全心全意为人民服务。加强政德建设，是中国共产党人不忘初心的一个重要方面，可以时刻提醒共产党人不忘初心。《诗经》有云：“靡不有初，鲜克有终。”意思是，事情没有不能善始的，但很少有能善终的。诗人纪伯伦说，我们已经走得太远，以至于忘记了为什么出发。列宁曾发出忠告：“共产党员成了官僚主义者。如果说有什么东西把我们毁掉的话，那就是这个。”[②] 这些都说明一个道理，党员领导干部最初都有全心全意为人民服务的初心，但如果后来忘记了这一初心，就会非常危险。所以说，不忘初心，方得始终。

中国共产党是中国工人阶级先锋队，同时是中国人民和中华民族的先锋队。党除了工人阶级和广大人民群众的利益，没有自己的特殊利益，

① 《习近平谈治国理政》（第二卷），外文出版社，2017年版，第142页。
② 《列宁全集》第52卷，人民出版社，1988年版，第300页。

党在任何时候都应该把人民群众的利益放在第一位，全心全意地为人民服务。

近年来，少数党员干部忘记为人民服务的宗旨，丧失党性，丧失政德，抵不住诱惑，经不起考验，凡事当前，首先考虑的是自己的特殊利益，逐步走向了犯罪深渊。这些领导干部之所以走向腐败犯罪之路，根本原因是理想信念动摇，宗旨意识淡薄，修身不严，用权不严，律己不严，他们假公济私，反映出政德不高，党性不强，丧失了党员领导干部的从政资格。作为党员干部，应该以此为反面教材，引以为戒，时刻提醒自己加强政德修养，拒腐抗变，提高廉洁自律意识，在任何时候都把人民群众的利益放在第一位，全心全意地为人民服务。而要做到这一点，就必须通过政德建设，时刻提醒领导干部不忘初心，为实现党的宗旨、使命而不懈奋斗。

（二）健全政治人格

人格与政治的相关性无处不在。政治人格是政治人在政治生活中形成的一种政治心理品质，虽然表现为个体的政治个性，但体现了内在的政治价值与外在的政治技能、政治行为。从本质上讲，政治人格就是政治人是什么与应该是什么的问题，也可以说，政治人格是政治人之所以为政治人的资格和标准。党员的政治人格是党性的人格化，马克思主义政党本质属性决定了党员政治人格的崇高性、现实性、群体性与习得性。马克思主义政党的历史是党员伟大政治人格铸就与展现的历史。现实中部分党员干部政治人格存在异化现象：从政治认知层面看，一些党员干部政治人格存在信念模糊与缺失现象；从政治情感层面看，一些党员干部政治人格存在宗旨淡漠的现象；从政治意志层面看，一些党员干部政治人格存在浮躁现象；从政治行为层面看，一些党员干部政治人格存在依附性现象。①

美国社会学家阿历克斯·英格尔斯有言：“一个国家，只有当它的人

① 曹峰旗：《党员政治人格刍议》，《探索》2016年第4期。

民是现代人，它的国民从心理和行为上都转变为现代人格，它的现代政治、经济和文化管理中的工作人员都获得了某种与现代化发展相适应的现代化，这样的国家才可真正称之为现代化的国家。”① 对于一个政党来说，党员政治人格的现代化是政党现代化的根本，执政党党内政治生态状况如何从本质上取决于多数党员政治人格的健康与否。如何提升党员政治人格，既是一个重大的理论问题，也是一个重大的实践问题。

政德建设是健全党员政治人格的重要举措。基于政德建设是人的意志表达，从外在来看具有强烈的客观色彩。政德在形成和表现过程中所蕴含的制度保障和法律机制，通过一系列的道德义务、道德责任、道德命令而对党员的道德行为进行外部的约束与管制，为健全党员政治人格提供了一个广阔的平台。

（三）激发内在力量

在中国特色社会主义现代化建设过程中，党政机关有着不可替代的作用。公职人员作为公共权力行使的主体，在既定的体制下，其基本素质和积极性、创造性的发挥，决定着党政机关的实际作为。而公职人员的积极性和创造性，与他们的政德水平有着密切的联系。特别是党政机关的分配机制与企业不同，在企业经营管理中，强调的是效益与利益的统一，虽不排除对管理者的职业道德要求，但合理的利益分配则是调动经营管理人员积极性、创造性的主要措施。然而，党政机关则不同。公职人员不可能与企业一样按比例直接分享政务管理所创造的社会效益，其劳动成果也不能得到直接的利益回报。在这种特殊的职业环境中，如果公职人员没有较高的道德情操，就容易产生工作的懈怠和惰性，出现不负责任与官僚主义，甚至产生权力越位、以权谋私的腐化行为。政德对公职人员的内蕴力，即克己奉公、崇廉拒腐、廉洁用权等内在的潜存力量起巨大的激发功能。政德的激发功能可以把公职人员的内在能动性

① [美]阿历克斯·英格尔斯:《人的现代化》，殷陆君译，四川人民出版社，1985年版，第8页。

充分调动起来，使各种内蕴力充分外化为推动社会发展的积极力量，而不是营私舞弊、投机钻营等腐败性的社会“逆向力”。

（四）约束行为操守

政德是遏制公职人员腐败行为的内在制约力量。制约腐败的主要途径包括法律规范和道德规范两个方面。法律规范是以强制力为后盾，通过制度的力量来维持的，因此具有较大的刚性；同时，法律作为外在强制力主要侧重于消极行为的框束，是惩戒性手段，而对积极行为缺乏有效的激励和倡导功能。道德规范主要依靠内在信念及社会舆论的作用，它既是法律规范得以有效发挥作用的基础，又可触及法律规范所无法涉及的领域，因而是法律规范作用领域的补充和拓展，具有不可替代性。

《论语·为政》中说：“道之以政，齐之以刑，民免而无耻；道之以德，齐之以礼，有耻且格。”就是说，治理国家不能仅强调法律的惩戒，还应加强道德的作用，这样才能形成良好的社会秩序，才是一个健全健康的社会。而且，“从长远的角度观之，社会的道德水准以及公职人员的道德水准是更基本更带根本性的东西，道德防线的溃散或突破往往就是腐败的开始。”[①] 所以，从反腐败斗争的策略来看，既要加强“不敢腐”的法律惩戒力度、加强“不能腐”的制度设计，又要加强政德建设，提高公职人员的政德修养，使法律法规所倡导的价值原则内化为公职人员的内心信念，从而生成高度的自律性，筑牢“不想腐”的思想根基。

（五）维系党群联系

政德是维系党和群众血肉联系的内在纽带。中国共产党一贯奉行群众路线的工作方法，与人民群众结成血肉联系。但是，腐败现象的滋生蔓延严重影响党群关系，损害党和政府形象，降低党的威信。邓小平指出：

---

① 王沪宁：《腐败与反腐败——当代国外腐败问题研究》，上海人民出版社，1990年版，第11页。

“极少数党员、干部的不正之风，非常不利于恢复党在群众中的威信。”[1]为此，必须发挥政德在维系党群关系方面的无形纽带作用。因为只有具备高尚政德的公职人员，才会时刻把群众利益置于首位；才会倾听群众的呼声和重视舆论评价，并把群众的意志和要求化为自身行为价值取向；也只有这样，群众才会认同公职人员的“公仆”角色，并由此增强对政府的信任度和满意度。公职人员如果都能像焦裕禄、孔繁森、杨善洲、谷文昌、廖俊波那样心里装着人民群众，那么腐败现象就一定不能存在。

总之，在反腐败问题上，要真正实现“不想腐”的目标，必须重视发挥政德建设的积极作用，使之成为公职人员抵御各种腐败动机侵袭的有力思想武器。

二、政德的内涵和特性

政德即国家公职人员的从政道德，是指国家公职人员在政治生活、公共管理以及个人日常生活中应当遵守的道德准则和行为规范，是公职人员群体应当具备的职业精神和道德操守。政德的主体是国家公职人员以及与公共权力行使有关的人员，特别是掌握一定权力的领导干部。政德也就是人们通常所说的“官德”。

政德在不同时代具有不同的内涵。中国共产党作为执政党，其领导干部的政德既要反映履行公共权力所必须遵行的职业道德规范，也内在地体现着党的性质、宗旨和使命的要求。中共中央组织部印发的《关于加强对干部德的考核意见》，对干部“德”的内涵做了具体揭示，是现阶段认识和处理政德建设问题的基础。按照该考核意见的规定，干部的“德”主要包括政治品质和道德品行两大方面。政治品质，主要包括领导干部的政治方向、政治立场、政治态度、政治纪律、党性原则等。具体表现

① 《邓小平文选》（第二卷），人民出版社，1994年版，第358页。

在：是否有坚定的理想信念，坚持中国特色社会主义道路、理论体系和制度，忠于党、忠于国家、忠于人民；是否认真贯彻落实科学发展观，执行党的路线方针政策，确立正确的世界观、权力观、事业观，实践党的宗旨、坚持执政为民、密切联系群众；是否坚持原则、敢于负责和执行民主集中制等。道德品行，主要包括领导干部的社会公德、职业道德、个人品德、家庭美德等。具体表现在：是否遵守廉洁从政行为准则，秉公用权、清正廉洁、不谋私利，严格要求配偶和子女及其亲属；是否自觉践行社会主义核心价值体系、模范遵守社会公共道德、抵制各种不文明行为；是否敬业奉献、真抓实干、锐意进取；是否公道正派、诚实守信、品行端正。

与一般道德相比，政德有其鲜明的特性：

首先，政德是一种特殊的职业道德。恩格斯指出："实际上，每一个阶级，甚至每一行业，都各有各的道德。"[①] 所以，每一种职业也都有其道德。政德是与行使公共权力联系在一起的特殊职业道德，是公职人员的从政之德。一方面，公职人员作为政德的主体，需要具备国家管理人员的职业道德，如忠于国家、忠于人民、忠于法律、忠于职守，具有高度的责任意识、公仆意识等；另一方面，又必须具备作为一个掌权者在权力运用过程中的权力道德，如遵纪守法、诚实无私、廉洁自律等。因此，对政德的认识既不能"虚化"，把政德与行使和运用公共权力割裂开来；也不能"泛化"，把什么问题都归结为政德，而忽略其最本质的东西。[②]

由于政德的主体——国家公职人员，同时也是公共权力的行使主体；在公共权力影响与作用日益增大的现代社会，公职人员的政德取向对社会发展及公众生活有重要影响，因此，政德对领导干部的要求不仅远远高于一般道德对公民的要求，而且也高于政德对普通公职人员的要求。良好的道德虽然称不上法律，但有极其严格的甚至强制性的规定，须臾不可离身，所谓"无德者，不为官""德不厚者不可使民，德不厚者不可为官"。一些现代民主国家，如德国、芬兰等，对官德都进行了严格要求，

---

① 《马克思恩格斯选集》（第四卷），人民出版社，1995年版，第236页。

② 钱国良：《关于领导干部政德建设的几点思考》，《中国延安干部学院学报》2013年第2期。

甚至苛刻地要求官员们“一尘不染”。有些国家还建立了对公职人员进行职业道德廉洁培训和管理的经常化制度，并将政德的考核结果作为奖惩和罢免的根据。

其次，政德具有政治性和示范性。政治和道德是社会上层建筑的内容，它们既反映社会经济关系又为社会经济基础服务。政党对公职人员的第一道德要求就是要讲政治。美国现实主义学派代表人物汉斯·摩根索认为，政治本质上是追求权力的斗争。毛泽东也曾讲过，政治就是把我们的人搞得多多的，把敌人的人搞得少少的。可见，政治在本质上就是围绕着权力而展开的斗争和活动。根据马克思主义阶级理论，公职人员同样具有鲜明的阶级分野，一切政治人都是特定阶级的代言人，应根据其所在的阶级、所在的政党、所代表的民众而开展活动，围绕着本党、本阶级夺取权力、巩固权力、增强权力而履职尽责，为其所代表的群体利益而尽心尽忠，此所谓政治人的最高道德，也称为政德的政治性。反之，如果公职人员特别是领导干部背弃了党、阶级、集团的事业，将权力异化为徇私工具甚至从根本上出卖所代表的集团利益，则是政治上最大的失德。正如毛泽东指出的，治国就是治吏。礼义廉耻，国之四维，四维不张，国将不国。所以，政德始终与政权安危、国运兴衰、百姓福祸联系在一起，政治性是政德最显著的特点。公职人员的政德充满了政治色彩，政治性是公职人员政德的基本属性。

同时，由于政德的主体是国家公职人员，同时也是公共权力的行使主体，在公众的心目中他们应是社会优秀分子和楷模。这种心理定势，使公职人员的言行举止在公众中具有强烈的示范和导向功能。一个社会道德风尚的好坏，很大程度上取决于社会领导阶层提倡和奉行什么道德，而公职人员总是运用上层建筑力量和各种新闻媒体，宣扬某种道德，在此过程中，必然融入个人的价值取向和道德理想，若公职人员政德素质低下，则可能导致社会普遍的道德信仰危机。因此，加强领导干部的政德建设，就是要放大领导干部的“头雁效应”，弘扬、发挥、彰显优良政德的正面示范作用，消解、抑制其负面影响，让良好的政德起到润物无声的效果。

再次，政德具有内在性和自律性的特点。政德作为道德的一种特殊表现形式，也具有道德的一般特点，即具有内在性和自律性。所谓内在性，是说政德是公职人员灵魂深处的东西，是公职人员的人生原始底色，是一种内在的约束力，它不像公职人员的年龄、学历、专业和工作业绩那样，能够直观展现和精确计量。[①] 德国哲学家康德就明确地将道德伦理特征归结为“内在性”，而与法律规范“外在性”相区别。他认为法律调整人们的外部行为，道德支配人们的内心活动。诚如他所言：“有两样东西，我们愈经常愈持久地加以思索，它们就愈使我们的心灵充满日新月异、有增无已的景仰和敬畏：位我之上的星空和居我心中的道德法则。”[②] 由此推之，政德具有自律性，就是说政德在作用于公职人员的从政行为时，是一种自主、自觉、自愿的活动，是行为主体积极能动性的表现，对于党员干部而言，是坚持共产党人精神追求的必然表现。

最后，政德的形成和表现需要他律。诚然，自律是道德规范的一个特征，但加以绝对化则有失偏颇。问题在于，道德不只是隐藏于内心的信念，而必定表现为外部行为。单纯地掌握道德规范而不在实践中践履这些规范并表现出道德行为，道德规范就不具有社会意义，只是修道士“独善其身”的自我净化而已。道德不只是属于个人内在的心理，而是必然要表现于外在社会行为，必然要影响社会并受社会制约。道德的他律性是通过道德义务、道德责任、道德命令等形式表现的，体现了一定的道德规范对行为主体的约束性、规范性、指令性和强制性。政德作为道德的一种特殊表现形式，也必然具有道德他律性的这些特点，也必须有他律约束，特别是国家和社会公众的监督和约束。

三、政德建设的基本要求

古往今来，政德都是对为政者最为核心的素质要求。习近平总书记

① 钱国良:《关于领导干部政德建设的几点思考》,《中国延安干部学院学报》2013年第2期。

② ［德］康德:《实践理性批判》，韩水法译，商务印书馆，1999年版，第177页。

强调，领导干部要讲政德。中国共产党作为执政党，其党员干部的政德既要体现党的性质、宗旨和使命的要求，也要包含行使公共权力、履行公共职责所必须遵行的职业道德规范，还应包括领导干部个体的人格和品德修养，是由大德、公德、私德三方面构成的有机整体。大德，就是政治生活中的信仰与忠诚；公德，就是公共生活中的德行；私德，就是个人的品德、操守和行为。领导干部要立政德，就要按照习近平总书记的要求，努力明大德、守公德、严私德。明大德是对领导干部的政治要求，守公德是对领导干部的社会要求，严私德是对领导干部个体私人领域的要求。

（一）明大德

大德是领导干部政德中的最高层次。所谓大德，是政治生活中关涉根本原则和根本方向方面的道德要求，是由政党的性质、宗旨和价值追求所规定的。具体来说，大德就是政治品质，是指党员干部的政治信仰与政治忠诚。政治品质在政德规范体系中居于核心地位并起主导作用。[①]，习近平总书记指出，领导干部讲政德，首先要修好“大德”，筑牢理想信念、锤炼坚强党性，在大是大非面前旗帜鲜明，在风浪考验面前无所畏惧，在各种诱惑面前立场坚定。这是新时代领导干部修身立德的根基所在。

“大德”立根本、管灵魂、定方向。明大德，才能明方向，坚定正确的政治方向，始终在政治上思想上行动上同党中央保持高度一致；明大德才能敢担当，勇于攻坚克难，战胜各种艰难险阻；明大德才能解决好世界观、人生观、价值观这个“总开关”，自觉抵制各种不良风气对党内政治生活的侵蚀，清白做人、干净做事，忠诚老实、公道正派，不断增强政治免疫力。大德不明，百弊丛生。理想信念的“总开关”拧得不牢，政德的大厦迟早会开裂垮塌。近年来，一些落马官员沦为欲望和私利的“俘虏”，正是“德不称其任，其祸必酷”，根子在大德丧失，而迷失方向、

① 鄯爱红，李淑英：《领导干部必须讲政德》，《红旗文稿》2018年第10期。

陷入歧途。讲政德、明大德，才能有定力、站得稳，才能靠得住、行得远。

首先，要坚定理想信念。理想信念标示着政党的价值追求和精神动力。习近平总书记指出："中国共产党之所以叫共产党，就是因为从成立之日起我们党就把共产主义确立为远大理想。我们党之所以能够经受一次次挫折而又一次次分期，归根到底是因为我们党有远大理想和崇高追求。"① 一个政党的理想信念是否远大崇高，关键在于这一理想信念是否以科学理论为根基，是否以大多数人的利益为出发点。中国共产党人的坚定理想信念，就是把对社会主义和共产主义的坚守作为毕生追求，矢志不渝为之不懈奋斗。

理想信念是共产党人精神上的"钙"。习近平总书记深刻指出："理想信念就是共产党人精神上的'钙'。没有理想信念，理想信念不坚定，精神上就会'缺钙'，就会得'软骨病'。现实生活中，一些党员、干部出这样那样的问题，说到底是信仰迷茫、精神迷失。"② 可以说，坚定的理想信念始终是党员干部站稳政治立场、抵御各种诱惑的决定性因素，反之就可能什么事都做得出来。

当前，中国特色社会主义进入新时代，受国际国内环境因素的影响，中国共产党面临的执政环境仍然是复杂的，影响党的先进性、弱化党的纯洁性的因素也是复杂的，党内存在的思想不纯、政治不纯、组织不纯、作风不纯等突出问题尚未得到根本解决。党员干部比以往任何时候都更需要为理想而奋斗的共识和力量。

坚定理想信念，就要坚持不懈用马克思主义的科学理论武装头脑，坚守共产党人的精神家园。要像习近平总书记所要求的那样，把读马克思主义经典、悟马克思主义原理当作一种生活习惯、当作一种精神追求，用经典涵养正气、淬炼思想、升华境界、指导实践。要坚持用习近平新时代中国特色社会主义思想这一马克思主义中国化最新成果武装头脑、补

---

① 中共中央党史和文献研究院编：《十八大以来重要文献选编》(下)，中央文献出版社，2018年版，第347页。

② 《习近平谈治国理政》，外文出版社2014年版，第15页。

“钙”壮骨，提高党性修养，加强党性锻炼，时刻打扫思想灰尘、清除政治微生物，坚定“四个自信”，不为干扰所惑，不为噪音所扰，不为暗流所动，始终坚守共产党人的“心学”，做共产主义远大理想和中国特色社会主义共同理想的坚定信仰者和忠实实践者。

其次，要对党忠诚。“天下至德，莫大乎忠”。对党员干部来说，最重要的大德是什么？就是要对党忠诚。“对党忠诚”虽然只有短短四个字，但要用一生的长度去检验，要经历外部世界与内心深处的各种考验。当今时代，思想文化相互激荡，价值观念多元多样，党员干部面对的考验更为直接复杂严峻。现实中，有的人表态多、调门高，但行动少、落实差；有的人说一套、做一套，当面一套、背后一套；有的人搞人身依附、政治攀附，拉帮结派、搞小圈子……如此等等，都是对党不忠诚的表现。

习近平总书记指出：“对党绝对忠诚要害在‘绝对’两个字，就是唯一的、彻底的、无条件的、不掺任何杂质的、没有任何水分的忠诚。”[①]对党忠诚，只有绝对，没有相对；只有绝对忠诚，才有真正大德。绝对忠诚就是对党的信仰、党的宗旨、党的组织忠贞不渝。新时代党员干部对党绝对忠诚，就必须牢固树立“四个意识”，真正做到“两个坚决维护”，在思想上政治上行动上同以习近平同志为核心的党中央保持高度一致。

对党忠诚和坚定理想信念是相辅相成的。只有坚定理想信念，才能更好做到对党忠诚。同时，要锤炼党性，以坚强的党性原则保证对党忠诚落到实处，做到党中央号召的坚决响应、党中央要求的坚决照办、党中央禁止的坚决不干、党中央部署的坚决落实。

（二）守公德

公德是领导干部干事创业的基本操守。一般来说，公德指社会公德，是指存在于社会群体中间的道德，是生活于社会中的人们为了群体的利益而约定俗成的行为规范。作为政德的“公德”是指领导干部在公共生

---

① 中共中央文献研究室编：《十八大以来重要文献选编》（中），中央文献出版社，2016年版，第197页。

活中的德行，更具体地说，是管理公共事务中应当遵守的道德准则。领导干部守公德，就是要服务人民、恪尽职守、清正廉洁。

守公德是对领导干部最基本的职业道德要求。领导干部掌握的公共权力是由人民赋予的，领导干部成长所需要的费用包括工资是由人民负担的，党要跳出历史周期率、实现长期执政，所有这些都决定了领导干部必须恪守从政的职业道德，努力为人民用好权、掌好权，真正做到权为民所用、利为民所谋、情为民所系。领导干部守公德，要做到几个方面：

一是坚持人民立场。人民立场，是中国共产党的根本政治立场，是马克思主义政党区别于其他政党的显著标志。坚持人民性最主要的体现，就是要站稳群众立场，想群众之所想，急群众之所急，在全心全意为人民服务中提升政治站位、提高工作能力。坚持走群众路线，大兴调查研究之风，从群众中来、到群众中去，在向群众学习中提高理论联系实际的水平。让群众共享改革发展的成果，把群众满意度作为评价工作的唯一标准，让人民群众有更多的获得感。

二是坚持为群众办实事。就是把理想信仰的精神支柱转化为具体的为人民服务的生动实践的过程。在具体工作中，要始终把党和人民群众的利益放在第一位，凡是涉及群众利益的事情，都要充分听取群众意见，诚心诚意为群众办实事、尽心竭力解难事、坚持不懈做好事，决不搞形式主义，决不做表面文章。要坚持一任接着一任干，以“功成不必在我”的情怀、以“钉钉子”精神抓好落实，以严格的责任、担当的勇气，推动习近平新时代中国特色社会主义思想落地见效、开花结果。

三是清正廉洁。永葆清正廉洁的政治本色，是保持党的先进性和纯洁性的必然要求。作为党的领导干部，要把廉洁作为一种价值追求、一种信念来恪守，努力让廉洁成为一种习惯。

（三）严私德

私德，指个人品德、作风、习惯以及个人私生活中的道德。作为政德中的“私德”，是相对于公共生活中的公德而言的，是指领导干部个人的操守和行为。严私德，就是要严格约束自己的操守和行为。由于领导干部手握公权力，其一言一行、一举一动都在诠释党的形象，都攸关百姓的福祉。因此，私德的败坏，不仅让政德沦丧，让政治生命终结，而且严重侵蚀党的事业根基，污染社会生态。所以在讲到明大德、守公德、严私德时，习近平总书记重点强调了领导干部要严私德。他说："所有党员、干部都要戒贪止欲、克己奉公，切实把人民赋予的权力用来造福于人民。"[①]严私德是领导干部政德的基础。不讲私德，大德和公德便无从谈起。

领导干部严私德，首先，要培养和强化自我约束、自我控制的意识和能力。领导干部严私德的最大风险点在于权力。部分领导干部的腐化堕落，往往是从将权力变为资本开始的，而资本具有疯狂性。权力资本也同样如此，如果领导干部用权不慎，放任手中的权力异化为资本，就会衍生出无限的欲望。"贪如火，不遏则燎原；欲如水，不遏则滔天。"权力资本加上无限欲望，其结果必然是摧毁性的。因此，习近平总书记要求领导干部，一定"要慎独慎初慎微慎欲，培养和强化自我约束、自我控制的意识和能力，做到'心不动于微利之诱，目不眩于五色之惑'"[②]。

其次，要从点滴小事做起。小事小节是一面镜子，能照出一个人的党性、原则和人格。习近平总书记在《之江新语》中说："于细微处见精神，于细微处也见品德。"一个人在小事小节上过不了关，也很难在大事大节上过得硬。"不矜细行，终累大德。"许多腐败分子正是从不注意小事小节逐步走向腐化堕落境地的。小事当慎，小节当拘，是对领导干部的金玉良言。每个领导干部都应从小事小节上加强自身修养，从一点一滴中完善自己。要注意管好自己的生活圈、交往圈、娱乐圈，在私底下、无人时、细微处，要如履薄冰、如临深渊，始终不放纵、不越轨、不逾矩，增强拒腐防变的免疫力。

最后，要重视家风建设。家风，指一个家庭的风尚习气。党员领导

---

① 《习近平李克强栗战书赵乐际分别参加全国人大会议一些代表团审议》，《人民日报》2018年3月11日，第1版。

② 《习近平李克强栗战书赵乐际分别参加全国人大会议一些代表团审议》，《人民日报》2018年3月11日，第1版。

干部掌握一定的公权力，其家风好坏直接影响到干部自身和家庭成员的廉洁与否。同时，党员领导干部又是承担公共服务职能的“公众人物”，其言行举止往往具有一定的社会示范作用。领导干部的家风好不好，影响到社会风气的良莠。从这个意义上说，领导干部的家风，绝不仅仅是个人小事、家庭私事，而是事关社会的大事。习近平总书记强调，“家风好，就能家道兴盛、和顺美满；家风差，难免殃及子孙、贻害社会。”从十八大以来查处的腐败案件看，家风败坏往往是领导干部滑向腐败深渊的重要原因之一。全国政协原副主席、江西省委原书记苏荣落马后忏悔说，家是权钱交易所，他本人就是权钱交易所所长，不仅全家老小参与腐败，也带坏了干部队伍、败坏了社会风气、损坏了政治生态。所以，习近平总书记特别强调，“要把家风建设摆在重要位置，廉洁修身，廉洁齐家，防止‘枕边风’成为贪腐的导火索，防止子女打着自己的旗号非法牟利，防止身边人把自己‘拉下水’。”①

四、强化政德建设的路径

今天，面对新时代、新征程，政德建设是巩固党的执政基础、保持党的先进性的内在要求，对于实现“不想腐”目标、夺取反腐败斗争压倒性胜利具有重要意义。政德作为一种文化、一种传统，体现了社会经济基础和历史文化传承，有其自身发展变化的规律。加强新时代领导干部政德建设，需要以自律为前提，以学习、教育和实践为途径，以制度监督为保障，坚持教育、制度和监督“三管齐下”。

（一）探索建立新时代政德规范体系

政德具有内在性和自律性。要使领导干部养成道德自律，一个迫切

① 《习近平李克强栗战书赵乐际分别参加全国人大会议一些代表团审议》，《人民日报》2018年3月11日，第1版。

的任务是使其有“德”可依。中国正处于社会转型期，社会道德包括政德领域出现种种混乱和失范现象，都提出一个问题：如何实现中国政德的现代转换和整合，形成一个既体现中国的历史传承又反映新的社会经济基础要求的政德规范体系，使领导干部有可以参照并校正自身行为的从政道德准则，从而加强对政德的软约束。[①] 在这方面，一要开发传统道德特别是“官德”中与现代政德要求有关的并具有现实意义的成分；二要总结中国共产党在政德建设方面的经验，并结合新的实际进行创造性探索和实践；三是要研究和借鉴国外一切好的做法，加以引进吸收。

中华民族自古以来就十分注重道德教化在引领社会发展中的重要作用。早在《论语》中，就有“为政以德，譬如北辰，居其所而众星拱之”的论述。如果统治者能够施行仁德之政、顺应民意、不断修德于天下，就能够实现国家的长治久安；反之，则会受到民众的反抗而趋于灭亡。德刑相济是治理天下的基本方式。毫无疑问，中国古代官德中一些合理的成分对现代官员个人修养具有重要参考价值。

重视党员干部的政德建设是中国共产党的优良传统，对各个时期保持党的纯洁性和先进性都起到重要作用。在延安时期，毛泽东号召全党学习白求恩精神，在《纪念白求恩》的讲话中深刻阐述了“为人民服务”的政德观，要求全党同志要做“一个高尚的人，一个有道德的人，一个脱离了低级趣味的人，一个有益于人民的人”。改革开放以来，邓小平提出“没有共产主义道德，怎么能建设社会主义”的问题。江泽民要求“领导干部必须坚持讲学习、讲政治、讲正气，还必须讲修养、讲道德、讲廉耻”。胡锦涛强调领导干部要“常修为政之德、常思贪欲之害、常怀律己之心”。党的十八大以来，习近平总书记在继承中国共产党重视政德建设优良传统的基础上，汲取中华民族优秀传统文化中关于政德建设的智慧，不断推动政德建设走向新境界。首先，通过阐明道德建设和法治建设之间的辩证关系，凸显新时代政德建设的重要性。他指出：“法律是准

---

① 钱国良：《关于领导干部政德建设的几点思考》，《中国延安干部学院学报》2013年第2期。

绳，任何时候都必须遵循；道德是基石，任何时候都不可忽视。”[①] 党员干部在这其中要发挥关键性作用，树立榜样和示范。其次，习近平总书记阐明了道德建设的三个层面，指出了大德、公德和私德之间的关系。再次，习近平总书记提出了新时代一系列政德建设的新要求和新内容，如三严三实、社会主义核心价值观建设、密切联系群众的八项规定等等。再有，《中国共产党章程》《关于新形势下党内政治生活若干准则》《中国共产党廉洁自律准则》等党内法规，也都包含了政德的内容。显然，这些重要论述和党内法规对于构建新时代政德规范体系具有现实指导意义。

国外也十分重视政德建设。许多国家和地区都制定了加强公务员职业道德建设的法规，以立法的形式将公务员的道德准则和行为规范确定下来，以国家强制力保证它的有效实施。其对公职人员政德的总体要求是：忠于国家，国家利益至上。忠于宪法，忠实地履行法定义务。公正地执行公务。服从命令，恪尽职守。廉洁奉公，不以权谋私。其目的是维护政府公正形象，树立政府威信，提高行政效率，保持政治秩序程度。[②] 正是因为持久正常的伦理道德训练，许多国家培养出了一大批品德高尚的文官队伍，保证了政府工作的规范公平和高效率。国外的政德建设可以为中国的政德建设提供许多宝贵经验。

总之，要根据中国公职人员的职业特点、中国基本国情、政德传统及现实需要，在坚持社会主义政德的核心是全心全意为人民服务这一前提下，多措并举，积极探索构建适合中国新时代特点的政德规范体系。

（二）加强政德的自我教育和养成

政德是一种内心信念，具有内在性和自律性的特点，因而提高领导干部的政德水平主要靠他们自身的自我教育、自我修养。习近平总书记指出，干部的政德水平不会随着党龄的增加和职务的升迁而自然提高，而需要终生努力。从这个意义上讲，领导干部的政德建设永远在路上。

---

① 《习近平谈治国理政》（第二卷），外文出版社，2017年版，第133页。

② 李振秋：《国外官德建设的借鉴》，《柳州师专学报》2006年第3期。

首先，领导干部要加强自我学习。学习虽然不能直接提高人的道德素养，但是能够改变人的道德认知进而影响道德行为。习近平总书记充分肯定了学习在政德建设中的作用，他说："学史可以看成败、鉴得失、知兴替；学诗可以情飞扬、志高昂、人灵秀；学伦理可以知廉耻、懂荣辱、辨是非。"[①] 具体来说，一是要从中华优秀传统文化中汲取养分。中国传统文化中蕴含着丰富的道德营养和道德力量，为加强道德修养提供了方法。比如，清廉慎独，知行合一，自知自爱等，都是传统文化留给后人的宝贵财富。领导干部要善于从中汲取智慧和养分。二是从典型人物身上汲取经验和教训。一方面，要学习道德榜样，见贤思齐。另一方面，要从政败坏的官员身上汲取教训。三是要学习知识和技能。知识，包括自然科学知识、社会科学知识等，使人开阔视野，提升素质，是加强政德修养的重要基础。比如戒贪。如果贪腐官员能及早认识到贪腐对改善他的生活、提升他的境界、实现他的人生价值是一种"负资产"时，也许就不会铸成大错。四是躬身实践。道不可坐论，德不可空谈。要把对政德的认知内化为精神追求，外化为自觉行动，还必须躬身实践。通过实践来加深对政德的认知。事实上，实践也是一种非常重要的学习。

其次，领导干部要增强自我修养。"修养"即古人所谓的"修身""养德"，在这里主要指领导干部培养高尚的政德，实现个人素质的全方位提升。修养是同自己的消极思想和意识作斗争、不断超越和发展自我的过程。一要提高党性修养。党性修养是共产党员按照党性要求进行自我教育、自我改造和自我完善的一种活动，主要包括政治理论修养、组织纪律修养、思想作风修养、领导艺术修养等内容。加强党性修养是领导干部改造主观世界的永恒课题，是提升领导干部素质和能力的重要举措。随着时代的发展，目前一些党员干部甚至高级干部的党性修养存在一些问题：思想上，不信马列信鬼神，理想信念滑坡，精神上缺"钙"，得了"软骨病"；政治上，对上级决策指示打折扣、搞变通、做选择，党的意识淡薄了，

① 《习近平谈治国理政》，外文出版社，2014年版，第406页。

党性原则讲得少了；组织上，本来很好的制度成了摆设，党内积极的思想斗争讲得少了，批评和自我批评难以开展起来，民主生活会很多开成了评功摆好会等。新时代领导干部必须在政治、思想、组织纪律等方面加强党性修养。二要提高道德修养。道德修养主要集中在个人的道德领域中，但又直接反映在工作、学习和生活中。道德修养的这种外在表现力，要求领导干部必须加强道德修养，使道德规范贯穿于工作、学习和生活的全方面。

（三）推进政德建设的科学化制度化法治化

政德具有他律性的特点。这决定了领导干部政德水平的提高，除了靠干部自身的努力外，还需要从外部加强引导和制约。因此，提高领导干部政德建设的科学化、制度化、法治化水平十分重要。

首先，要完善政德教育机制。政德规范要化为公职人员的行动，必须依托教育的灌输，因而建立科学的政德教育机制是政德建设的关键。在政德教育中，要针对公职人员的不同层次、工作性质等具体情况，确定层次性的政德要求。美国政治学家亨廷顿认为："在一个国家里要肃清腐化常常包括两个方面：一方面要降低衡量公职人员行为的准则；另一方面则要使这些官员的行为大体向此种准则看齐。这样做，行为和准则虽都有所失，但却能获得准则和行为在总体上的更大和谐。"[①] 也就是说，政德规范要加强可操作性和现实性。具体路径有这样几点：一是在内容上，坚持政德教育和法治教育相结合。公职人员法治观念淡薄必然会加剧道德危机，道德低下又阻碍法治进程，所以，要把法治教育和德治教育结合起来，克服脱离法治国家建设的大背景来片面地强调政德教育。二是在对象上，要分层施教，着力培养马克思主义政治家。公职人员的职务、工作性质和知识结构存在区别，这就决定了政德教育要取得实效，必须分层施教。要针对不同层级、不同工作性质、不同知识背景的干部，开

① [美]塞缪尔·P. 亨廷顿：《变化社会中的政治秩序》，王冠华等译，上海人民出版社，2008年版，第48页。

发出既具共性又有层次的政德培训教材和课程。高级干部是党的执政骨干，承担着治国理政的巨大责任，他们的政德水平如何，直接关乎国家治理的成效，对下属的政德水平也有重大影响。因此，政德教育要抓住高级干部这一“关键少数”，努力把他们培养成为马克思主义政治家。三是在方法上，坚持正面教育和反面教育相结合、自我教育和组织教育相结合、网上教育和网下教育相结合。

其次，要建立科学的政德考评机制。“德考”很难，但并非不可考。中央组织部《关于加强对干部德的考核意见》明确了三个问题，即考核什么、怎么考核和考核结果的使用。实践中，要以该意见为基础，探索建立科学的政德考评机制。一是严把“入口关”。按照中央提出的“德才兼备、以德为先”原则选人用人。贯彻十九大关于干部选拔“突出政治标准”的要求，提拔重要牢固树立“四个意识”和“四个自信”、坚决维护党中央权威、全面贯彻执行党的理论路线方针政策、忠诚干净担当的干部。“对那些同党中央唱对台戏的人，那些对党中央大政方针态度暧昧甚至心怀不满的人，那些背离党中央决策部署阳奉阴违、另搞一套的人，那些心术不正、有政治野心的人，那些‘身在曹营心在汉’、同党离心离德的人，绝对不能用。”① 二是创新“德”的考评方法。既通过平时考核、年度考核、任职考核等方式，掌握领导干部的日常表现，更重视工作圈的考评，了解领导干部在承担急难险重任务、处理个人名利问题等关键时刻的综合表现，还要关注领导干部在“生活圈”“社交圈”德的表现和口碑；既要采取个别谈话、民主测评等传统的考评方式，也要采取心理测评、家访邻访等新的考评方式；既要有正向考核，也要进行反向调查，掌握领导干部“德”的真实情况。② 三是加大对“德考”结果的运用。要把群众口碑好、民意基础强、德性品行好的干部与奖惩激励、提拔任用等挂起钩来，发挥“德考”在激励先进、鞭策落后中的正向功能。

最后，要推进政德建设法治化。在社会治理的众多方式中，法治和

---

① 陈希：《培养选拔干部必须突出政治标准》，《人民日报》2017年11月16日，第6版。

② 周宗成：《新时代加强领导干部政德建设之对策》，《重庆行政》2018年第2期。

德治是其中最重要的两种方式。德治以“柔”见长，法治以“刚”为要。“木受绳则直，金就砺则利”，政德的建设和养成必须以法治作保障。不少发达国家都对官员的政德进行了专门立法，如美国的《政府官员及雇员的行政道德行为准则》、英国的《地方政府雇员行为规范》、韩国的《韩国公职员道德法》、新加坡的《公务员指导手册》、日本的《国家公共事业道德法》等。这些法律对官员的几乎所有行为都作了明确规定，违背之是一种违法行为。习近平总书记指出，“要运用法治手段解决道德领域突出问题。法律是底线的道德，也是道德的保障”，政德建设“要既讲法治又讲德治……把法律和道德的力量、法治和德治的功能紧密结合起来”[①]。与国外相比，中国也相继制定了《国务院工作人员守则》《中国共产党廉洁自律准则》《中华人民共和国监察法》《中华人民共和国公务员法》等涉及政德规范的法律法规，但针对政德的专项法规还没有。推进政德建设法治化，一要加快相关立法工作，尽快出台一部符合中国国情的“从政道德法”[②]，明确领导干部失德的行为标准及相应的惩戒措施。二要依法加强对领导干部失德行为的整治，将对失德行为的治理纳入法治化轨道。三是探索建立针对领导干部的征信系统和违法失德惩戒机制，让失德违法者受到法律惩治、付出代价。[③] 同时，通过政德立法，保障公民批评、监督的权利。

① 《习近平李克强栗战书赵乐际分别参加全国人大会议一些代表团审议》，《人民日报》2018年3月11日，第1版。

② 相关建议参见刘峰：《领导干部政德建设研究》第五章，中央党校博士论文，2013年。

③ 李晓敏：《论新时代领导干部的政德建设》，《学习论坛》2018年第7期。

下篇　域外镜鉴

政治腐败与公共权力相联系，只要有公共权力存在的地方，就可能有政治腐败。因此，政治腐败不是中国独有的现象。借鉴其他国家在政治腐败治理中的经验教训，对于中国避免重蹈覆辙，扬长避短，具有参考价值。在这方面，苏共和新加坡为中共治理政治腐败提供了两面镜子。苏共领导干部由“职业革命家”退化为既得利益集团，其排他性、分利性、非民主性的特征，使苏共脱离群众、组织涣散、僵化保守，最终导致了苏共败亡。有人评价苏共败亡是党内既得利益集团“自我政变”的结果，是有一定道理的。汲取苏共精英“利益集团化”的教训，中国必须坚决防止、严厉打击党内利益集团不动摇。新加坡是世界公认的政治清廉的国家，其政治腐败治理模式在许多方面可以为中国所借鉴。

第九章　苏共精英“利益集团化”的教训

苏共败亡是20世纪社会主义的悲剧。造成苏共败亡的原因之一，就是既得利益集团。美国学者弗兰克·奇福德说：“苏共是惟一一个在自己的葬礼上致富的政党。”的确，在这场“没有流血的政变”中，真正的大赢家是苏共腐败的特权阶层——庞大的既得利益集团。

中国著名经济学家厉以宁先生提出，“利益集团是一个不明确的概念，它是以经济利益目的相联系的一种无形组织。所谓利益集团是指这样一些人，他们彼此认同，有着共同或基本一致的社会、政治、经济利益的目的。因此他们往往有共同的主张和愿望，使自己的利益得以维持或扩大。”[①] 利益集团是一个中性化的概念。既得利益集团是利益集团的一个子概念，是指社会成员中那类首先已经获得利益的一部分人自然而然形成的一个群体。既得利益集团不是一个组织性集团，它是无形的、精神性的。既得利益者因为得到不菲的“既得利益”，都极其忠于这个集团，忠于这个利益共同体，一旦既得利益集团受到生存的威胁，都会本能地“誓死捍卫”。既得利益集团有多种，从对社会发展的影响看，在公共权力机构中依靠权力而形成的既得利益集团最不可忽视。这种既得利益集团由于其成员的特殊身份和它与其他公共权力机构独特的联系，可称其为官僚性既得利益集团。[②] 官僚性既得利益集团是剥削制度的产物，然而社会主义社会由于体制不健全等各种复杂因素，也有产生这种现象的可能。苏

① 厉以宁：《转型发展理论》，同心出版社，1996年版。转引自邵道生：《中国：阻击腐败》，社会科学文献出版社，2009年版，第199页。

② 刘彦昌：《既得利益集团的内涵解析》，《岭南学刊》2004年第5期。

共内部的既得利益集团的存在就是一个例证。习近平总书记在党的十九大报告中强调，“坚决防止党内形成利益集团”，指的就是靠权力、靠权钱交易“首先获得利益”的利益集团。既得利益集团的腐败比公职人员个体的腐败对国家安全的危害更大，是政治腐败治理的重中之重。

共产党从成立之日起，就宣布自己是代表广大无产阶级和人民群众利益的政党，而且在实践中也代表了广大无产阶级和人民群众的利益，这是没有疑问的。但不能说在历史上共产党就一劳永逸地解决了这个问题。苏共垮台的教训表明，掌握着公共权力的党员干部，如果着力追求个人利益或小集团利益时，所谓代表最广大人民的利益，就只能是一句空话。共产党必须做到清正廉洁，绝不允许以权谋私，绝不允许党内形成既得利益集团。

一、苏共精英“利益集团化”的形成

早在1848年，马克思和恩格斯在《共产党宣言》中就郑重宣布：“过去的一切运动都是少数人的或者为少数人谋利益的运动。无产阶级的运动是绝大多数人的、为绝大多数人谋利益的独立的运动。”[①] 共产党人“没有任何同整个无产阶级的利益不同的利益”[②]。苏共在建国初期也是严格按照革命导师遗训撰写党章，并且严格按照党章中规定的内容去展开工作的。但后来，由于党内既得利益集团的作祟，苏共逐渐由人民利益的代言人蜕变成为人民利益的损害者。

（一）苏共精英由职业革命家向既得利益集团的退化

列宁为组建新型无产阶级政党，提出了培养“职业革命家”的方针。他认为，为了实现革命的目标，俄国党必须是一个结构严密的以职业革

① 《马克思恩格斯选集》（第一卷），人民出版社，2012年版，第411页。
② 《马克思恩格斯选集》（第一卷），人民出版社，2012年版，第413页。

命家为核心的组织，只有这样的党才能充分有效地把自己的战斗力发挥出来。要为革命运动服务，“就需要有一些人专门献身于社会民主党的活动，而且这些人应当坚持不懈地把自己培养成为职业革命家”[①]。列宁认为，职业革命家组织的成员应当非常明确地了解社会民主主义工人运动的任务，决心同现行政治制度作百折不挠的斗争。他说：“我们首要的最迫切的实际任务是要建立一个能使政治斗争具有力量、具有稳定性和继承性的革命家组织。”[②] 无产阶级的自发斗争如果没有坚强的职业革命家组织的领导，便不能成为真正的阶级斗争。职业革命家组织是整个党的基础，对党起着一种核心作用。“给我们一个革命家组织，我们就能把俄国翻转过来！”[③]

俄国革命的实践检验了列宁关于职业革命家的思想。无论是在1905—1907年的俄国第一次资产阶级民主革命及1917年的二月资产阶级民主革命中，还是在十月社会主义革命中，布尔什维克的职业革命家们都叱咤风云，创造了光辉业绩。正是由于众多的职业革命家奋斗不息，布尔什维克党才由一个受迫害的小政党变成了无产阶级的大党，进而成为执掌政权的党。

在艰苦的革命战争环境中，职业革命家大多是具有崇高理想和牺牲精神的党的骨干。因而，这种体制的优点远大于缺陷。一是不会形成一个稳定的特权阶层。在残酷的革命斗争中，革命党经济拮据，充当职业革命家，自己要在物质上资助党，没有个人利益可得；政治上是动员群众参加革命，手中没有公共权力，没有靠公共权力谋生的大批社会成员涌入的问题。因此，不会形成既得利益集团。二是不需要考虑组织内的体制性监督问题，不用担心这些职业革命家因久握权力而滥用职权。因为当时既有反动统治者的打压，又有其他政治派别的批评和攻击，稍有失误就会使自己陷入被动和遭到损失，甚至可能陷入灭顶之灾。三是没

① 《列宁选集》(第一卷)，人民出版社，2012年版，第406页。
② 《列宁选集》(第一卷)，人民出版社，2012年版，第386页。
③ 《列宁选集》(第一卷)，人民出版社，2012年版，第406页。

有因掌握了权力而脱离群众的问题。因为在当时极端艰难危险的形势下，要充当职业革命家，显然是以愿意发扬奉献精神为前提的，这不是人人都具备的。同时，党要生存发展，必须时时处处注意密切同群众的联系。[①]

革命胜利后，列宁当初强调建立职业革命家所依据的那些条件大多已经不存在了，在此情况下本应尽快告别建立在革命斗争需要基础上的那些做法，但苏共领导层却仍然停留在原有的思维和做法上。体现在干部问题上，就是使选举流于形式，以普遍的、自上而下的任命制代替选举制，从而在党内造就了一个职业化的官员队伍。在执政条件下、在和平的社会环境里，这些人的官员身份长期稳定不变，把当官当成谋生的手段，他们的个体利益意识迅速增长。官员队伍职业化无法避免的一个严重后果，就是形成一个独立的、有自己特殊利益的社会群体，这为既得利益集团的形成准备了主体来源和主观条件。

苏共精英由“职业革命家集团”向既得利益集团的退化有一个演变的过程。大体说来，经历了以下几个阶段：[②]

第一阶段，从20世纪30年代起，领导干部特权现象开始蔓延。

随着斯大林时期经济政治体制的形成，一支庞大的苏维埃干部队伍相对平稳地运转和活动起来。由于在计划经济体制下通常出现“短缺经济”，特别是日常消费品质次量少，一些高档的或进口的服装、鞋帽、烟酒等物品在市场上根本不见踪影，于是有关部门就利用手中权力，给国家工作人员供应价廉物美的紧俏商品，并开设专门的特供商店销售。其主要形式是对不同级别的干部发放不同数量的专用购货券，凭券到特供商店选购物品。二战（第二次世界大战）以前享有这种特权的人范围还相当小，但特权待遇本身是相当优厚的，他们实行高薪，并设立名目繁多的补助和种种特权，如住房、特供商店、特供医院、定期疗养等。“这

---

① 刘昀献：《苏共精英的退化与苏共败亡》，《江西师范大学学报》（哲学社会科学版）2012年第1期。

② 周尚文等：《苏共执政模式研究》，上海人民出版社，2010年版，第467–474页。

些特权后来又变成目的本身，成为一种拜物教。”①

第二阶段，二战后初期，领导干部特权现象制度化，特权阶层利益集团开始萌生。

在大清洗之后，一批效忠于斯大林的党员干部走上领导岗位，战争中又涌现了一批功臣，所以特权现象在二战后很快扩大。二战后苏联领导干部特权“制度化”，表现在几个方面：一是对高级阶层实行特定工资制。1945年4月，苏联政府规定，对在机关、企业、团体中担任重要职务的、具有高深学识的和经验丰富的人实行特定工资制。当时一个部长的月薪是27000卢布，比教授的薪水高6～7倍，比工程师、医生、熟练工人的工资高20～25倍。二是发放“钱袋”。即领导人员的工资附加款，这个附加款可以从几百卢布到几千卢布，取决于职位的高低。三是住房。在计划经济条件下，住房不能作为商品，更不能在市场流通。干部住房均由国家分配使用。高级干部往往可以获得多套住房。四是享受名目繁多的特殊服务。高级干部都配有秘书、警卫、司机、厨师、医护人员、勤杂人员等，均由国家支付工资。特供的紧俏商品的代购券等，按惯例发放。

二战后初期，领导干部享有的特权有了“制度化”的保证，由特权滋生的腐败现象日趋严重，特权阶层利益集团开始成形和萌生。

第三阶段，领导干部“利益集团化”最终形成。

赫鲁晓夫上台后，针对当时日益严重的官僚特权腐败，提出了不少改革措施，以图遏制腐败现象的恶性蔓延。首先从政治上，赫鲁晓夫改革干部制度，实行领导干部任期制和定期轮换制，从组织制度上为消除官僚特权腐败提供保证。其次，减少高级干部的过高薪金。最后，取消作为第二工资的“钱袋”制度，撤销除最高机关外的其他机关的疗养院网，减少享受公家配备轿车的领导干部的数量。这些措施使干部队伍中享受特权的人数大大减少，对于制约党内利益集团的持续发展起到了一定作用。但是由于赫鲁晓夫没有从根本上改变高度集中的斯大林体制，所以

① [苏]罗·亚·麦德维杰夫：《让历史来审判：斯大林主义的起源及其后果》，赵洵、林英译，人民出版社，1983年版，第698页。

无法从根本上改变这种特权制度。

勃列日涅夫吸取了赫鲁晓夫的教训，转而采取扶持、依赖官僚特权阶层的方针。他执政以后，取消了干部轮换制，实际上形成了干部领导职务终身制，使领导干部没有失去职位的后顾之忧，“不受惩罚和恣意妄为的环境，最终改变了统治阶级的社会心理和行为”；加之勃列日涅夫曾经公开说，“靠工资谁也活不了”，似乎默认了谋私不可避免，导致以权谋私成风；勃列日涅夫带头大搞裙带之风，使得利益集团在数量、规模和谋私程度上得到了迅速发展，逐渐成为强大的政治力量。

勃列日涅夫时期，苏联官僚性利益集团大体上可以分为三种类型：①

第一种，部门 / 地区型的利益集团，主要由在同一个行业部门的领导干部组成，其成员大多是“曾在一起学习过，彼此都十分了解，还常常保持一些非正式小圈子关系”的“专业‘小团体’”。主要有军工集团、农工集团、石油化工集团、天然气工业集团等。与此相类似的还有由地区领导干部组成的利益集团。这些利益集团的目标是追求部门 / 地区利益的最大化。

第二种，帮派型的利益集团，以曾经在某个地方工作过的领导人为核心，由当时一起工作过的同事、同乡、同学，通过利益关系逐渐发展起来。如勃列日涅夫时期的“第聂伯罗彼得罗夫斯克帮”等。勃列日涅夫曾担任第聂伯罗捷尔任斯基冶金技术学院院长和第聂伯罗彼得罗夫斯克州委书记，他担任总书记以后，把“同他一起工作过的人一个个安排到党和政府的关键职位上”，从而形成了“第聂伯罗彼得罗夫斯克帮”。这个集团表达共同的利益，集体反对“异己的人，对总书记无条件支持并有着个人的衷心”。

第三种，特权阶层型利益集团。这是各种类型的利益集团组成的一个群体，这个群体虽然没有正式的组织联系和组织行为，但是由于成员都拥有职位—权力和与此相联的生活待遇特权，产生了与广大群众不同

① 黄立茀：《苏联因何丧失改革良机——勃列日涅夫时期“利益集团”与苏联兴衰（上）》，《南风窗》2009年第17期。

的特殊利益，形成了共同的价值认同和行为。这个群体属于只代表一小部分人的既得利益集团，他们高踞于社会之上，形成了广义的利益集团，即特权阶层型利益集团。

上述三类利益集团中，帮派型集团联系最紧密和经常化，部门型集团在遇有重大利益时联系较为紧密，特权阶层型集团平时基本没有联系，但是在重大利益关头不约而同地保持一致。需要说明的是，苏联存在着大量忠实于社会主义、忠实于人民，勤勤恳恳工作的领导干部，他们是反对利益集团的。

（二）苏共精英退化的表现

一是思想僵化，缺乏引领社会发展的创新理论。勃列日涅夫时期苏共精英对社会发展已提不出任何新的思路，使苏联社会陷入停滞。前苏联《真理报》主编阿法纳西耶夫曾是苏共领导报告“起草班子”的重要成员，他回忆说，为勃列日涅夫起草文件，并不要求有什么新思想，更不要说有什么“独到的思想”了，只要你善于把那些早已陈旧无人感兴趣的思想换上新的形式，找到新的表达方式，应当说就已经体现出十分卓越的创造性了。“我们就这样一天一天地、一周一周地、一月一月地写作、炮制、发展马克思列宁主义。”[①] 到戈尔巴乔夫时期，苏共精英虽然认识到传统模式的种种弊端，但长期僵化的思想已经使他们无法提出适合苏联实际行之有效的改革方案和政策，广大干部的思想表现出明显的守旧和惰性倾向。当改革势不可挡时，由于没有理论准备，不得不被迫向右翼激进派缴械投降。

二是信仰丧失，能力弱化。斯大林逝世后，由于赫鲁晓夫等人对党的历史上肃反扩大化错误的不恰当处理方式，导致许多干部，包括戈尔巴乔夫、雅科夫列夫等逐渐失去对社会主义的信仰。他们之所以要留在党内，并且拼命往中央领导层钻，夺取苏共中央的领导权，是为了从苏

---

① 纪彭：《特权阶层的兴起与苏共的败亡》，《决策与信息》2010年第10期。

共中央内部搞破坏，凭借中央的权力来搞垮共产党和社会主义。由于信仰缺失，许多人安于现状、脱离实际、满足空谈、自娱自乐。各级党政机构和人员编制大大增加。领导机关的官僚主义、文牍主义和形式主义日益蔓延，遇事议而不决、决而不行。党的精英集团意志衰退、精神懈怠、养尊处优、能力弱化，已丧失推动社会前进发展的能力。

三是生活奢侈，腐败盛行。从斯大林到勃列日涅夫，在几十年中苏共没有重视与腐败特权现象的斗争，使党内逐渐形成了既得利益集团。这个既得利益集团享有各种各样的特殊权力，如特供权、特教权、特卫权、特继权、特支权、宅第权、用车权等。尽管如此，这个既得利益集团并不以享有广泛的特权为满足，他们还以种种方式大肆侵吞国家财产。相当一部分精英把自己的个人利益置于党和人民的利益之上，已变成贪婪的掠夺者，不仅已失去先进性，严重脱离了人民群众，而且已退化为与民争利的官僚，处于人民群众的对立面。

（三）苏共精英退化的原因

苏共精英退化的原因很多，但最根本的，在于苏联不合理的政治体制。具体来说，有以下几点：

首先，权力高度集中，集体领导变成了个人专权。苏联由职业革命家体制转化而来的政治体制的基本特点是高度集权，在这种体制下，个人专断、以权谋私的政治特权现象层出不穷。列宁晚年在病中十分担心党的权力过分集中的问题，1922 年他曾忧心忡忡地说：斯大林“太粗暴”，斯大林“当了总书记，掌握了无限的权力，他能不能永远十分谨慎地使用这一权力，我没有把握”，“这是一种可能具有决定意义的小事”。[①] 如列宁所预料的，斯大林时期产生了严重的个人专断、滥用权力的现象。斯大林取消了集体领导原则，完全搞“一言堂”，总书记个人和从属于他的党中央机关决定一切，如实行农业全盘一体化、大清洗、与德国签署

---

① 《列宁选集》（第四卷），人民出版社，2012年版，第745-746页。

《苏德互不侵犯条约》等大事，都是由斯大林个人决定的。斯大林用所谓个人负责制代替集体领导。赫鲁晓夫上台后，虽然频繁地大规模地更换干部和大反个人崇拜，但是他本人却仍搞集权制、终身制和新的个人崇拜。勃列日涅夫形式上恢复了集体领导原则，但政治局委员事先拿到文件，在基本没有讨论与争论的情况下就通过了，实际上谁也不负责。最后的决策还是在政治局会议之外作出的，如入侵阿富汗这样的大事，勃列日涅夫、乌斯季诺夫、苏斯洛夫等少数几个人就决定了。戈尔巴乔夫尽管高喊“公开性”和“民主化”，但他本人在党内却很专断。高度集权、个人专断的结果，破坏了党的民主集中制和党的团结统一，弱化了领导集体和党组织的力量，必然导致人亡政息。

其次，选择干部的机制不民主，长期实行干部任命制和终身制。列宁重视通过民主选举产生干部，早在1906年，他就强调:“现在整个党组织是按民主原则建立的。这就是说，全体党员选举负责人即委员会的委员等等。”[①] 国内战争结束后，列宁强调要实行工人民主，反对任命制。但是，随着斯大林权力的扩大和在党内绝对领袖地位的确立，任命制代替了选举制。虽然苏共党章规定“党的各级领导机关从下到上都由选举产生”，但是，干部的任免权实际上掌握在党的各级主要领导者手中。领袖终身制和干部层层任命制成了苏共的一大弊端。党的最高领导人既没有任期制，也没有选举制，一旦前任领导人去世，党内便通过激烈的斗争产生下一任最高领导。干部任命制使大批无德无才的平庸之辈和怀有不良动机的人混入党的领导层内，而把德才兼备的优秀人才拒之门外，这种缺乏竞争的干部选拔的逆向淘汰机制使干部队伍能力退化并出现恶性循环，严重损害了党的形象和凝聚力、战斗力。人民越来越把党看成是异己力量，认为党是一部分人升官发财的跳板，而不是按照思想观点而联合起来的最优秀分子的组织。

最后，没有建立起切实有效的监督机制。苏联党政机关内的严重官

---

① 《列宁全集》(第十三卷)，人民出版社，2013年版，第191页。

僚主义和腐败现象的泛滥，与党内监督监察不力有关。长期以来，苏共的监察部门无法有效地对党的各级干部尤其最高领导层实行监督监察，使权力失去了制约。列宁时期，中央监察委员会是同中央委员会平行的机构。斯大林上台后把中央监察委员会变成了中央委员会的下属机构。由于党的监察委员会职权和地位被削弱，无法对党的最高领导层实行监督，致使党内封建家长式的领导作风及官本位现象盛行，官僚主义、形式主义严重。苏共精英在缺乏有效的权力监督面前逐步退化，越来越腐败，最终走向自我毁灭。

二、苏共精英“利益集团化”与苏共败亡

苏共败亡、苏联解体是20世纪重大的历史事件。造成苏共败亡的因素很多，其中，苏共精英的“利益集团化”无疑是极为重要的方面。有学者甚至认为，苏共垮台是党内既得利益集团的一种“自我政变”。[①]

（一）苏共精英“利益集团化”的特征

苏共精英“利益集团化”与苏共败亡的关系，需从认识苏共精英“利益集团化”的特征说起。美国经济学家奥尔森从经济学视角探讨了利益集团与国家兴衰的关系，指出国家衰落的原因在于其社会中的利益集团即我们所说的特权阶层或分利集团的存在。奥尔森的利益集团理论具有很强的理论和实践意义，为理解苏共精英“利益集团化”与苏共败亡的关系提供了新的分析路径。

奥尔森认为，利益集团是服从于其成员利益的，利益集团中的成员是不乐于承担集体行动的成本的，他们更乐意在“馅饼”大小不变的情况下通过分享更大比例的份额使其成员获益而非通过帮助形成生产效率

---

① 戴隆斌:《苏联解体：特权阶层的“自我政变”》,《决策与信息》2010年第7期。

更高的社会而满足其成员的利益，从狭隘的趋利避害的立场来说，这种选择是最简便的利益最大化选择。鉴于此，奥尔森将做出如此选择的这些组织称之为特殊利益集团即“分利集团”，并提出分利集团的存在和寄生必然会给社会和国家的发展制造许多不利因素，其主要表现可概括为：第一，分利集团的排他性，分利集团一旦达到某一点后就会具有排他性，并尽力限制新成员的进入和利益的分配。第二，分利集团具有分利性的倾向，这种倾向会降低社会效率和总收入，加剧政治生活中的分歧。如奥尔森所说：“如果社会中的典型组织只代表其中一小部分人的利益，则该组织必然不肯为增加全社会的利益而作出自我牺牲”，它们在采取集体行动时，“不会关心社会总效益的下降或‘公共损失’”。① 奥尔森的“抢瓷器”② 的比喻恰当地说明了社会效率和总收入何以降低的事实。第三，分利集团的存在会提高政策制定的复杂性，以自身利益影响政策制定，最终致使非民主的出现，甚至影响社会演进的步伐。③

以奥尔森的利益集团理论来分析，可以发现，苏共精英“利益集团化”具有这三个方面的特征：

一是排他性。按照奥尔森的逻辑，分利集团达到某个点后就会产生排挤新成员的动机，因为这时新成员的加入必然会导致特权阶层原有成员收益的减少。这样一来集团之外的其他人员就很难再进入到利益集团中来，利益集团的排他性维护了集团成员的利益。

如前所述，勃列日涅夫上台后，提出稳定领导集团和干部队伍的口号，不但废除了赫鲁晓夫时期颁布的领导干部任期和轮换的规定，而且也没有建立和健全干部退休制度。因此，这些干部只要忠于苏联领导集团，不犯什么“大错误”而遭到贬斥，就可以无限期地任职，甚至老死在领导

---

① [美] 曼瑟·奥尔森：《国家的兴衰：经济增长、滞胀和社会僵化》，吕应中等译，商务印书馆，1993年版，第48页。

② 奥尔森强调分配过程中的“抢瓷器”现象：闯进瓷器店的哄抢者，抢走的总是很少，大部分的昂贵瓷器被砸得稀巴烂：我拿不走的东西，你也别想拿走。

③ 王殿文，李芳凡：《从特权阶层看苏联败亡：从利益集团论点角度解释》，《长沙大学学报》2014年第4期。

岗位上。这样，就逐渐形成了事实上的干部领导职务终身制。据资料表明，赫鲁晓夫时期召开的二十二大，连选连任的中央委员只占49.6%，那么五年以后，即勃列日涅夫上台后召开的二十三大，中央委员连选连任率便上升至79.4%；二十五大时，除去过世的中央委员，连任率将近90%。到1981年苏共二十六大召开时，选出的中央政治局和书记处还是二十五大时的原班人马。不仅中央机关如此，加盟共和国和州一级党组织的主要负责人变动也很小。1976年至1981年两届加盟共和国党的代表大会期间，共和国党中央第一书记，除死亡和正常的工作调动外，没有一人被撤换，1978至1981两届州党代表大会期间，156名州委第一书记中只撤换5人。1974年至1981年，在80多名政府部长中只撤换了14人。[①]

勃列日涅夫推行的这种干部领导职务终身制，使他们逐渐形成了一个固化的特权阶层，这个阶层内部的成员可以互相庇护，互相提携，共同分享集团所带来的利益，其成员的产生也主要来自特权阶层内部。在勃列日涅夫时期，苏联的特权阶层膨胀到50万～70万人，加上他们的亲属，共有300万人之多，约占全国人口的1.5%。[②] 干部领导职务终身制，一方面造成了领导干部严重老化，妨碍了新干部的成长，另一方面限制了其他出身普通的人进入特权阶层，使来自底层的精英逐渐失去了通过自身努力实现升迁的机会。最终，排他性导致了特权阶层与底层群众的脱节，人民越来越把党看成是异己力量。

二是分利性。奥尔森认为，利益集团均倾向于努力争取自己成员在社会总利益中得到更多的份额，而不是通过自身努力来增加全社会的总收入。奥尔森把集团的这种行为倾向称之为“分利性倾向”。

勃列日涅夫时期特权阶层利益集团代表的是少部分人的利益，其性质属于特殊利益集团即分利集团。其原因在于，勃列日涅夫时期特权阶

① 刘艺文，苏玉明：《勃列日涅夫时期干部领导职务终身制造成的严重后果》，《苏联东欧问题》1983年第2期。

② 中共中央组织部党建研究所编：《国外政党专题研究报告》（第四卷），党建读物出版社，2010年版，第179页。

层的利益具有两重性：一方面，作为苏联社会的一员，利益集团成员与全体人民的利益具有一致性；但另一方面，在改革面前，在涉及自身利益调整时，利益集团成员与人民的利益发生分离，甚至对立。十月革命后初期，领导干部和人民群众曾共同面临新生的苏维埃政权被帝国主义武装绞杀的危险，因而具有“保卫苏维埃政权就是保护自己”的共同利益观。但二战以后，由于苏维埃政权巩固强大，苏联社会面临着对集权体制进行改革的任务，这时已经成为既得利益者的领导干部开始具有与群众不同的特殊利益：他们在工资、住房、交通、医疗、商品供应等方面享受特殊生活待遇，同时享有因为垄断权力而带来的其他好处——礼品、贿金、相互利用等等。这些待遇和好处只与是否拥有领导职务以及职务级别的高低有关，而向企业下放管理权、废除干部领导职务终身制等改革将削减其权力，甚至剥夺其职务，这必将损害他们因权力而获得的各种利益。因此，对于人民群众所拥护的改革，利益集团就会采取抵制和反对的态度。他们维护的是自己小团体的私利，是典型的特殊利益集团、分利集团。

三是非民主性。从理论上讲，集团政治是代议制度的一个结果，具有反独裁的作用，不少政治学家把集团政治作为民主的成果。但实际上，作为利益集团的分利集团的存在却提高了政策制定的复杂性。因为分利集团会从自身利益出发，以自身利益倾向影响政策制定，而一般公民由于缺乏集体信息而产生的政治冷漠也会助长利益集团对政策的把持，这就必然导致非民主的出现，甚至影响社会演进的步伐。其表现为：首先，利益集团由于承担了影响政策的成本，自然使政策偏向自己，而忽视大部分其他成员的利益。而大批社会成员由于无法组织起来，无力影响政策，其利益注定要被忽视。其次，利益集团对政策的影响力明显高于其他人群。政策在制定过程中尽管注意到了公平，但在实施过程中仍被特殊利益集团所左右，使一小批人从中受益，成为“现代民主国家中的矛盾现象”。[①]

勃列日涅夫时期，干部领导职务终身制再加上任人唯亲，使集团政

① 张群梅：《分利化倾向：政治非民主性与国家兴衰的集团因素——奥尔森的集团政治分析》，《河南大学学报》（哲学社会科学版）2007年第1期。

治的非民主性日益严重。例如，20世纪60年代末由苏联部长会议主席柯西金和他的助手起草的一份关于苏联经济改革的报告就引起了勃列日涅夫及官僚特权阶层的不满和抵制。苏联特权阶层不想通过经济改革来分割自身的利益，他们会通过自己手中权力和影响力来左右改革的前进，至于整个苏联的发展，他们甚至漠不关心。可见，苏联特权阶层在制定政策时，考虑的只是本阶层及成员的利益，只关心对他们自己有利的事情，而对于其他与自身利益无关的事情则采取敷衍了事、搪塞推诿的态度，最终使他们一步步走向专权和反民主。

（二）苏共精英“利益集团化”对苏共败亡的影响

苏共精英“利益集团化”的特征，即排他性、分利性和非民主性，使苏共日益脱离群众、组织涣散、僵化保守。在这种情况下，苏共走向败亡有其必然性。

首先，利益集团的排他性，使党严重脱离群众，动摇了党执政的合法性。社会主义国家执政党执政与西方发达国家不同的是，党不是靠赢得全国大选而获得执政地位的。共产党执政地位的合法性是来源于它立党为公，执政为民。依靠的是党的理论、路线、纲领的正确，以及党的全心全意为人民服务、密切联系群众、始终代表最广大人民根本利益的政策和行动。如果说西方政党是选民用手投票投出来的话，那么共产党就是老百姓用脚投票投出来的。共产党的理论、路线、纲领正确，党能代表和维护群众的利益，党就有威信，群众就跟党走。反之，党如果有自己特殊的、不同于群众的利益，即私利，党就会走到人民的对立面，为人民所唾弃。

苏共作为新型的无产阶级革命政党，在历史上曾带领苏联人民取得许多成就，得到人民的支持，但执政久了，党内一部分人特别是党内高层出现官僚化，形成了脱离人民群众、追逐私利的官僚特权阶层，他们由人民的“公仆”蜕变为人民的“主人”，由职业革命家退化为既得利益集团，其先进性就打了折扣。官僚性既得利益集团的存在，严重损害了人民群众的利益。再加上党政官员均由上而下层层任命，他们只对上负责而完全不顾群众利益，尤其是一些心术不正和怀有政治野心的人不择手段向上爬，造成党群、干群之间关系的疏远，直接导致群众的不满情绪日益高涨。当戈尔巴乔夫开启政治改革之后，在“民主化”“公开性”的压力下，苏共党内官僚特权阶层所滋生的腐败现象在短时期内大量地曝光，致使大批党员和更多的民众陷入怨恨交加和困惑的深渊，于是，大批党员宣布退党，仅1990年退党人数就多达180多万人。[①] 民众的不满情绪又直接危及苏共执政的合法性，当叶利钦高举反腐败旗帜时，他成了众望所归的“反腐英雄”。在“8·19”事件中，很少有人支持苏共，相反却有不少人站到“民主派”一边去了，解散苏共也没有遇到任何抵抗，说明苏共已彻底丧失了党心民心。

其次，利益集团的分利性，削弱党的组织优势，破坏党的团结统一。党的团结统一是无产阶级政党在马克思主义原则基础上形成的思想上、政治上、组织上的一致，以及由此产生的行动上的一致。马克思和恩格斯在《共产党宣言》中明确提出了“全世界无产者联合起来”的伟大号召，强调工人阶级政党的革命团结对无产阶级革命胜利的重要意义。列宁在取得苏联革命胜利之后也强调“特别需要保持党的队伍的统一和团结，保证党员互相之间的完全信任，保证在工作中真正齐心协力，真正体现无产阶级先锋队的意志的统一”[②]。马克思主义政党的团结统一，是党在组织方面的最大优势，是党有凝聚力和战斗力组织保证。这种组织优势要求它的党员们在政治方向、价值观念、行动目标上要协调一致。但是，苏联官僚性利益集团在思想上、行动上完全与党的宗旨相背离，他们以维护自己的既得利益为宗旨，置党和人民利益于不顾，为了不断地攫取个人利益，他们公然站在党内健康力量的对立面，严重破坏了党的团结性和统一性。正是由此导致苏共由最初一个凝聚力和战斗力强大的政党蜕变成了一个组织涣散、不得民心的政党，直至最终自行瓦解。

---

① 江流等:《苏联剧变研究》，社会科学文献出版社，1994年版，第152页。

② 《列宁全集》(第四十一卷)，人民出版社，2013年版，第78页。

最后，利益集团的非民主性，败坏党的风气，使党丧失改革勇气。利益集团把持权力，做决策、想问题首先从自身利益出发，导致党内风气败坏。一是媚上风。在领导干部任命制下，一把手在解决干部调动的重要问题时，往往是个人说了算而无视集体的意见，于是，阿谀奉承、溜须拍马、不负责任和向上爬的思想泛滥。各种媚上的表演层出不穷。1976年底适逢勃列日涅夫70诞辰，为给总书记祝寿，《真理报》开辟了7天的专栏，于是中央委员会领导、加盟共和国的领导纷纷在专栏上颂扬勃列日涅夫是“我们时代的伟大人物”。勃列日涅夫的回忆录《小地》《复兴》《垦荒地》等在1979年被有关部门不失时机地戴上列宁文学奖的桂冠后，出版部门马不停蹄地印刷发行180版，几乎达到每两个人拥有一册。媒体宣传说，苏联人在“读、重读、废寝忘食地研究勃列日涅夫的著作”，因为这是“无穷无尽的思想智慧的源泉”，是“党的巨大瑰宝”“政治才略的教科书”，是“令人爱不释手的诗篇”。颂扬者之所以大肆吹捧，是因为这样做能够得到上层的恩惠。二是院外活动风。由于通过院外活动向中央机关示好，一些部委争得了资金项目，于是其他部门纷纷效尤，争先恐后提供各种物质方便和服务，与中央机关工作人员联络感情。三是腐败风。由于权钱交易可以迅速致富，腐败之风蔓延。各种买官卖官、收受贿赂对于领导干部来说是家常便饭。日益蔓延的三股风气，导致自下而上敷衍工作之风盛行。在最高层，中央政治局会议常常采取敷衍的态度，一致草草通过中央机关秘书班子拟好的决议。在加盟共和国和地方，许多干部绕着问题走，把问题推给别人。在基层，大部分劳动者对认真工作的兴趣降低。

既然权力能给利益集团带来巨大好处，便没有人真正愿意关心改革。利益集团成了改革的绊脚石。1965年9月，苏共中央全会通过决议，拉开“新经济体制”改革序幕。改革的主要目标是，调整国家与企业的关系，搞活企业，主要措施：一是减少上级下达的指令性计划指标，扩大企业自主权；二是以利润提成为中心加强对企业和职工的经济刺激。但是，由于“新经济体制”改革触及领导干部的利益，各个环节的利益集团进行了消极抵制。在政治领域，由于利益集团的抵制，改革更难推动。20世纪70

年代末期，国家安全委员会负责人安德罗波夫从国家利益出发，准备惩治贪污腐化的领导干部，但是由于涉及到勃列日涅夫为首的“第聂伯罗彼得罗夫斯克帮”的重要成员，遭到勃列日涅夫的消极抵制，结果这次反腐败行动最终胎死腹中。1974年12月，勃列日涅夫患大脑动脉粥样硬化和第二次中风，在这种情况下已经不能继续领导党和国家了。中央委员会的领导们明白国家由一位神志不清的重病老人“掌舵”，是源于领导干部终身制的不合理。但由于中央委员会多数成员任期超过两届，为了保证自己继续在位，关于中央委员两届任期的规定总是通不过。

从以上分析可以看出，苏共精英“利益集团化”是导致苏共败亡的重要内因。到1990年前后，这个集团的羽毛已经丰满，他们已经将大量国家财富占为己有。此时，他们觉得社会主义和共产党的外衣已成为束缚他们进一步侵吞更多社会财富的障碍，他们急切希望共产党垮台和社会主义制度发生巨变，以便通过国家政治制度的公开变更，在新制度下，从法律上承认他们攫取的财富合法化，并能名正言顺地将这些财富传给子孙。[①] 前苏联部长会议主席雷日科夫直接参与了80年代以来不同时期的苏联改革，他认为，苏共的垮台和苏联的演变不是“改革者”的错误，而是他们“为改变社会制度而采取的完全有意识的行动”[②]。这一结论是令人回味和深思的。

三、苏共精英“利益集团化”的教训

前车之鉴，后事之师。苏共精英“利益集团化”造成苏共败亡的教训给中共敲响了警钟。堡垒是最容易从内部攻破的。中国共产党同苏共一样，都是一党长期执政的党，党掌权后，面临着权力、财富、美色等

---

① 周尚文等:《苏共执政模式研究》，上海人民出版社2010年版，第477页。

② 转引自王秋文:《雷日科夫对戈尔巴乔夫改革和苏联解体的看法》,《当代世界与社会主义》2001年第5期。

的诱惑和考验。如何防止党内一部分人为追求权力、利益等结成利益集团，是党必须长期面对和妥善处理好的突出问题。

十八大以来，中央开展了声势浩大的反腐败斗争，查处了一大批腐败分子，其中涉及“窝案”“串案”的现象非常严重。一些落马的“大老虎”背后，多有一帮官员与之有着千丝万缕的利益勾连，形成一个个或明或暗，或紧或松的“帮派”“团伙”，导致一些地方和领域出现了“塌方式腐败”，社会危害性极大。造成这种状况的原因，就在于当前腐败案件有一个显著特点，即政治问题和经济问题、政治腐败和经济腐败相互交织，不同权力者之间、权力与资本者之间结成同盟，官官相护、官商勾结问题突出。党内利益集团往往以权力和利益为纽带形成固定的人身依附关系和特权团体。这些利益集团往往无视党内纪律和国家法律的约束，铁板一块共同抵制监督力量的制约，让监督力量无法从外部加以突破。

总结苏共在对待党内精英“利益集团化”问题上的教训，有以下几点启示：

（一）党内绝不允许搞利益集团

这是涉及共产党生死存亡的重大政治问题，必须旗帜鲜明、态度坚决。共产党作为执政党，大批党员、干部担任着从中央到地方的各级领导职务，手中掌握着大大小小的权力。党内一旦形成利益集团，就会严重破坏党的形象，涣散党的组织，损害人民利益，侵蚀党的执政基础，甚至威胁到国家安全，连带产生一系列政治风险和社会危机。习近平总书记在中央党的群众路线教育实践活动总结大会上强调的“不允许搞团团伙伙、帮帮派派，不允许搞利益集团，进行利益交换”，无疑是对各级党员干部“猛击一掌”。习近平总书记提出的“不允许搞利益集团”，是严厉要求，更是一种责任传递，需要各级党员干部特别是领导干部切实从自我做起，从小事做起，自觉远离利益小圈子、放弃个人“小九九”，始终保持公道正派的政治本色，争做让党放心、让人民满意的好干部、好公仆。

（二）改革干部任命制度，取消干部特权

苏共精英退化为官僚性利益集团，一个重要的原因在于苏共不合理的干部任命制度及与干部职务相对应的特权待遇。不改革这种不合理的制度安排，就不能从根本上铲除官僚性利益集团滋生的土壤。干部，从产生方式上区分，有选任、委任、考任和聘任几大类。其中，政务类干部，即主要承担政治方向、政治原则的领导责任和重大决策任务的干部，应主要通过选举产生，以体现民主原则和对人民负责。该选举的干部不选举，就会导致干部只对上负责，不对下负责。对上唯唯诺诺、巴结逢迎，对下不闻不问、漠然置之。权力只对上负责的结果，必然会造成弄虚作假、粉饰太平。为了谋求个人升迁，一些人会借同乡、同学、同事、战友等各种名义搞“小圈子”，拉帮结伙，一荣俱荣。干部职务如果与各种特权待遇，如住房、用车、保健、警卫、特供等挂钩的话，还会进一步加剧干部对职务升迁的冲动和向往。在这种制度安排下，一些人成为“官迷”，攀附权贵，搞团团伙伙、利益均沾，就不足为奇了。可见，权力与利益的结合，是促成党内形成既得利益集团的原动力。不改变这样的制度安排，仅仅靠提高党员干部的觉悟和修养是远远不够的。十八大以来，中国共产党在严格干部选任、规范干部待遇方面做了大量工作，在一定程度上遏制了利益集团的蔓延。但客观来讲，改革干部选任制度和取消干部特权待遇，涉及众多复杂因素，不可能一步到位，解决起来需要一个过程。在这个过程中，要特别警惕把特权作为巩固执政、拉拢人心的工具，从而使特权现象合理化。

（三）充分发挥人民群众的监督作用

在共产党执政的社会主义国家，人民是国家的主人，干部是人民的公仆，干部手中掌握的权力应当用来为人民服务，对人民负责，受人民监督。这些是十分浅显的道理。苏共从党的领袖到各级干部，从党章到领导人的讲话，无不把人民挂在嘴边、写在纸上，但受自身特殊利益的驱使，从不把维护人民的利益落到实处。要防止党员领导干部脱离群众，

结成利益集团，必须真正把人民群众摆在主人的位置上，重大事情让人民知道，重大问题经人民讨论，干部工作的好坏得失，交由人民评判，干部的升迁任免，群众真正有发言权。要通过党务、政务、社会事务公开，推进阳光透明政治。落实权力清单制度，把各级领导机关和干部的责权以法律的形式加以硬化。要推动建立和落实质询和罢免制度，对不合格的干部随时予以撤换。要创造条件，积极稳妥地推进党政领导干部财产公开，对不合理、不合法的收入予以公开曝光，并追究其法律责任。要拓宽群众政治参与渠道，在党的领导下，壮大社会组织，开展社会协商对话，使群众反映问题有渠道，解决问题有平台。总之，只有打破干部与群众之间无形的“墙”，让人民群众真正有权监督政府，才能防止领导干部结成利益集团和以权谋私。中共十八届六中全会通过的《中国共产党党内监督条例》明确提出“坚持党内监督和人民群众监督相结合”，为中国新时代加强对权力的制约和监督指明了方向。实践中，应当切实贯彻这一原则，防止只要党内的自上而下的监督，回避和淡化人民群众自下而上的监督的倾向。

（四）持续保持打击利益集团的高压态势

苏共精英“利益集团化”的教训表明：党内既得利益集团的存在，危及党的执政安全和国家安全，必须坚持不懈地予以坚决打击。当前中国改革开放已进入深水区，剩下的都是难啃的“硬骨头”，而这些“硬骨头”又与各种既得利益势力共生共荣，成为社会不公、特权泛滥和腐败滋生的温床，成为改革的拦路虎。中国反腐败的重点和难点，就在于对既得利益集团的持续打击，这是一场输不起的斗争。习近平总书记指出，必须反对特权思想、特权现象；必须坚持有腐必反、有贪必肃，“老虎”“苍蝇”一起打；必须持续保持高压态势不放松，坚持零容忍态度不变。党的十八大以来，对周永康、徐才厚、令计划、苏荣等“大老虎”的查处，均挖出萝卜带出泥，将其涉案“关系网”悉数打尽。这是清算既得利益集团的强烈信号。可以说，今后中国反腐败的效度与高度，在很大程度上取决于打击既得利益集团的深度和广度，取决于能否形成高压反腐的长效机制。

第十章　新加坡如何治理政治腐败

新加坡建国以来，不仅创造了令人惊叹的经济奇迹，同时也是世界公认的政治最清廉的国家之一。[①] 新加坡的反腐败模式，由几个要素构成：领导人的政治意志和身体力行、严密的法律体系和严明执法、有效的权力制约和监督机制、现代公务员制度、行政改革和廉政文化。这些使人不敢、不能、不必、不想的措施的有机结合，使其成为当今世界一块难得的"净土"。新加坡与中国地缘相近、人文相亲，在执政实践、文化习俗等方面有许多共通之处，其反腐败经验对中国治理政治腐败有一定的启发和借鉴意义。

一、领导人的政治意志和身体力行

在历史上，新加坡也曾经历过腐败猖獗的时期。特别是在二战后的殖民地当局时期，官员腐败、警匪勾结曾是新加坡人司空见惯的现象。但自1959年新加坡人民行动党执政后，新加坡领导人视诚实廉洁为党和政府的第一生命，始终坚定"坚决铲除腐败"的坚强政治意志和决心，并身体力行，为治理政治腐败提供了良好环境，这是新加坡取得反腐败

---

① 据透明国际的报告显示，自2001年以来，新加坡的清廉指数一直位居世界前十，亚洲第一。如2005年、2006年第5位，2007年、2008年第4位，2009年第3位，2010年与丹麦、新西兰并列第一，2011年至2013年第5位，2014年第7位，2015年第8位，2016年第7位，2017年第6位。

成功的重要条件。

(一)坚定的政治意志

政治意志是政治领导人根除腐败的决心和承诺。强有力的政治意志是持续而有效的反腐计划中具有决定性作用的第一步。尽管几乎世界各国包括最腐败的国家都在实施反腐败的项目和政策,但真正决定任何反腐措施有效性的是政治意志而不是口头承诺。

新加坡人民行动党自1959年走上政治舞台,就把打击腐败作为其最重要的政治纲领之一。1959年5月,人民行动党以“保持清廉、消除贪污”的竞选承诺赢得了大选。1965年新加坡独立之后,人民行动党领导层将建立清廉高效政府的承诺作为其治理支柱之一。新加坡开国总理李光耀在其回忆录中说道:“我们厌恶许多亚洲领导人身上的贪婪、腐败与堕落,我们有深深建立廉洁高效政府的使命感。当我们宣誓就职时……在1959年6月,我们所有人都穿着白衣白裤以象征着我们个人行为和公共生活的纯洁和诚实。”①

新加坡实行议会民主制,执政党一旦贪腐就将丧失执政地位。新加坡共有25个政党,比较活跃的有7个。每隔5年,全国都要举行一次大选,由国会中取得多数议席的政党或政党集团来组织政府。人民行动党自1959年执政以来,历经13次大选,始终能获得大多数选民支持而持续执政,根本原因就在于人民行动党政府的高效廉洁,能够一直取信于民。对此,李光耀曾严肃警告党内:“贪污腐化曾是殖民当局的宿疾,如果我们失职,或是变得贪污腐化,就同样会被人民唾弃。”② 他还强调说:“我们是以白衬衫、白西裤向人们传达一个信息,我们这群领导人是廉洁的,并且将永远保持廉洁,没有贪污、没有裙带关系、不会以权谋私……假设我们失去了白衣白裤所代表的特质,变得腐败了,整个体制将会崩溃,

---

① Lee K.Y., (2000). *From Third World to First: The Singapore Story 1965-2000*, Times Editions. Singapore Press Holdings, 2000, pp.182-184.

② 庄礼伟:《新加坡的“设计师”》,《人物》1991年第1期。

就像纽约‘9·11’事件那样。”[①] 总之，为永葆党的执政地位，新加坡政府在反腐问题上不敢有丝毫懈怠。

新加坡领导人坚定反对政治腐败，除了有维护党的执政地位的考虑外，还源于一个基本的执政理念：新加坡缺乏天然资源，政府只有廉洁高效才能保证国家的生存和持续繁荣。国家要发展，只有从管理上获得效益，首先就是政治领导必须廉洁，使黑金政治不存在，即“为了生存，必须廉政；为了发展，必须反贪”。人民行动党认为，“不能有效地反对贪污，保持政府廉洁，就不会有公平有序的市场，不能创造良好的投资环境，这对于主要依赖国际贸易的新加坡来讲是一个生死攸关的问题；同时，不能保持廉洁，政府就会失去公民的信任和支持，也就无法抵御反政府势力的进攻。”[②] 事实证明，“廉能政府”成为新加坡对外招商引资的金字招牌，也是其国际竞争力的重要组成部分。这就是为什么李光耀常说：“新加坡的生存，全赖部长和高级官员的廉洁和效率。”[③]

正是有了根除腐败的意志和理念，才坚定了每届政府惩治腐败的决心，并使新加坡在反腐败方面采取了许多切实可行的办法。例如，1969年以来，新加坡政府将反贪局直接隶属于总理办公室，拥有直接调查腐败案件的法定权力和财政资源。在1960年颁布执行了《预防腐败法》，并且不间断地修缮这部法律。此外，还颁布了其他相关立法，健全了反腐败的法律框架。

在强烈的反腐败政治意志的约束和影响下，人民行动党的领袖，特别是李光耀，不断强调在治理腐败过程中的道德领导权的重要性。在他的影响下，新加坡的最高层领导者们随时准备接受对其诚实与正直的审查。1986年，新加坡前国家发展部部长郑章远因接受私人房产开发商贿赂而被调查。他在试图寻求与李光耀进行私人会谈的请求被拒绝后，自杀身亡，

---

① 李光耀2004年6月21日在中国中央电视台财经频道《对话》节目中对新加坡政府廉洁观的阐述。参见 http://www.cctv.com/financial/20040621/101484.shtml

② 转引自李文：《新加坡人民行动党如何纯洁廉明》，《人民论坛》2012年第4期。

③ ［新加坡］李光耀：《李光耀40年政论选》，现代出版社，1994年版，第156页。

并在留下的信中向人民行动党领袖和全体新加坡人民道歉。正是通过多年政策实践，人民行动党领袖向政府官员和公众发送了强有力的信息——他们将毫不犹豫地对腐败分子采取强硬的行政和法律行动，不论他们是谁和他们职位的高低。

（二）领导人身体力行

新加坡政府认为，反腐败的关键在于领导人。李光耀多次指出，反贪必须从领导层做起。他说："反贪是一场永久的战斗，但是只要核心领导层能保持清廉，任何堕落现象还是可以受到控制，门户也会清理干净。"[①]现任总理李显龙也明言："如果核心人物腐败，不管你有任何条例，都无济于事。"在这种理念的影响下，新加坡领导人身体力行地搞廉政，并且举世闻名。具体看，表现在三个方面：

一是以身作则。李光耀反复强调，如果领袖差或不合适，再理想的政府制度也会垮掉。李光耀执政30多年，政敌众多，非议不少，但从未有人指责他贪污腐败。作为执政党的最高领导人，李光耀一生清廉，是新加坡国家廉政示范和最重要的政治推动者。李光耀在其执政之初，曾召开家庭会议，明确表示要执行廉政，请亲戚朋友们不要有靠他的权势而发财的幻想。李光耀曾自嘲地说："我在新加坡培养了许多百万富翁，但我自己却不是，我也不能成为百万富翁。"[②]他对官员们说，作为一名公务员就要保持廉洁和奉献，要想挣钱就去经商。他不仅要求属下大公无私，而且自己处处以身作则。他的父亲一直做钟表生意，没有一官半职。他的三个弟弟有的当律师，有的经商，均靠个人奋斗起家。他的夫人全力支持和帮助丈夫做个廉洁清正的总理。她对李光耀说，人民期待你的政府是个廉洁清白的政府，你身居高位，但不宜拿最高薪金；钱不够用就到我的律师事务所来拿。

执政党及领导人以身作则，为国家公务员树立了良好榜样。在新加坡，

---

① 转引自吕元礼：《新加坡治贪为什么能？》，广东人民出版社，2011年版，第10页。

② 刘守芬，李淳主编：《新加坡廉政法律制度研究》，北京大学出版社，2003年版，第30页。

政府官员日常办公都是坐自己购买的私车，自己花钱买汽油和维修汽车，只有国家庆典或者有重要的官方集会时，才申请公车，因为公车太少，许多部长干脆从来不申请使用公车；政府官员都是自己购买房子，自己缴纳水电费和其他维修费用；政府领导人出席国际会议也只能领取最低的津贴，绝无机会揩公家的油水，致使许多重要的政府官员每次出国时都得自己掏腰包。因此，几十年来，新加坡官员队伍“出事率”一直保持着很低的水平。

二是不徇私情。领导人不搞裙带关系，对贪污违法官员绝不姑息迁就，有力打造了新加坡风清气正的政治环境。新加坡自独立以来，因贪污受贿、滥用职权等行为受到查办的高级官员，除了前国家发展部部长郑章远外，还有前国防部政务部长、前建屋发展局主席陈家彦，前环境发展部政务部长黄循文，前全国职工总会主席彭由国。[①] 新加坡建国短短几十年时间里严惩了如此多的高级官员，且其中有的人都曾有过重大政绩，同时又是同李光耀私交甚密的人，他们分别因腐败行为而受到惩处，足见新加坡最高领导人的廉政决心和风范。对此，李光耀曾深有感触地说：“开始的时候秉着高尚的情操，抱着强烈的信念和取缔贪污的决心不难。但是，除非身为领袖够坚强，能铁面无私，坚决对付一切违法乱纪之人，否则要做到事如所愿，可没那么容易。”[②]

三是践行法治。李光耀学法律出身，深知要想实现政府的清廉和国家的长治久安，仅靠一、两代领导人以身作则是不行的，还必须把好的反贪理念和有效措施转化为成熟的法律制度。然而，有了好的法律还不够，还要严格地执行。新加坡依法治贪，强调法律面前人人平等，任何组织和个人在腐败追查方面没有“免死牌”，贪污审查可以上至国家领导人。1996年，有传言称时任内阁资政的李光耀和其子时任副总理李显龙在购

---

① ［新加坡］李光耀：《经济腾飞路：李光耀回忆录(1965—2000)》，外文出版社，2001年版，第157-159页。

② ［新加坡］李光耀：《李光耀回忆录（1965—2000）》，新加坡联合早报出版，2000年版，第190页。

买房产时分别受到开发商的特别关照，享受了折扣价。在得悉这一传言后，时任总理吴作栋下令进行调查。1996年5月21至23日，新加坡国会用了整整三天的时间举行辩论，最终证明李光耀和李显龙购房时享受的折扣价是房产商针对一般客户都可能推出的优惠政策。对此，李光耀不仅没有恼怒，反而认为这是其所创立制度的成功，证明没有人可以枉法。[①]现任总理李显龙也重申："我们将不惜任何代价以维护我们的制度的清廉。不惜任何代价是说，如果任何人做错事，无论他的身份有多高，我们将进行调查。只要有人举报，无论被举报者的身份多高，都要接受调查。"[②]

总的来看，新加坡政治廉洁的关键是领导人，而领导人的核心作用在于：一是要有很高的个人品质和操守，这体现了东方"为政在人"的思想；二是切实践行依法治国，即使最高领导人也不能凌驾于法律之上，这体现了西方特色的法治精神。

二、严密的法律体系和严明执法

亚里士多德指出："法律即秩序，良好的法律就是良好的秩序。"李光耀曾说，必须通过"法律的革新"才能有效地治理腐败。新加坡的腐败治理是法治反腐的一个缩影。新加坡成功治理腐败、创建廉洁政府，主要得益于健全的反腐败法律体系和严格执法。

（一）严密的反腐败法律体系

为铲除腐败，新加坡设计了严密的反腐败法律体系，为国家走向政治清廉发挥了关键作用。其中，涉及廉政内容的法律主要三类：

---

① ［新加坡］李光耀：《李光耀回忆录（1965—2000）》，新加坡联合早报出版，2000年版，第197页。

② 转引自［新加坡］吴元华：《新加坡良治之道》，中国社会科学出版社，2014年版，第84页。

其一，宪法。新加坡宪法禁止公务员经商。宪法第2条第2款规定：总统不得担任任何营利性的职位，并不得积极从事任何商业活动。宪法规定禁止担任营利职位和从事经商活动的主体，不仅包括总统，而且包括内阁成员，即总理和各部部长。因为这些有一定职权的人如果担任营利性职位或者从事商业活动，就很难保证其不会利用手中的权力为自己牟取私利，以权谋私等腐败现象也就很难避免。捞取好处，腐败现象也就很难避免。因此，新加坡宪法中明确规定了总统和内阁成员不得担任营利性职务，也不得从事经商活动。[①] 此举目的在于维护政府的公正廉洁形象。

其二，廉政规范立法。廉政规范立法，通过制定有关的行政法规约束公职人员行为，用于事前预防。新加坡对公职人员的廉政行为规范主要体现在《公务员守则和纪律条例》和《公务员惩戒规则》中。

《公务员守则和纪律条例》是一个为公务员提供行为准则、防止腐败的行政法律。它的内容主要有以下几个方面：公务员每年必须申报自己和配偶的全部财产和收入情况；购买股票必须经过批准；不准私人经营买卖或做兼职；不准接受任何人赠送的礼品；不得接受宴请等。

《公务员守则和纪律条例》对公务员的纪律要求、工作态度甚至衣饰举止都作了严格的规定。例如，公务员不能向下属借款，向亲友借款不得超过本人三个月的工资；不准接受宴请，不准进酒吧、舞厅、红灯区等；必须按时上班，上班时衣着整洁正派，不准穿时装或奇装异服，不准留长发。这些规定是非界限清楚，容易使公务员做到道德自律，对于预防腐败能起到一定作用。

《公务员惩戒规则》是与《公务员守则和纪律条例》相配套的一个程序性单行行政法律。它规定了对尚不够刑事责任的违法公务员如何进行调查和进行行政处罚的程序。

除这两部法律和严厉的反腐败法律外，新加坡政府还针对公务员、部长和议员行为建立了各种规则、政策和准则，禁止他们及其家庭成员

---

① 刘守芬，李淳主编：《新加坡廉政法律制度研究》，北京大学出版社，2003年版，第52页。

向公众收受任何好处、礼物以及娱乐服务。

其三，腐败惩治立法。腐败惩治立法是一种事后惩罚，它对不同贪污犯罪行为作出相应的惩处规定。新加坡的腐败惩治立法主要体现在《防止贪污法》和《没收贪污所得利益法》这两部法律中。

《防止贪污法》是新加坡反腐败法律体系的核心，制定于1960年，经过几十年发展，已基本形成了一部系统、高效的预防和治理腐败的法律，并为其他与反腐败相关的法律法规提供了纲领性指导。它具有以下特点：第一，构成贪污受贿罪的主体范围很广，既包括政府公职人员，又包括公共团体的全体成员和法定机构的职员在内的"全体公务人员"。第二，"报酬"的定义涵盖面广，包括任何可以金钱和非金钱形式表现的利益和好处。第三，贪污贿赂犯罪的构成无最低限额要求。在实际执法活动中，新加坡有因多次接受价值2新元左右的小费而被指控的案例。第四，贪污受贿罪名成立简单，一旦受贿事实成立，即构成犯罪，而无需查证受贿人是否向行贿人提供了服务和方便。第五，在对犯罪的处罚上，将自由刑与经济制裁相结合，即对贪污贿赂者除给予刑事处罚外，还要对其进行经济制裁。经济制裁除判处罚金外，还对贪污贿赂的金钱以罚款的形式全部追回。

《没收贪污所得利益法》是与《防止贪污法》相配套的一部专门惩治腐败犯罪的程序法。该法详尽规定了法院在审理贪污犯罪案件中适用没收贪污所得的命令条件和程序，以及没收所得财产的范围等，操作性很强。

（二）严明执法

严明执法也是新加坡反腐败的主要特点之一。这首先表现在，法律面前，人人平等。一切贪赃枉法者，不管职位高低、权力大小，一律平等对待，任何人都没有法外特权。即使是李光耀父子，面对别人的诽谤，也要出庭接受法官的质问。

其次，对腐败行为的认定标准很低。新加坡以"有"和"无"作为界定腐败行为的唯一标准，重"质"不重"量"。腐败的定性不是"贪污受贿金额的大小”，而是“有无贪污受贿行为”。公务员收受一根香烟与接受一幢别墅两者的性质都一样，在法律上都被认定为腐败；只要被认定腐败了，惩治就会很严，而且是连锁惩罚，注重综合效应，以警醒公务员防微杜渐。

最后，对腐败的官员惩罚严厉。惩罚的方式，从罚款、因被开除而丧失公积金、没收财产、监禁到数罪并罚等不一而足。因为新加坡实行高薪养廉制度，官员退休后有一笔十分丰厚的公积金，且资历越老公积金越高，若被查出贪污受贿公积金则全部没收，所有的保障包括医疗费都没有了。这使得新加坡官员违法成本特别高。新加坡的执法严厉既表现为“有罪必惩”，也表现为“轻罪重罚”。哪怕你接受一包香烟或几块钱的小费都会受到法律的严惩。1990年，时任新加坡商业事务局局长格林奈因两件“说谎罪”而被判坐牢3个月，并被开除公职，永不录用，没收全部公积金和退休金。所以，在新加坡，腐败会使人政治上断送前途，经济上一贫如洗，名誉上声名狼藉。这种连锁效应，代价巨大，警示性强，有效地约束了公务员的从政行为。

三、有效的权力制约和监督机制

治理政治腐败，以制约和监督权力为根本。新加坡人民行动党一党长期执政并保持政治清廉，一个重要原因，在于新加坡建立健全了有效的权力制约与监督机制。

（一）从权力来源上进行制度制约

一是适度竞争的选举制度的制约。新加坡是议会共和制政体，总统和国会议员由竞争性选举产生。其中，总统由直接选举产生且必须得到多数选民的支持，大多数国会议员必须得到所在选区多数选民的支持。总理由议会中占多数席位的政党领袖出任。人民行动的党员只有赢得选民的认可才能当选成为议员，而要成为各部部长乃至总理必须成为被选民广泛认可的资深议员。政府由国会中拥有多数议席的政党组成，执政党必须得到大多数选区的支持。

二是议员产生机制的制约。新加坡国会议员由民选议员、非选区议员和官委议员组成。目前，民选议员由全国9个单选区和14个集选区的公民选举产生。集选区候选人以3至6人一组参选，其中至少一人是少数族裔，集选区产生的议员占议员总数的 1/4至1/2。非选区议员从得票率最高的落选反对党候选人中任命，且须在选区获得至少15%的选票。非选区议员制度确保国会中有非执政党的代表。非选区议员一般设3名，顶限6名。若反对党候选人在大选中赢得3个或以上席位，国会将不委任非选区议员。官委议员是由总统委任的非民选议员，以反映独立和无党派人士意见。总统根据特别遴选委员会提名，可最多委任9名官委议员。官委议员任期两年半，不代表任何选区利益。目前，新加坡国会中官委议员有9名，他们大多是商界、教育界的精英或对新加坡作出过突出贡献的人员。虽然国会中人民行动党占绝大多数，但是少量的非选区议员和官委议员能够发挥建设性的监督作用。

三是政党之间的制约。虽然人民行动党“一党独大”，但是新加坡仍然存在多党竞争，宪法并未规定人民行动党为唯一执政党。新加坡合法存在的政党有20多个，并且每次国会大选都会有多个政党参与竞选。国会中的在野党往往扮演基层民众，对执政党起到监督制约作用。

四是定期接待选民制度的制约。按照规定，新加坡每个议员不论职位高低，都有自己的会见选民日，一般每周一次，从晚上8点开始，往往直到深夜才结束，一次接见30人左右。另外，国会议员必须在两年内遍访自己所在选区的选民。通过定期的接见和访问选民制度，主动为选民服务，接受选民监督，新加坡执政党才能赢得人民的信任，保证国家权力运行符合多数民意。

（二）通过法定监督机构进行监督

这些机构主要包括贪污调查局、新加坡内阁廉政署、公共服务委员会和审计总署。

贪污调查局是新加坡反贪污腐败的最高专门机构，直属总理公署，对总理负责，不受其他任何机关或个人的指挥和管辖。贪污调查局既是行政机构，又是执法机构，位高权重，信息灵通。其主要任务是：调查公共服务部门和政府法定机构中的任何贪污嫌疑；负责向检察机关提请起诉包括行贿、受贿在内的贪污案件；研究贪污案件，提供防范方案。贪污调查局拥有绝对权威。根据《防止贪污法》，贪污调查局享有如下特权：第一，逮捕权。贪污调查局局长和特别调查员可以不用逮捕证而逮捕涉嫌贪污、受贿的任何人。第二，调查权。贪污调查局局长和特别调查员无需公诉人的命令，可以行使《刑事诉讼法》所赋予的一切或任何有关警方调查的特别权力调查贪污受贿罪，有权入室调查，没收被认为是赃物或其他罪证的任何银行存款、股票或银行保管箱。第三，调查保障权。为保证调查的顺利进行，法律规定："没有向授权人披露信息或编制账目、文件或文章的，构成犯罪，处以2000美元以下罚金或1年以下监禁，或二者并罚。"第四，武力搜查权。如确认在某地方藏有罪证，治安法官或贪污调查局局长在必要时可以武力进入该地方搜查、夺取和扣押任何文件、物品或财产。这个专门化、特权化的反贪机构为新加坡的肃贪反腐作出了重大贡献。正是由于其秉公执法，对公职人员起到了震慑作用，创造了良好的廉政环境，为新加坡树立了廉政形象。

新加坡内阁廉政署是负责综合管理和监督政府官员个人财产申报的监督机关。官员财产申报分为三种：任职申报、现职申报和离职申报。申报内容包括房产、交通工具、存款、有价证券、装饰品及其他无形资产等。

公共服务委员会是新加坡宪法规定的人事制度主管机关，主要职责是对各机关的公务员进行聘用、核定、晋升、调动和行使纪律管制。为保证独立性，公共服务委员会主席和委员都在社会各阶层"在野"人士中聘用，他们必须是私人代表。除司法机关和警务规定人员外，公共服务委员会对公务员的任用、升迁、处分等决定，都不受政府部门的干涉。如果发现公务人员出现渎职、贪污受贿的行为，公共服务委员会可以会同贪污调查局联合查处，也可以自己成立案件调查组单独查处。

审计总署主要负责审核检查政府预算和财政开支是否符合法律规定，

直接对国会负责，向国会汇报工作。此外，在政府每个部门设置一个常务秘书并配备专职的监察人员，专门负责对本部门公务员的监督和管理。

（三）公共权力之间的监督

新加坡实行议会民主，立法、行政、司法三权分立。总统为国家元首，由民选产生。总统委任议会多数党领袖为总理，和议会共同行使立法权。议会实行“一院制”。内阁（总理）享有实权，但须对议会负责，接受议会监督。新加坡实行司法独立制度。在这种权力构架下，新加坡公共权力之间的监督制衡主要体现为总统、国会和司法机关对政府权力的监督及它们之间的相互监督。

总统和国会对政府的监督。新加坡总统由选民直接选举产生。总统当选后，不得担任其他任何职务。总统主要对总理及其内阁进行监督，保障国家的储备金和资产不被滥用。按照宪法规定，政府制定的国家财政预算必须经总统批准。另外，总统要监督和保障贪污调查局的工作，即使总理不同意，总统也可以直接命令贪污调查局局长调查或查询对任何部长贪污的举报。新加坡国会负责对总统和政府内阁进行监督。政府内阁要向国会负责，接收国会的监督和质询。

司法机关的监督。新加坡宪法规定，司法机关依法、公正、程序独立地行使职权，不受政府和任何个人干涉。司法机关包括法院、总检察厅和法律部。司法权属于最高法院和基层法院。新加坡不实施错案责任追究制度，因为这可能会破坏司法。新加坡总检察长独立行使检察权，不受任何机关、团体和个人的干涉，只由高等法院审查其行为。法律部为政府部门提供法律咨询、履行法律事务，保证其依法行事。

（四）社会监督

在新加坡，社会监督主要体现为新闻媒体、社会组织的监督和社会公众直接参与反腐行动。

新闻媒体、社会组织的监督。人民行动党高度重视对新闻媒体的引导，发挥新闻媒体在监督中的建设性批评作用。新加坡众多的志愿服务机构、慈善社团和专业性组织、中华总商会、工会组织等公民社会组织能够有效团结民众、反映民意，促进民众参与政治生活，防止国家权力侵犯公民权利。

行为跟踪制度对公务员的监督。行为跟踪制度是以贪污调查局为主，由广大社会公众配合执行的一种制度。贪污调查局有权对所有公务员进行行为跟踪，调查内容主要是公务员有无违法活动，尤其跟踪其私生活是否正常，如是否有嫖娼和赌博行为、有无暗中与不法团体往来的行为等。行为跟踪制度使公众可以直接参与查处腐败活动。事实上，贪污调查局调查的案件中，有相当一部分是由群众举报引出来的，而且在调查、收集证据的过程中也往往要依靠举报者（“吹口哨者”“告密者”“线人”等）。

为鼓励和支持公众参与反腐败，新加坡还非常重视加强对举报人的保护。贪污调查局要求接到公众检举的贪污投诉后，须在一个星期内给予书面投诉者答复，而亲自上门者须当场答复。在民事或刑事诉讼中，不得强迫或允许证人泄露检举人的姓名或地址，也不得要求证人陈述任何有可能导致检举人被发现的事情。若有关证据或材料含有关于举报人姓名、特征或者可能导致其暴露的记载，法庭必须将这类材料隐瞒。

四、现代公务员制度

新加坡在保持经济繁荣发展的同时有效地控制了贪污腐败行为，这与其独特而富有成效的现代公务员制度是分不开的。新加坡的公务员制度体系与西方公务员制度一脉相承，继承了西方的理性和法治精神，同时又汲取了东方贤人君子治国的精华，把两者有效地结合到一起。新加坡公务员制度的鲜明特点是“精英型模式”，也有人称之为“绩优官僚制”[①]，主要体现在公务员队伍精英化、公务员薪金市场化、公务员管理苛刻化。

---

① 于文轩，吴进进:《反腐败政策的奇迹：新加坡经验及对中国的启示》,《公共行政评论》2014年第5期。

（一）公务员队伍精英化

新加坡信奉精英治国，国家、政府绝不容许靠裙带关系的二、三流角色领导，裙带关系会削弱行政效率，降低公务员的士气。为此，新加坡政府采取了一系列竞争择优的公务员录用和培育办法。

首先，政府各部门根据本部门工作需要制订录用计划，逐级上报，由政府公共服务委员会发布招聘公告。其次，在录用过程中，一般不进行笔试，而主要依据应聘者的学历和在校时的学习成绩，但应聘者必须通过面试，当场回答各种问题。录用后还要进行的程序是：第一，心理测验，以了解应聘者的基本素质及潜在能力。第二，试用考察，期限为两年，要把试用者放到不同岗位进行实践和评估，并要求试用者每过六个月提出一份工作报告。若两年内没有工作成效，则被取消资格，若考核合格，则正式成为公务员。在录用公务员时还有一个必须经过的程序是查阅应聘者在学校学习期间在人际关系、社会服务方面所获得的导师评语，以了解应聘者在与他人合作和为社会服务方面所持态度。

新加坡在录用公务员时不重视笔试，对此，政府的解释是，既然对公务员的文化程度有明确的规定，而且对文化程度的要求又是较高的，相信能够达到这种文化程度的人，已具备了从事公务员工作所需的文化知识，因此不需要再进行笔试。而要成为一个合格的公务员，仅有较高文化程度是不够的，重要的是要具备发展潜力和与人合作为社会服务的态度，并在工作中表现出来。

新加坡政府在公务员队伍建设方面非常具有前瞻性。其表现是：为了吸引更多优秀人才进入公务员队伍，政府在大学里设立了各种名目的奖学金，如“总统奖学金”“武装部队奖学金”等，将这些奖学金授予表现优秀的学生，帮助其完成学业。条件是毕业后当公务员，为社会服务若干年后才得离开。这样就把录用公务员的时间和程序都大大向前延伸了。

为了保持政治延续和更新，新加坡政府还在每届选举后马上开始从公共与私人部门搜寻政治人才。其挑选人才的标准是HAIR，其中H是“直升机”（Helicopter），指对关键问题的高屋建瓴的视野；A是指“分析能力”（Analytical skills）；I是指“想象力”（Imagination）；R是指“对现实的感知”（Reality）。具有HAIR能力的候选人获邀请接受各种选拔委员会和人民行动党领导层的层层面试选拔。通过这种方式，社会精英被录用进入政党，以及接受指派进入体制内。[①] 随后，通过国会选举，被挑选的精英进入国会，成为未来各部高级政务官的候选人。经过这一严格的选拔程序后，人民行动党政府对它最后选择的政治领导人都非常有信心，认为他们具有相当高的智商和情商，也只有人民行动党政府才有能力建立一个治理国家的A级团队。

（二）公务员薪金市场化

公务员精英化制度的核心支柱之一就是公务员特别是部长级高级公务员的高薪金。这也是新加坡反腐模式的核心要素之一。新加坡政府认为，要想吸引和留住人才，必须“富之、贵之、教之、誉之”，因而十分重视提高公务员的工资和福利待遇。作为社会最令人羡慕的职业之一，公务员的薪酬标准通常接近或高于市场人才的竞争水平。这一政策，不仅可以吸引社会精英到政府任职，保证政府拥有高素质的公务员队伍，而且可以通过“高薪”达到“养廉”的目的，使公务员在不敢贪污的同时也不必贪污。

从1994年到2011年，新加坡政府定期调整薪金基准公式，增加了政治领导人和高级公务员的薪酬。2011年大选前，部长的工资和高级公务员薪金和私营部门最高薪酬水平挂钩。部长获得等同于在会计、法律、银行、工程、跨国公司和本地制造业这六个职业中收入最高的八个人的工资中位值的三分之二。部长的入职工资增至126万美元，总理的工资提高到253万美元。[②] 2011年大选后，面临着挑剔的选民强烈的政治压力，政府启动了审查薪金基准公式的委员会。尽管最终包括总统、议长、部

---

① 转引自于文轩，吴进进：《反腐败政策的奇迹：新加坡经验及对中国的启示》，《公共行政评论》2014年第5期。

② 于文轩，吴进进：《反腐败政策的奇迹：新加坡经验及对中国的启示》，《公共行政评论》2014年第5期。

长和总理在内的政治领导人的工资被削减，但私人部门薪酬导向以及向政治领导人提供具有吸引力的薪金的理念并未改变。

（三）公务员管理苛刻化

就新加坡政府对公务员的评价标准而言，优秀的表现不仅是学业成绩和能力，还包括良好的品德。为了实现这一目标，新加坡政府一方面通过丰厚的养老金等良好待遇提升公务员职位的吸引力，另一方面对公务员实行严苛的监督管理，双管齐下，以吸引既廉又能的人才。

新加坡公务员的行为准则和岗位职责，相关法律法规都作了明确规定。与此同时，新加坡还建立了一套近乎苛刻的监督与管理机制，包括官方与民间两个方面。官方秉持以权力制约权力的理念，设置独立运作的贪污调查局负责廉政监督；民众则可以通过报纸、网络等大众传媒监督公务员。此外，新加坡有一系列关于官员廉洁的制度，如财产申报制度、法院宣誓制度、行为跟踪制度等。申报财产制度，对公务员起到警示作用。在新加坡，一旦成为公务员，必须申报财产，作资产宣誓证词。公务员不申报或作虚假申报都是犯罪。对于申报的财产说不清来源，特别是在有关部门调查时，不能给以满意答复，那么说不清的财产则被推定为贪污所得。因此，公务员一旦涉嫌贪污，其申报财产的资料就是调查和指控的重要证据。

五、行政改革

新加坡政府的效能与廉洁，与其全面的行政改革密不可分。新加坡政治学家柯受田认为，行政改革包含两方面的变革：一是政府的结构与程序的变革，二是公务员态度与行为的变革。[1] 从新加坡行政改革的经验看，

① 转引自张志斌：《从生存到卓越：新加坡的行政改革》，《公共行政评论》2009年第4期。

他的观点是恰当的。新加坡的行政改革在逻辑上可以分为三个阶段，第一阶段是为了求得国家生存的阶段，第二阶段是奠定新加坡廉洁效能政府基础的阶段，第三阶段是新加坡政府全面迈向卓越的阶段。[①] 每一阶段的行政改革都会涉及到政府、市场与社会关系的调整。改革的方向是强化市场的作用和小而效能的政府。这必将导致政府职能的转变和政府重组，进而压缩政府公职人员权力寻租的空间，从而为政治廉洁的形成创造条件。

第一阶段：1959年。当时，面临着二战后严重的经济和社会问题，人民行动党政府不得不肩负建设基础设施，推动经济增长，创造就业机会，促进工业化，资助私人投资以及提供基本公共服务的责任。迫切的使命，脆弱的经济和社会基础，以及薄弱的私人部门都迫使人民行动党政府采取“发展型国家”取向，从而强化了国家和官僚主导经济发展的角色。在这种形势下，1959年的改革措施主要有三项：一是调整政府结构，新设立两个部，即文化部和国家发展部。二是重组法定机构，以建屋发展局和新加坡港务局取代绩效不彰的新加坡改善基金和新加坡海港局。三是设立政治研究所，改变公务员原有的工作状态并铸造新的公共精神。1959年的行政改革目标明确，就是追求自治政府的生存。改革的成绩是显著的。新成立的机构都很好地完成了自己的使命，公务员精神面貌的重塑也基本取得成功。

第二阶段：从20世纪60年代初到90年代中期。这一时期，新加坡政府通过几方面的改革，奠定了今天廉洁效能政府的基础。首先，是在反贪腐方面的立法与行政改革，奠定了廉洁政府的法治基础；其次，是在公务员体制方面的改革，新加坡在整个社会特别是全体公务员中推行彻底的功绩制度，在1994年后还实施高薪吸引社会各界精英到政府担任高级公务员，奠定了效能政府的人力基础；最后，在八九十年代大刀阔斧地进行预算体制改革，奠定了效能政府的制度基础。

不过，这一时期新加坡政府在发展过程中的主导角色将政府官僚置

---

① 张志斌:《从生存到卓越：新加坡的行政改革》,《公共行政评论》2009年第4期。

于一个垄断位置，导致过度的管制和不断增加的官僚自由裁量权，也显著增加了公职人员腐败的机会和动机。即使人民行动党政府尽最大努力试图建立一个高效清廉的政府，但仍然不能杜绝腐败案件的发生。上文提到的郑章远腐败丑闻依然震动了政府和新加坡社会。因此，新加坡领导层认识到，根绝腐败现象还需要政府职能与行政体制改革的跟进。

20 世纪 80 年代末，伴随着自由化、解除管制、市场化和私有化的国际大趋势，新加坡政府于 1987 年成立了公共部门撤资委员会，寻求通过市场竞争和私有化推动经济增长。在 20 世纪 90 年代，新加坡政府接纳了新公共管理理念，开始放松管制，实施公共服务契约外包和对金融、电信等各类部门以及公共设施采取市场化和自由化政策。这些改革方案显著地推动了经济增长，同时也极大地减少了官僚寻租的机会。

第三阶段：1995年以来。1995年，新加坡政府开始实施“21世纪公共服务计划”（PS21），面向21世纪，强调变革，全面地推进政府整体效能和服务质量的提升，实现迈向一个卓越政府的目标。在 PS21计划下，四个主要旨在减少官僚作风，提升行政效率的举措被采纳和执行。它们是：第一，支持企业小组运动。政府组建了一个企业支持小组，其目标在于征求公众建议，以确保政府的规则与管制有利于创建新加坡的亲商环境。第二，零流程。这一创议旨在减少公共服务的无效率。第三，公职人员致力消除官样文章。第四，繁文缛节削减运动。[①]

2000 年新加坡政府公布了自己的电子政府行动计划，利用信息技术和互联网简化行政流程，减少繁文缛节、降低行政成本和潜在的寻租机会。电子市民门户网站旨在方便市民在家获得公共服务；在线商业许可服务（OBLS）使新加坡进入全球经商最简便之地的行列；Gebiz 系统，一个政府采购网络门户网站，显著改善了公共采购过程的透明度和竞争性，从而降低了腐败的风险。

---

① 于文轩，吴进进：《反腐败政策的奇迹：新加坡经验及对中国的启示》，《公共行政评论》2014年第5期。

六、廉政文化

新加坡从一个贪污腐败盛行的国家，蜕变成为政治清廉的国家，除了体制、法制、制度等方面的影响外，一个重要原因就是其形成了一种为全社会所认可并被公民所接受和遵循的廉政文化。其核心内容，概括起来，就是“依法治国，以德育人”，是法治和德治的统一。新加坡的廉政文化建设有以下一些特色。

（一）提倡清廉是立国之本、执政之根

新加坡在廉政文化建设方面的成功，很重要的一个方面是提倡“廉”——清廉——是立国之本、执政之根，是为官的基本道德规范。

新加坡是由原来的英国的殖民地独立而来，没有自己完整的价值认同体系，文化多元和种族分离是新加坡独立之初典型的社会特征。人民行动党执政后，李光耀用儒家思想来教育国民，建立国家的精神支柱。他把儒家文化概括为“八德”，即“忠、孝、仁、爱、礼、义、廉、耻”，并进行了重新诠释，“忠”就是要忠于国家，有国民意识；“孝”就是要尊老爱老，孝敬长辈；“仁爱”就是要彬彬有礼，真心诚意；“礼”就是人与人相处恪守五伦，即“父子有亲，君臣有义，夫妇有别，长幼有序，朋友有信”（李光耀把其中的君臣关系解释为政府与人民群众的关系，即领导者与被领导者的关系）；“义”就是待人处事要遵循道德原则；“廉耻”就是要廉洁奉公，遵纪守法。这“八德”成为了新加坡人价值观的指导思想，成为新加坡人重建自信的力量和精神源泉。

廉是立国之本，清是当政之根。人民行动党从成立之初，就把建设廉洁、高效、实干、为民的政府作为坚定的执政理念。党徽中间白色部分就是表明“廉洁与正直”。1959年6月举行的就职仪式上，李光耀率领的内阁成员全部身穿白色衬衫和白色长裤，他们用白色象征纯洁和廉洁，表明要廉洁从政的决心。从此，只要出席重要的公众场合，官员们都会身穿白衬衫和白长裤，白色服装成为人民行动党的党服，是新加坡政治

中一道独特的风景。

新加坡官员必须树立为国民服务的思想和奉献精神。1990年2月，新加坡国会批准的《共同价值观白皮书》提出了五大共同价值观：国家至上、社会为先；家庭为根、社会为本；关怀扶持、同舟共济；求同存异、协商共识；种族和谐、宗教宽容。国家和社会放在首要位置。五大共同价值观与“八德”构成了新加坡廉政文化的基础，无疑会对公务员的人生信仰、道德操守产生积极正面的影响。

（二）强化公众教育

注重价值观教育。健康的道德价值意识是反腐倡廉的基础。新加坡政府十分注重对公职人员和社会公众进行儒家思想道德的教育，并把“忠孝仁爱礼义廉耻”八德作为全体国民的基本行为规范，从而告诉人们：什么是错的，应当受罚；什么是对的，应当发扬。此外，政府每年都对公职人员进行共同价值观的教育。

注重廉政意识教育。新加坡独立后，李光耀提出政府要在政治和行政方面保持高度廉洁，公务员必须做到“两手干净”。李光耀多次强调：“当一个公务员，就必须有奉献精神，谁败坏我们党，就要受到惩罚，否则党就会毁掉。”[①] 他主张执政党成员必须具有利他主义精神和自我牺牲精神：“当你加入行动党时，就像是加入神圣行列。”[②] 他在公务员培训班上说：“如果我们允许你们把手放进别人放钱的抽屉里，那么，政治上我们就完了。我们就会被人民大众所唾弃。”[③] 因此，人民行动党成立时就喊出“打倒贪污”的口号。在形式上，公职人员一律穿白色的衬衫和长裤，象征个人纯洁廉明。人民行动党把党旗的基本色调定为白色，以示清廉。

注重全社会抓教育。不仅贪污调查局定期举办反贪防腐讲座，其他政府部门和新闻媒体、各类学校等都坚持开展廉政教育。比如，新加坡

---

① 中国赴新加坡精神文明考察团：《新加坡的精神文明》，红旗出版社，1993年版，第34页。

② ［新加坡］李光耀：《李光耀40年政论选》，现代出版社，1994年版，第487页。

③ 张永和：《李光耀传》，花城出版社，1993年版，第444页。

公务员学院、李光耀公共政策学院开设了专门的廉政课程。通过加强廉政教育，不仅提高了公职人员的廉政意识，而且在全社会形成了反腐共识。在当今的新加坡，人们已把贪污受贿的公职人员视作社会公敌，为反腐保廉营造了良好的社会、舆论和文化氛围。

（三）领袖人物率先垂范

在廉政文化建设中，领袖人物是倡导者、实践者、传播者，应该率先具有高尚的道德情操，恪尽职守，克己奉公，成为全社会的榜样和楷模。诚如李光耀所言，“政府最高层领导人必须树立好榜样。没有人可以超越法律，不然人们就会对法律的意义和公正感到怀疑，并加以嘲讽，整个社会也因此而混乱。”[①] “高层领导人如果能以身作则，树立榜样，贪污之风就可以铲除。”[②] 新加坡从建国伊始直到现在，人民行动党高层始终把保持廉洁作为核心政治理念，不但常年坚持不懈，而且主张法律面前人人平等。任何人只要贪赃枉法，一定会受到法律的严惩。执政党及其领导人以身作则，为国家公务员队伍树立了良好榜样。所以，数十年来，新加坡公务员队伍一直因廉洁高效而受到好评。

七、新加坡模式的启示

以上总结了新加坡成功反腐的六个方面的要素：领导人的政治意志和身体力行、严密的法律体系和严明执法、有效的权力制约和监督机制、现代公务员制度、行政改革和廉政文化。这些要素构成的有机体系，相互作用，形成合力。展开来说，领导人的政治意志和身体力行是反腐成功的政治前提，严密的法律体系和严明执法是反腐成功的法治保障，有效的权力制约和监督机制是反腐成功的体制基石，现代公务员制度和行

---

① 中国赴新加坡精神文明考察团：《新加坡的精神文明》，红旗出版社，1993年版，第46页。

② ［新加坡］李光耀：《李光耀40年政论选》，现代出版社，1994年版，第505页。

政改革是反腐成功的推动因素，廉政文化是促进反腐模式持久运转和持续改进的重要力量。

中国和新加坡在政治体制、社会文化、经济发展方式上有诸多相似之处，新加坡被证明行之有效的反腐模式能够为中国政府的反腐新政提供若干启示。

（一）领导人意志是反腐成功的基础

中国与新加坡都是一党长期执政，执政党掌控着广泛的政治、经济和社会资源。只要执政党领导层有坚定、强有力且持久的反腐意愿，反腐措施就比较容易执行和持续。领导人的反腐意志不能只停留在口头上，也不能是折中的、妥协的、不彻底的。这种意志应当有以下几个特点：一是一定要彻底地解决腐败问题，而不是把反腐败作为权宜之计；二是一定要把反腐败当作目的，而不是手段或工具；三是反腐败要以身作则，从本人、自己身边的人、自己所属的团体开始，反腐败要坚持高度的原则性和公正性，而不能是有选择性的；四是反腐意志应当主要体现在制度性措施上，包括坚定的推进法治，建立科学的反腐败制度，而不是查办一两个有影响的腐败案件。[①] 当然，领导人的反腐意志要得到有效贯彻，还有一个前提，就是领导人本身必须是廉洁的。

（二）腐败零容忍的法律和政策及独立而强力的反腐败机构至关重要

与新加坡比较，中国有关反腐败的法律法规并不是没有，但存在刚性不足、弹性过大等问题。在这方面，要借鉴新加坡对腐败零容忍的法律和政策。新加坡法律高度重视处罚很小的腐败行为，对于官员及其家属收受任何形式的报酬、礼品都不会容忍，甚至即使官员仅仅显示出收取贿赂的意图也被视同腐败。相比之下，尽管中国反腐法律和政策对腐

---

① 任建明：《我国未来反腐败制度改革的关键：反腐败机构与体制》，《廉政文化研究》2010年第1期。

败官员极为严厉，但在实际的政治环境中，中国政府对腐败的态度还难以做到零容忍，对微小腐败容忍度高于新加坡。2013年1月，为贯彻八项规定，中共中央颁布了六项禁令，对政府官员春节送礼、宴请接待行为进行控制，只是将之视为不正之风进行行为规范，并没有上升到法律严令禁止的高度。此外，新加坡对腐败零容忍的政策不仅惩罚受贿官员，而且行贿者同样不能避免。中共十九大报告提出要坚持行贿受贿一起查，反映出对打击行贿犯罪的重视。但现实中，对行贿者还是持相对宽容的态度，反映在案件查办上，就是查处的受贿案件多，行贿案件少，这表明查处行贿犯罪还没有得到应有的重视。

另外，新加坡权威而独立的反腐败机构——贪污调查局的经验值得借鉴。国际经验表明，反腐败机构应该独立、有权威性，并授权充分。新加坡贪污调查局直接隶属于总理办公室，独立于其他部门，直接向总理负责。这一设计保证了反腐败机构独立性的同时也为其反腐赋予了巨大的法定权力，使其为新加坡的反腐发挥了巨大威力。长期以来，中国反腐败体制存在的问题是“条块分割”——横向上有多个反腐败机构，隶属于党、政、司法等不同的系统；纵向上分为多个层级，分别隶属于各级政府，从而使反腐败的权威和人力资源都过度地分散，难以发挥规模效应和合力作用。[①] 特别是在双重领导体制下，地方纪委无法查处同级党政一把手的违法腐败行为，同时由于同级党政首长的掣肘，对同级政府官员的查处也存在困难。反腐败机构缺乏独立性成为中国反腐败体制的主要缺陷之一。党的十八届三中全会提出改革纪检体制的举措，明确“各级纪委书记、副书记的提名和考察以上级纪委会同组织部门为主。查办腐败案件以上级纪委领导为主，线索处置和案件查办在向同级党委报告的同时必须向上级纪委报告”，一定程度上缓解了纪委独立性不足的问题。关于中国纪检体制的改革，专家建议，“第一是改变目前党章规定的，纪委受到上级纪委和同级党委的领导，改为纪委只受上级纪委领导。第二

---

① 任建明：《我国未来反腐败制度改革的关键：反腐败机构与体制》，《廉政文化研究》2010年第1期。

是纪委只对党代表大会负责。”[①]

（三）精英导向的公务员录用和向社会选拔高级政治官员

新加坡政府高度重视人才。李光耀在其著名演讲《国家成功的要素》中，把“一批有干劲，愿意付出代价，而又受过良好教育，并且训练有素的人口”列为新加坡成功的五大要素之一，认为“不论采用什么制度，起决定性作用的是实行这个制度的人的素质，因为他们将决定要建立一个怎么样的社会和怎么样使人民各尽所能”[②]。正是基于这样的思想，新加坡采取了精英导向的公务员选拔和晋升模式。最能体现其精英性质和灵活性的是公务员录用的聘用制度和精英公务员选拔的奖学金制度。如前所述，新加坡的公务员选拔并不采取传统的公开统一考试的形式，而是实施私营企业式的公开招聘制度选择出最优秀的公务员候选人。培养精英公务员的奖学金制度则挑选极为优秀的学生进行定向培养，待学有所成之后把他们放到优先提拔的轨道上加以历练和选拔。对高级政治领导层的选拔则依据一套 HAIR 的标准，从公共与私人部门搜寻政治人才。这套面向社会的公开选拔高级政治官员、快速轨道的行政精英升迁系统以及企业化市场化的公务员招聘制度对吸纳和选拔社会精英进入公务员系统和政治服务系统非常有帮助。

中国对公务员，包括未来的政治领导人的录用和培养体现出平民主义和体制内拔优的特征。公务员选拔主要基于竞争激烈的考试（笔试）制度。这套制度也能筛选出优秀的公务员候选人，但新加坡模式的优势在于更具市场化、精英倾向与灵活性的特点。中国高级公务员和政治领导层的提拔和培养主要是通过体制内的层层晋升与有针对性的重点提拔来进行的。其缺点是难以产生具有远见卓识与独到见解的政治家。更严重的是，按资排辈、按部就班的职位晋升规则容易滋生庸政懒政的行政文化，进

---

① 张涵：《权力过分集中导致腐败——专访北京航空航天大学教授任建明》，《21世纪经济报道》2013年3月23日，第15版。

② 林朗：《李光耀的人才思想不应离去》，《光明日报》2015年3月31日，第16版。

而为贪腐创造动机。从这一点看，新加坡的公务员录用和高级政治官员的选拔有一定借鉴意义。

（四）适当提高公务员待遇

经济条件与犯罪具有相关性。如果政府无法满足公职人员合理的经济需求，就容易催生腐败行为。推行“高薪养廉”是新加坡保证廉洁的治本措施之一。高薪不一定能养廉，但客观理性地看，低薪一定不能养廉。因此，合适的、有效的薪酬激励是正常公务员制度的必要组成部分。中国现阶段尚不具备“高薪养廉”的条件，但逐步改革公职人员的工资制度，以制度确保公职人员有比较优厚的薪俸，使其不为生活所累，又使其个人价值在经济上得以体现，则是完全必要的。所谓“高薪”，不是指公职人员收入的具体数字，而是令其收入水平在全社会各行业收入中至少处于中游水平。为此，一要适度提高公务员工资待遇。公职人员基于长期教育和训练的成本投入获得国家录用，给予较高的报酬符合人才市场的公平原则。二要打破工资待遇平均主义的分配方式。三是分配方式要变实物发放为货币发放。

（五）建立廉政文化

遏制腐败离不开廉政文化。新加坡将根深蒂固的腐败文化转变为廉政文化，是腐败的治本之道与釜底抽薪之策。事实上，新加坡反腐的成功也依靠这种全民反腐的廉政文化。中国公众虽然也痛恨腐败，但并不意味着全社会已经形成了对腐败零容忍的廉政文化。在中国数千年重伦理人情，轻法制规则的文化传统下，关系网络、人际圈子往往凌驾于正式规则之上，催生了形形色色的腐败行为。中国建立廉政文化需要经过长期的努力。借鉴新加坡廉政文化建设的经验，教育广大公职人员树立正确的世界观、人生观、价值观和权力观、地位观、利益观，筑牢拒腐防变的思想道德防线。要加强对全体党员干部和社会成员的教育。同时，要辅以其他政治与制度反腐措施。

结束语

政治腐败治理的基本遵循

腐败是公职人员以公权谋取私利。这里的“利”有三个层次：一是经济利益，二是经济利益和政治利益的结合，三是政治利益。与之对应，腐败可以划分为三种形态：一是经济腐败，二是政治腐败和经济腐败相互交织，三是政治腐败。如果说经济腐败主要是搞权钱交易、以权谋钱的话，那么，政治腐败和经济腐败相互交织，就是既以权谋钱，又通过钱来谋取更大的权，而政治腐败则是以权谋权，是通过既有的权力，以各种违纪违法手段来谋取更大的、甚至最高层次的权力。在政治腐败中，虽然不排除经济腐败的成分，但经济腐败只是政治腐败的“副产品”。与前两种类型的腐败相比，政治腐败具有层次最高、危害最大的特点。正是从这一意义上说，政治腐败是最大的腐败。

中国共产党是按照民主集中制原则建立起来的马克思主义政党。党历来反对搞政治阴谋活动、搞分裂党的行为。一个时期以来，党内拉帮结派、蝇营狗苟的风气有所滋长蔓延，特别是极少数高级干部政治野心膨胀，权欲熏心，搞阳奉阴违、结党营私、团团伙伙、拉帮结派、谋取权位等政治阴谋活动。有的在其主政的地方建“独立王国”，搞小山头、拉小圈子，对党中央决策部署阳奉阴违，为实现个人野心不择手段。其所作所为严重破坏党的集中统一，严重损害党内政治生态和党的形象，严重危害国家政治安全，严重破坏党和人民事业发展。对他们依法依纪惩处，消除了党内政治隐患，值得庆幸。

政治腐败的产生有复杂的经济、政治、文化、社会和历史方面的原因，其产生的条件在于权力、动机和机会。消除政治腐败，要围绕限制政治腐败产生的三个条件，推进政治腐败治理体系现代化，着力构建不敢腐、不能腐、不必腐、不想腐的反腐败机制，总结和借鉴其他国家、政党在政治腐败治理方面的经验教训。这些在本书中已有分析，此处不再赘述。以下结合中国政治的实际，试从政治腐败治理应当遵循规律的角度，进一步谈几点看法。

（一）“民心是最大的政治”

为什么要反对政治腐败？这是必须首先回答清楚的问题。这个问题说不清楚，反腐败就没有正当性，人民就有理由不支持反腐败。

十八大后，随着反腐败斗争力度的加大，一大批腐败分子包括许多高级干部落马。一些人包括国外媒体开始质疑中国的反腐败是高层权力斗争。习近平总书记在国内外多个场合讲过，中国的反腐败不是“权力斗争”，没有“纸牌屋”。十八大以来的反腐败斗争实践也证明，中国的反腐败不是“选择性反腐”，不是“看人下菜”，而是坚持有腐必反、有贪必肃，坚持无禁区、全覆盖、零容忍。

中国坚定不移地反腐败，理由只有一个，那就是：“民心是最大的政治”。中国共产党作为中国社会中由先进分子组成的政治集团，其宗旨和原则决定了党和人民的利益具有高度一致性。人民的利益是第一位的，党除了最广大人民群众的利益，没有自己特殊的利益。党的性质决定党和腐败水火不容。消除腐败，是党的天职所在。一些腐败分子为了获得更大的权力往往绞尽脑汁、不择手段，妄图以此为个人或小集团谋取政治私利，这严重违背了党的宗旨和原则，也必将损害人民的利益。腐败分子造成的后果最终将由人民承担。党如果不坚定地反对腐败，就有失去人民信任和支持的危险，人民群众就有权把委托给党的执政权力收回来，党的执政地位就会丧失。这是一条被无数事实检验了的真理。中国国民党败退台湾是如此，苏联共产党因为党内精英“利益集团化”而丧失执政权也是如此。另外，特别要提到的是，在一党长期执政的国家，执政党一旦丧失民心、丢失政权，要想重新上台执政，往往难于上青天。

习近平总书记在十八届中央政治局第一次集体学习时指出，“近年来，一些国家因长期积累的矛盾导致民怨载道、社会动荡、政权垮台，其中贪污腐败就是一个很重要的原因。大量事实告诉我们，腐败问题越演越烈，最终必然会亡党亡国！我们要警醒啊！”① 习近平总书记的讲话清楚地说明了腐败和党丧失民心，进而丧失政权之间的关系。每一名党员干部特别是党的高级干部，都要明白自己是执政集团的一员，搞政治腐败对党不利、对人民不利、对自己不利，要始终铭记“民心是最大的政治”这一真理，自觉站在巩固党的执政基础，维护党的执政地位的高度，远离腐败，反对腐败。

“民心是最大的政治，正义是最强的力量。”这是中国共产党反腐败的底气。只要牢记“得罪千百人，不负十三亿”的承诺，始终把人心向背的帐放在心上，中国共产党就能赢得反腐败斗争的压倒性胜利，向历史和人民交出合格答卷。

（二）坚持党的集中统一领导

党的集中统一领导，是政治腐败治理取得成功的政治保障。在当代中国，坚持党的领导是最重要的政治原则。党政军民学，东西南北中，党是领导一切的。同样，推进政治腐败治理，也必须坚持党的集中统一领导。离开了这一条，或者党的领导弱化、虚化、淡化，就会为腐败的泛滥打开方便之门。

党的集中统一领导是党在长期实践中形成的优良传统和独特优势。马克思主义经典作家深刻论述了“权威”的必要性和重要性。中国共产党在把马克思主义基本原理同中国实际相结合，领导中国革命、建设、改革的历史进程中，通过与党内存在的个人主义、分散主义、自由主义、本位主义、宗派主义、山头主义不懈斗争，逐步找到了确保党巩固发展和团结统一的正确道路。

---

① 《习近平谈治国理政》，外文出版社，2014年版，第16页。

党的十八大以来，正是由于有以习近平同志为核心的党中央的集中统一领导，全面从严治党和反腐败斗争才取得了卓著成效。党中央强化了党组织的领导核心作用，要求认真落实党委（党组）的主体责任和纪委的监督责任，强化执纪问责。制定、修订了90多部党内法规，把坚持党中央集中统一领导贯穿到党的领导和党的建设各方面、全过程。制定《关于新形势下党内政治生活若干准则》，增强全党“四个意识”，旗帜鲜明维护党中央权威，严明党的政治纪律和政治规矩。严肃查处周永康、薄熙来、郭伯雄、徐才厚、孙政才、令计划等一批党内野心家、阴谋家，清除了重大政治隐患，党内政治生活气象更新，政治生态明显好转。坚持党的集中统一领导，维护党中央权威，确保了全党在思想上政治上行动上高度统一、步调一致，有利于形成治党反腐的强大力量。

特别是2018年3月十三届全国人大一次会议通过《中华人民共和国监察法》，更是把党对反腐败工作的集中统一领导提高到了新水平。过去，反腐败力量分散在纪委、行政监察机关、预防腐败机构、检察机关、公安机关等单位，缺乏集中统一领导。检察机关与纪委、监察机关职能交叉重叠，造成大量重复劳动、增加反腐败成本，又带来纪法脱节、信息不畅等问题。开展监察体制改革，是党中央作出的一项重要决策部署。这一改革用制度的形式把党的领导体现出来、固化下来，从决策程序上确保党对反腐败工作的集中统一领导，有利于解决过去反腐败工作机构重叠、效率不高等问题。

在一党长期执政的条件下，解决党内存在的严重政治腐败问题，党不能把希望完全寄托在其他力量身上。坚持党的集中统一领导，是中国推进政治腐败治理必须坚守的原则。

（三）把权力关进制度的笼子里

政治腐败本质上是公职人员滥用公共权力为个人或小集团谋取政治私利，其行为产生的重要条件是权力过于集中且缺少制约。公权力的存在，国家管理权的存在，是人类社会生存发展之所需，但如果这种权力高度集中在少数人手中又没有适当的制约，那么公权力就容易失去控制而被滥用。能否有效制约和监督权力就成了政治腐败治理的难题。

纵观中国现行的腐败行为，主要集中在三大领域：一是经济领域，插手微观经济活动；二是政治领域，干预选人用人；三是生活领域，以公权力搞特权。解决这些问题，不仅仅是领导者个体的价值观、道德观问题，更重要的是需要从改革经济体制、行政体制、政治体制和特权制度入手，加强对权力的制约，把权力关进制度的笼子里。

政府要简政放权，对腐败釜底抽薪。2014年3月，李克强在答中外记者问时表示，“简政放权是激发市场活力、调动社会创造力的利器，是减少权力寻租、铲除腐败的釜底抽薪之策。”[①] 几年来，各地下大力气削减行政审批事项。截至2017年9月底，多数省份行政审批事项减少50%左右，有的省份达到70%，全国减少各类“循环证明”“奇葩证明”800余项[②]。简政放权是政府的自我革命，其实质是权力外放、转变职能，建立“公平、高效、廉洁”的服务型政府。“简政”是要理顺和健全部门权责体系，实现依法办事和行政效能的更新升级，铲除腐败滋生蔓延的土壤。“放权”是要“向个人、向市场、向社会”实质性转移权力，真正实现“把该管的管住管好，把错装在政府身上的手换成市场的手”，遏制权力寻租。简政放权的前提，是依法严格界定并控制政府权力的边界，将不应当由政府行使的权力下放。简政放权的深入推进，将大大压缩权力寻租的空间，从源头上防止腐败滋生蔓延。

党管干部原则要与民主原则相结合，堵住用人腐败。用人腐败是政治腐败的重要方面。用人制度不科学、不合理，少数人决定干部的升迁任免，会导致一部分人跑官要官、买官卖官，进而拉帮结伙、搞小山头、拉小圈子，甚至妄图篡夺最高权力，这是造成政治腐败的重要原因。完善选人用人制度，必须把“党管干部”原则和“民主、竞争、公开、择优”

---

① 《国务院总理李克强会见中外记者》，新华网，参见http://www.xinhuanet.com/politics/2014-03/13/c_119754940_3.htm 2014年3月13日。

② 《全国行政审批改革已减少各类“奇葩证明”800余项》，新华网，参见http://www.xinhuanet.com//2017-09/28/c_1121741697.htm 2017年9月28日。

原则很好地结合起来。“党管干部”是干部选拔任用管总的原则。党管干部，不是说由党来直接决定干部的使用，而是党通过制定干部政策、引导和控制选举、培养治国理政人才等来实现党的干部任用意图。如果不区分选任制和委任制干部，把本该由选举产生的干部改为由委任的方式产生，就背离了民主原则，势必导致权力授受关系紊乱，干部只对上负责、不对下负责，由此滋生各种用人腐败现象。苏共搞自上而下的委任制，导致干部成为既得利益集团，其教训十分深刻。列宁说：“在自由的政治条件下，选举原则可能而且必须居于完全的支配地位。”[①] 邓小平指出：“不管党也好，政也好，根本的问题是选举。”[②] 可见选举的重要性。选举本身也可能出问题，如拉票、贿选，甚至黑恶势力操纵等，但不能由此否定民主本身的价值。选任制干部以选举的方式产生，能极大地增加政治腐败的成本，从而遏制政治腐败。实践中，要把党管干部原则和民主选举原则很好结合起来，防止走极端。

改革特权制度。邓小平指出，特权“就是政治上经济上在法律和制度之外的权利”[③]。特权本身不是公权力，而是公共权力的异化，是利用公权力谋取不正当利益。当公共权力变成特权时，就会滋生腐败。因此，反腐败必须反特权。恩格斯在为《法兰西内战》撰写的1891年单行本导言中总结了巴黎公社的原则：“为了防止国家和国家机关由社会公仆变为社会主人——这种现象在至今所有的国家中都是不可避免的——公社采取了两个可靠的办法。第一，它把行政、司法和国民教育方面的一切职位交给由普选选出的人担任，而且规定选举者可以随时撤换被选举者。第二，它对所有公务员，不论职位高低，都只付给跟其他工人同样的工资。”[④] 列宁时代开始，苏共干部特权开始泛滥。到勃列日涅夫时期，更是形成了一个庞大的官僚特权阶层。毛泽东十分重视反对特权腐化问题，

---

① 《列宁全集》(第十卷)，人民出版社，1988年版，第116页。

② 《邓小平文选》(第一卷)，人民出版社，1994年版，第321页。

③ 《邓小平文选》(第二卷)，人民出版社，1994年版，第332页。

④ 《马克思恩格斯选集》(第三卷)，人民出版社，2012年版，第55页。

提出了共产党决无私利可图、防止形成“贵族阶层”、反对高薪制、领导人是人民的一部分等思想。邓小平痛陈了党内特权现象存在的危害，并且指出：“搞特权，就是封建主义残余影响尚未肃清的表现。”[①] 习近平总书记反复强调，反腐倡廉建设，必须反对特权思想、特权现象。反特权、反腐败的核心是管住权力。从制度层面来说，有很多制度可以限制特权，如制定干部待遇标准、实行社会服务和福利货币化、推进领导干部财产公开等。

（四）让人民监督权力

权力要想不被滥用，就必须接受监督。党的十九大报告提出：“让人民监督权力，让权力在阳光下运行。”这是抓到了权力监督的要害。“让人民监督权力”，从理论上说，是历史唯物主义的内在要求和社会主义制度的本质要求。历史唯物主义充分肯定了“人民群众是历史的主人”。人民群众不仅是认识世界的主人，也是改造世界的主人，不仅是社会物质财富的创造者，也是社会精神财富的创造者。正是靠发动群众参与，走群众路线，中国共产党才领导人民取得了中国革命的胜利。1945年毛泽东在“窑洞对”中提出，“只有让人民监督政府，政府才不敢松懈”，是对“人民群众创造历史”的思想的发展。社会主义不同于以往的社会制度，它不是代表少数人的利益，而是代表社会大多数人的利益，为大多数人谋福利。从社会政治观点来看，社会主义是劳动人民的政权。因此，“让人民监督权力”同样是社会主义的本质要求。

中国共产党反对腐败，既要靠党内监督，也要靠人民监督。党内监督主要体现为自上而下的监督，人民监督主要体现为自下而上的监督。只有把这两种监督结合在一起，发挥它们各自的优势，才能真正实现权力监督全覆盖。让人民监督权力，具有主动性、客观性、广泛性和及时性，监督范围最广、时效最长、成本最小、信息最真，而且永远不会被

---

① 《邓小平文选》(第二卷)，人民出版社，1994年版，第332页。

腐蚀。[①] 十八大以来，群众监督的热情高涨，许多腐败分子倒在网络举报之下，正说明了人民监督对防止权力滥用的重要作用。

国内外政治腐败治理的经验也表明：单纯依靠一个国家执政党和政府的力量，是不能驯服腐败的，必须发挥人民的作用共同参与腐败治理过程。人民群众是腐败的受害者，也是异体监督最本源的主体。腐败问题的社会性、隐蔽性和复杂性，决定了如果没有人民群众的参与和支持，反腐败的道路只会越走越窄。因此，要吸引公民参与制定反腐败政策的过程，并将反腐败的部分职能交给公民。

当然，让人民监督权力，不是搞文化大革命式的群众运动，而是要在广泛发动群众参与反腐败的同时，在法治的轨道上运行，以法治的方式和法治的思维来反对腐败。

（五）“打铁必须自身硬”

“打铁必须自身硬”，有两层含义：一是相对于实现中华民族伟大复兴的中国梦这一历史使命而言，执政的中国共产党及其领袖必须自身干净、有本事；二是相对于夺取反腐败斗争压倒性胜利的反腐败目标而言，党内承担监督责任的纪委必须自身干净、有本事。前者涉及到全面从严治党，是广泛的党建范畴。这里着重谈纪委的自身建设。纪委自身如果不过硬，就很难承担起监督别人的责任。这是一党执政的国家必须要重视解决的问题。

十八大后，为加强党对反腐败工作的集中统一领导，中央提出党委要承担主体责任，纪委要承担监督责任，并对纪检监察体制作了改革，纪委的权力和地位有了很大提升。这就容易引起人们的疑问：纪委监督别人，谁来监督纪委？理论上，纪委并非“无冕之王”。你监督别人，反过来，别人就要监督你。你自己不干净、不清爽，你监督别人就没有底气，就不可能履行好监督职责。按照权责对等的原则，对纪委的监督应当是

---

① 邵景均：《让人民监督权力》，《人民日报》2012年11月13日，第7版。

无处不在。但客观来说，纪检监察工作有其特殊性，外面的人往往很难监督到纪委的工作。这就要求纪委内部也要有分权制衡。2014年3月，中央纪委专门成立了纪检监察干部监督室，目的是加强对中央纪委监察部（现国家监察委员会）机关、中央纪委派驻纪检组、各省区市纪委相关纪检监察领导干部的自我监督，扫除“灯下黑”。这一机构的成立，对于纪委加强自我监督管理，建设合格纪检监察干部队伍具有重要意义。

2017年1月，十八届中央纪委七次全会审议通过了《中国共产党纪律检查机关监督执纪工作规则（试行）》，首次对纪委监督执纪工作的全流程、各环节进行了明确规定，并划定了纪检监督执纪的“负面清单”。规则设立“监督管理”专章，制定了十大条款，明确规定如何盯牢、盯好“自己人”，实际上回应了社会各界的关注焦点——谁来监督中纪委。

中纪委的一系列举措指向明确，意在将反腐败工作置于聚光灯下，确保监督权始终在制度的笼子里规范有序地运行。而这，正是纪委打赢反腐败持久战最关键的支撑。

政治腐败治理是一个宏大的理论和实践课题。相信只要我们党始终坚定人民立场，勇于自我革命，不断探索创新，就一定能够换来海晏河清、朗朗乾坤，为人类政治文明进步做出自己应有的贡献。

参考文献

一、著作类

《马克思恩格斯全集》(第一卷)，人民出版社，1956年版。

《马克思恩格斯选集》(第四卷)，人民出版社，1995年版。

《列宁选集》(第一、三、四卷)，人民出版社，2012年版。

《列宁全集》(第十卷)，人民出版社，1988年版。

《列宁全集》(第十三卷)，人民出版社，2013年版。

《列宁全集》(第四十一卷)，人民出版社，2013年版。

《毛泽东选集》(第一、二、三卷)，人民出版社，1991年版。

《邓小平文选》(第一、二、三卷)，人民出版社，1994年版。

《江泽民文选》(第三卷)，人民出版社，2006年版。

《胡锦涛文选》(第二卷)，人民出版社，2016年版。

《习近平谈治国理政》，外文出版社，2014年版。

《习近平谈治国理政》(第二卷)，外文出版社，2017年版。

习近平:《决胜全面建成小康社会 夺取新时代中国特色社会主义伟大胜利——在中国共产党第十九次全国代表大会上的报告》，人民出版社2017年版。

中共中央文献研究室，中央档案馆编:《建党以来重要文献选编(一九二一——一九四九)》(第三册)，中央文献出版社，2011年版。

中共中央文献研究室编:《十八大以来重要文献选编》(上)，中央文献出版社，2014年版。

中共中央文献研究室编:《十八大以来重要文献选编》(中), 中央文献出版社, 2016年版。

中共中央党史和文献研究院编:《十八大以来重要文献选编》(下), 中央文献出版社, 2018年版。

本书编写组:《党的十九大报告学习辅导百问》, 人民出版社, 2017年版。

中共中央宣传部:《习近平新时代中国特色社会主义思想三十讲》, 学习出版社, 2018年版。

本书编写组编:《党的十八届三中全会 < 决定 > 学习辅导百问》, 党建读物出版社、学习出版社, 2013年版。

《中国共产党第十七次全国代表大会文件汇编》, 人民出版社2007年版。

中共中央纪律检查委员会, 中共中央党校组织编:《新时期领导干部反腐倡廉教程》, 中共中央党校出版社, 2007年版。

中共中央组织部党建研究所编:《国外政党专题研究报告(第四卷): 国外一些政党党内民主建设研究》, 党建读物出版社, 2010年版。

[英]戴维·米勒, [美]韦农·波格丹诺主编:《布莱克维尔政治学百科全书》, 邓正来等译, 中国政法大学出版社, 2002年版。

[美]乔尔·S. 米格达尔:《强社会与弱国家: 第三世界的国家社会关系及国家能力》, 张长东等译, 江苏人民出版社, 2009年版。

[美]阿历克斯·英格尔斯:《人的现代化》, 殷陆君译, 四川人民出版社, 1985年版。

[美]塞缪尔·P. 亨廷顿:《变化社会中的政治秩序》, 王冠华等译, 上海人民出版社, 2008年版。

[新西兰]杰里米·波普编著:《反腐策略——来自透明国际的报告》, 王淼洋等译, 上海译文出版社, 2000年版。

王沪宁:《反腐败: 中国的实验》, 三环出版社, 1990年版。

王沪宁:《政治的人生》, 上海人民出版社, 1995年版。

王沪宁编:《腐败与反腐败——当代国外腐败问题研究》, 上海人民出版社，1990年版。

[美]约瑟夫·纳伊:《腐败与政治发展:成本——效益分析》，王宁译，上海人民出版社，1990年版。

[英]约翰·埃默里克·爱德华·达尔伯格-阿克顿:《自由与权力》，侯建、范亚峰译，译林出版社，2011年版。

[德]马克斯·韦伯:《经济与社会》(上卷)，林荣远译，商务印书馆，1997年版。

[美]詹姆斯·麦格雷戈·伯恩斯:《领袖论》，刘李胜等译，中国社会科学出版社，1996年版。

[美]汉斯·J.摩根索:《国家间政治:寻求权力与和平的斗争》，徐昕等译，中国人民公安大学出版社，1990年版。

[美]莫伊塞斯·纳伊姆:《权力的终结》，王吉美等译，中信出版社，2013年版。

[美]迈克尔·G.罗斯金等:《政治科学》(第十二版)，林震等译，中国人民大学出版社，2014年版。

[英]安德鲁·海伍德:《政治学核心概念》，吴勇译，天津人民出版社，2008年版。

周琪，袁征:《美国的政治腐败与反腐败》，中国社会科学出版社，2009年版。

俞可平:《权利政治与公益政治》，社会科学文献出版社，2003年版。

孙承叔:《真正的马克思——<资本论>三大手稿的当代意义》，人民出版社，2009年版。

李景鹏:《权力政治学》，北京大学出版社，2008年版。

宋慧昌:《权力的哲学》，中共中央党校出版社，2014年版。

俞可平主编:《治理与善治》，社会科学文献出版社，2000年版。

俞可平:《权利政治与公益政治》，社会科学文献出版社，2003年版。

刘建军等主编:《执政的逻辑:政党、国家与社会》，上海辞书出版社，2005年版。

海容:《政治的尊严:政治腐败的历史博弈》，中国检察出版社，2007

年版。

刘春:《权力的陷阱与制约:西方国家政治腐败透视》,中共中央党校出版社,1998年版。

何增科:《反腐新路:转型期中国腐败问题研究》,中央编译出版社,2002年版。

张铭,张桂琳:《孟德斯鸠评传》,法律出版社,1999年版。

吴丕:《中国反腐败:现状与理论研究》,黑龙江人民出版社,2003年版。

程文浩:《预防腐败》,清华大学出版社,2011年版。

何增科:《廉洁政治与国家治理》,中央编译出版社,2017年版。

何显明:《控制权力:制度创新与用人腐败的有效防治》,吉林人民出版社,2002年版。

朱庆跃:《新时期中国共产党反腐政治体系构建的历史实践研究》,上海三联书店,2013年版。

李秋芳等主编:《反腐败体制机制国际比较研究》,中国社会科学出版社,2015年版。

郭大方:《挑战腐败——兼论治腐机制的构建》,军事科学出版社,2001年版。

黄百炼:《遏制腐败——民主监督的程序与制度研究》,人民出版社,1997年版。

刘俊杰:《当代中国权力制衡结构研究》,中共中央党校出版社,2012年版。

杨长青:《领导干部权力监督研究》,中央文献出版社,2003年版。

林吕建:《驾驭权力烈马:公共权力的腐败与监控》,浙江大学出版社,2003年版。

杨春洗主编:《腐败治理论衡》,群众出版社,1999年版。

万俊人主编:《现代公共管理伦理导论》,人民出版社,2005年版。

俞可平:《论国家治理现代化》,社会科学文献出版社,2014年版。

《经济社会体制比较》编辑部编:《腐败寻根:中国会成为寻租社会

吗》，中国经济出版社，1999年版。

杨鸿台:《制度反腐实证探析》，上海人民出版社，2014年版。

燕继荣:《国家治理及其改革》，北京大学出版社，2015年版。

李永忠:《论制度反腐》，中央编译出版社，2016年版。

王世谊等:《政治腐败与权利制约问题研究》，中国社会科学出版社，2011年版。

倪星、李泉主编:《中国廉政制度创新的新趋势》，中山大学出版社，2017年版。

李辉:《当代中国反腐败制度研究》，上海人民出版社，2013年版。

本书编写组:《从不敢腐不能腐到不想腐》，新华出版社，2016年版。

金海林主编:《今镜百鉴》，中国方正出版社，2005年版。

金太军等:《行政腐败解读与治理》，广东人民出版社，2002年版。

项继权等:《中外廉政制度比较》，商务印书馆，2015年版。

邵道生:《中国：阻击腐败》，社会科学文献出版社，2009年版。

刘明波:《廉政思想与理论：中外名家论廉政与反腐败》，人民出版社，1994年版。

季正矩:《通往廉洁之路：中外反腐败的经验与教训研究》，中央编译出版社，2005年版。

[美]曼瑟·奥尔森 :《国家的兴衰：经济增长、滞胀和社会僵化》，李增刚译，上海人民出版社，2007年版。

[苏]罗·亚·麦德维杰夫:《让历史来审判：斯大林主义的起源及其后果》，赵洵、林英译，人民出版社，1983年版。

江流等:《苏联剧变研究》，社会科学文献出版社，1994年版。

周尚文等:《苏共执政模式研究》，上海人民出版社，2010年版。

黄苇町:《苏共亡党十年祭》，江西高校出版社，2004年版。

黄苇町:《苏共亡党二十年祭》，江西高校出版社，2013年版。

[新加坡]吴元华:《新加坡良治之道》，中国社会科学出版社，2014年版。

[新加坡]李光耀:《李光耀40年政论选》，现代出版社，1994年版。

刘守芬，李淳主编:《新加坡廉政法律制度研究》，北京大学出版社，2003年版。

[新加坡]李光耀:《李光耀40年政论选》，现代出版社1994年版。

[新加坡]李光耀:《经济腾飞路：李光耀回忆录(1965—2000)》，外文出版社，2001年版。

[新加坡]李光耀:《李光耀回忆录(1965—2000)》，新加坡联合早报出版，2000年版。

中国赴新加坡精神文明考察团:《新加坡的精神文明》，红旗出版社，1993年版。

张永和:《李光耀传》，花城出版社，1993年版。

二、期刊类

党的十三大报告:《沿着有中国特色的社会主义道路前进》,《人民日报》1987年10月26日。

习近平:《在全国组织工作会议上的讲话》(2013年6月28日),《党建研究》2013年第8期。

习近平:《切实把思想统一到党的十八届三中全会精神上来》,《人民日报》2014年1月1日。

习近平:《在党的群众路线教育实践活动总结大会上的讲话》,《人民日报》2014年10月9日。

习近平:《在第十八届中央纪律检查委员会第六次全体会议上的讲话》,《人民日报》2016年5月3日。

《习近平李克强栗战书赵乐际分别参加全国人大会议一些代表团审议》,《人民日报》2018年3月11日。

王岐山:《构建党统一领导的反腐败体制 提高执政能力 完善治理体系》,《人民日报》2017年3月6日。

王岐山:《聚焦中心任务 创新体制机制 深入推进党风廉政建设和反腐败斗争》,《中国监察》2014年第3期。

王岐山:《开启新时代 踏上新征程》,《人民日报》2017年11月7日。

陈希:《培养选拔干部必须突出政治标准》,《人民日报》2017年11月16日。

王沪宁:《论中国产生政治腐败现象的特殊条件》,《上海社会科学院学术季刊》1989年第3期。

高新民:《重构政治生态》,《学习时报》2015年3月2日。

陆益龙:《政治腐败的社会“并发症”效应》,《探索与争鸣》2002年第1期。

李莉:《如何定义腐败:政治学的解释进路》,《探求》2011年第5期。

李静:《政治利益、政治冲突与政治发展关系研究》,《哈尔滨工业大学学报》(社会科学版)2017年第2期。

王世谊:《论权力腐败的多维本质、显著特征及其成因》,《中共浙江省委党校学报》2014年第6期。

赵永行:《论公共权力异化及其对策》,《四川师范学院学报》(哲学社会科学版)1999第4期。

张维新:《公共权力异化及其治理》,《行政论坛》2011年第2期。

陈洪华:《权力腐败的政治文化透视》,《辽宁行政学院学报》2010年第4期。

胡伟:《关于政治文明建设若干问题的思考》,《上海交通大学学报》(哲学社会科学版)2003年第2期。

王瑜:《政党腐败及其治理》,《中国党政干部论坛》2008年第3期。

彭俊良:《反腐别忽视“立法腐败”》,《环球时报》2013年7月15日。

郭道晖:《实行司法独立与遏制司法腐败》,《法律科学》1999年第1期。

蒋德海:《将深层次反腐纳入我国反腐战略》,《学习论坛》2014年第2期。

刘杰:《理性认识公共权力的合理边界》,《文汇报》2007年5月28日。

陈濯,晏一茗:《腐败根源的深层理论探究》,《中国青年政治学院学报》2004年第4期。

林卡:《中国官本位深层肌理解析》,《人民论坛》2013年第10期。

马勇霞:《以改革的办法坚决铲除滋生腐败的土壤》,《求是》2014年第12期。

毕于慧:《腐败根源的政治权力分析》,《理论探讨》2001年第2期。

程文浩:《改革期间腐败机会的产生根源研究》,《公共管理评论》2004年第2期。

林尚立:《以政党为中心:中国反腐败体系的建构及其基本框架》,《中共中央党校学报》2009年第4期。

许桂芳:《中国腐败治理体系现代化的构建》,《江西财经大学学报》2017年第1期。

杜专家:《中国特色腐败治理体系构成要素探微》,《中国地质大学学报》(社会科学版)2017年第2期。

邹涛:《中国反腐败法律体系的反思与重构》,《当代社科视野》2008年第2期。

徐伟:《对廉政文化建设的几点思考》,《湖北社会科学》2008年第9期。

蔡娟:《廉政文化建设研究综述》,《山东社会科学》2010年第4期。

钟纪轩:《深化国家监察体制改革,健全党和国家监督体系》,《求是》2018年第9期。

张大共:《关于法治反腐的思考》,《海峡通讯》2013年第11期。

任中平,何建庭:《构建反腐败斗争常态化的三道防线和长效机制》,《学习论坛》2016年第6期。

黄传英:《南宁市构建不想腐、不能腐、不敢腐有效机制的路径分析》,《中共南宁市委党校学报》2015年第1期。

任建明,熊志航:《实现不敢腐:标准、差距与对策》,《理论探索》2018年第3期。

黄先耀:《认清“两面人”,做个老实人》,《人民日报》2015年10月13日。

许忠明:《始终对党忠诚老实 坚决反对做两面人》,《人民日报》2018年7月2日。

王寿林:《弘扬忠诚老实价值观 坚决反对搞两面派做两面人》,《人民日报》2018年4月4日。

石平:《坚决反对搞两面派、做两面人》,《求是》2018年第4期。

邵道生:《“既得利益集团”与中国的腐败问题》,《廉政大视野》2003年11期。

庄德水:《坚决防止党内形成利益集团》,《中国党政干部论坛》2018年第2期。

程恩富,詹志华:《当前我国利益集团问题分析》,《毛泽东邓小平理论研究》2015年第10期。

陈武明:《把制约监督权力的笼子编得更结实》,《理论学习》2015年第4期。

郝铁川:《监察委员会设立的法理透视》,《法制日报》2017年1月18日。

张军玲:《建立公开透明行使权力的法规制度的策略》,《管理学家》2013年第11期。

申晚香:《实现党内监督全覆盖》,《中国纪检监察报》2017年10月14日。

李雪勤:《扎实构建不敢腐不能腐不想腐的有效机制》,《求是》2017年第5期。

过勇,贺海峰:《“不必腐”机制:反腐败标本兼治的重要保障》,《国家行政学院学报》2017年第6期。

聂辉华,仝志辉:《治理“一把手”腐败,核心在限权》,《国家治理》2014年第12期。

朱云贵:《对国家公务员建立廉政退休金制度的探讨》,《人民论坛》2006年第1期。

吴辉:《关于干部制度改革的几个重要问题》,《中国延安干部学院学报》2011年第6期。

曹峰旗:《党员政治人格刍议》,《探索》2016年第4期。

钱国良:《关于领导干部政德建设的几点思考》,《中国延安干部学院学报》2013年第2期。

鄯爱红，李淑英：《领导干部必须讲政德》，《红旗文稿》2018年第10期。

周宗成：《新时代加强领导干部政德建设之对策》，《重庆行政》，2018年第2期。

李晓敏：《论新时代领导干部的政德建设》，《学习论坛》2018年第7期。

刘彦昌：《既得利益集团的内涵解析》，《岭南学刊》2004年第5期。

刘昀献：《苏共精英的退化与苏共败亡》，《江西师范大学学报》（哲学社会科学版）2012年第1期。

黄立茀：《苏联因何丧失改革良机——勃列日涅夫时期“利益集团”与苏联兴衰（上）》，《南风窗》2009年第17期。

纪彭：《特权阶层的兴起与苏共的败亡》，《决策与信息》2010年第10期。

戴隆斌：《苏联解体：特权阶层的“自我政变”》，《决策与信息》2010年第7期。

刘艺文，苏玉明：《勃列日涅夫时期干部领导职务终身制造成的严重后果》，《苏联东欧问题》1983年第2期。

张群梅：《分利化倾向：政治非民主性与国家兴衰的集团因素——奥尔森的集团政治分析》，《河南大学学报》（哲学社会科学版）2007年第1期。

王秋文：《雷日科夫对戈尔巴乔夫改革和苏联改革和苏联解体的看法》，《当代世界与社会主义》2001年第5期。

庄礼伟：《新加坡的“设计师”》，《人物》1991年第1期。

李文：《新加坡人民行动党如何纯洁廉明》，《人民论坛》2012年第4期。

李光耀：《道德领导是竞争优势》，新加坡《联合早报》2005年5月2日。

于文轩，吴进进：《反腐败政策的奇迹：新加坡经验及对中国的启示》，

《公共行政评论》2014年第5期。

张志斌:《从生存到卓越:新加坡的行政改革》,《公共行政评论》2009年第4期。

任建明:《我国未来反腐败制度改革的关键:反腐败机构与体制》,《廉政文化研究》2010年第1期。

任建明:《权力过分集中导致腐败》,《21世纪经济报道》2013年3月23日。

林朗:《李光耀的人才思想不应离去》,《光明日报》2015年3月31日。

邵景均:《让人民监督权力》,《人民日报》2012年11月13日。

后　记

政治腐败是与公共权力相联系的历史现象。自有公共权力以来，政治腐败便成为人们关注研究的对象。政治腐败，是以追求权力本身为目的的腐败。同经济腐败、生活腐败等相比，政治腐败的层次最高、危害最深。中国现行的政治腐败，主要表现为“七个有之”。政治腐败与经济腐败往往相互为用。政治腐败为经济腐败提供权力保障，经济腐败为政治腐败提供物质资源，二者相互交织形成利益集团，严重危害党的执政和国家安全，是中国现阶段反腐败的重中之重。

本书从界定政治腐败的概念入手，探讨了政治腐败生成的机理，提出了政治腐败治理的宏观思路和建议。全书分为三篇，共十章。上篇为理论分析，阐述了政治腐败的概念、实质和危害，概括了政治腐败的类型、表现形式和特征，总结了政治腐败形成的根源和三个条件，即客观条件、主观条件和机会条件。中篇是治理之道，分析了政治腐败治理体系现代化的内涵、要素，提出要坚持党对政治腐败治理工作的统一领导，发挥多元主体的作用，以解决谁来治理的问题。围绕限制政治腐败产生的条件，着重探讨了四个方面的反腐败机制，即：以零容忍态度惩治腐败，构建不敢腐的惩戒机制；加强对权力的制约和监督，构建不能腐的防范机制；实行多维激励，构建不必腐的保障机制；强化政德建设，构建不想腐的自律机制。下篇为域外镜鉴，分析了苏共精英“利益集团化”的教训和新加坡在治理政治腐败方面的成功经验。全书总结了政治腐败治理需要把握的五个方面的基本遵循。

党的十八大以来，中央领导多次强调要重点查处政治腐败和经济腐败相互交织形成利益集团的腐败案件。党的十九大报告强调把党的政治建设摆在首位，坚决防止和反对宗派主义、圈子文化、码头文化，坚决反对“搞两面派、做两面人”。这些重大决策部署为我们观察思考中国的政治腐败治理提供了重要指引。同时，学术界在政治腐败治理的研究方面也产生了许多新的重要研究成果。这些都为本书的写作提供了良好条件。相信经过各方面的共同努力，中国的反腐败事业一定会取得长足进展。

本书的写作得到中央党校党建部主任张志明教授的关心指导，得到广东人民出版社卢雪华女士、廖智聪先生的鞭策勉励，得到中央党校党建专业研究生董艳芳、谷哲全、孙达、刘潇阳的大力协助，在此谨向他们表示深挚谢意。本书参考了理论界的相关研究成果，在此谨向各位作者表达谢忱。

政治腐败治理在中国还是一个新的研究课题。由于本人能力和视野所限，本书必定存在不少缺点和不足，敬请各位读者、专家和同仁不吝赐教。

吴辉

2018年9月于北京大有庄100号

www.ingramcontent.com/pod-product-compliance
Ingram Content Group UK Ltd.
Pitfield, Milton Keynes, MK11 3LW, UK
UKHW062004290726
14090UKWH00022B/1381

9 787218 133188